RENÉ CLOSSET

Er ging durch die Hölle

FRANZ STOCK

EINLEITUNG VON WALTER DIRKS

VERLAG BONIFACIUS-DRUCKEREI

PADERBORN

Der Titel der französischen Originalausgabe lautet
L'AUMONIER DE L'ENFER — FRANZ STOCK
EDITIONS SALVATOR MULHOUSE

DEUTSCH VON
HEINRICH DIEBECKER UND ANTON SCHWINGENHEUER

ISBN 3 87088 249 2

3. Auflage

DRUCK BONIFACIUS-DRUCKEREI PADERBORN 1979

INHALTSVERZEICHNIS

Zwei Nationen und ein Christ

VON WALTER DIRKS

I.

Die Ehre, einer neuen Auflage der deutschen Übersetzung von René Clossets Stock-Biographie ein Vorwort zu schreiben, verdanke ich der Tatsache, daß sich Franz Stock und meine Wege in zwei Etappen unseres Lebens berührt haben.

René Closset hebt die Bedeutung hervor, die der katholische Jugendbund „Quickborn" für den heranwachsenden Franz Stock gehabt hat. Als Gymnasiast gehörte er der Gruppe seiner Vaterstadt Neheim an, als Student der im Leoninum zu Paderborn lebenden Theologen-Gruppe. Diese habe ich in dem Jahr verlassen, in dem Franz Stock dort sein Studium begann; fast wären wir Hausgenossen geworden. Ich wußte von ihm und bin ihm einige Male begegnet. Ein intensives Gemeinschaftsbewußtsein verband alle Quickborner, nicht zuletzt die des Westfalens-Gaus. Als die Kameraden mir die Leitung ihrer Gemeinschaft anvertraut hatten, habe ich ihn kennengelernt. Franz Stock war damals für mich „einer aus der Gruppe Neheim-Hüsten", einer von vielen zwischen Burgsteinfurt und Siegen; von sei-

I

ner Zukunft ahnte ich nichts, aber ich habe seine leibliche Gestalt und noch besser seine sensible geistig-seelische vor Augen, wie auch die einiger seiner Freunde.

Der Name „Bierville" steht sodann für die zweite Etappe seiner Entwicklung, in der uns ein Wille und eine Organisation verbanden: der „Friedensbund deutscher Katholiken". Es war die Zeit, in der ich dessen Zeitschrift „Der Friedenskämpfer" redigierte und Franz Stock Frankreich entdeckte. Marc Sagnier vom Sillon und Joseph Folliet von den Gefährten des heiligen Franziskus standen uns beiden nahe, und ich habe den Weg des drei Jahre jüngeren Bruders aus der Ferne verfolgen können, solange es die Umstände der Diktatur zuließen, nach dem Krieg auch die Arbeit in Chartres.

Die Jugendbewegung der zwanziger Jahre ist als präfaschistische Bewegung bewertet worden. In Wahrheit war ihre Schwäche, daß sie unpolitischer geblieben ist, als es recht gewesen wäre. Es gab Berührungspunkte mit dem Irrationalismus der nationalsozialistischen Bewegung, aber nur ein sehr begrenzter Teil hat sich dadurch verführen lassen, wie ein anderer Teil sich für den Kommunismus entschied. Die beste Kraft der Bewegung, vor allem in denen, die nach Heirat, Berufsarbeit und politischem Engagement nicht im bündischen Milieu steckenblieben, sondern das, was die Jugendbewegung in ihnen bewirkt hatte, in ihr privates, berufliches und politisches Leben, in „ihre Biographie" zu verwandeln vermochten, ist der Demokratie zugute gekommen; die pädagogische Reform und die Sozialarbeit haben diesen Menschen besonders viel zu verdanken. Hätte Franz Stock es nicht selbst gesagt, so wäre es aus seinem Stil und Engagement abzulesen, wie sehr er von der Erfahrung jener Jahre geprägt war.

Der katholische Zweig der Jugendbewegung war noch

II

stärker als der „freideutsche" gegen die totalitären Kurzschlüsse der späteren Jahre gefeit. Der Quickborn im besonderen bewährte sich in seiner Konzeption der Kirche, in der er die Erneuerung der Konzilsjahre vorwegnahm, in seinem erfolgreichen Kampf gegen die Über-Autorität der kirchlichen Institutionen, die auch in diesen Jugendbund hineinzuregieren versuchten, in seiner positiven Unbefangenheit im Umgang der beiden Geschlechter, nicht zuletzt durch die Tiefe und Breite des Lebensgefühls, in dem auch das Musische stark wirksam war. Nicht umsonst fühlte sich Romano Guardini gerade von diesem Teil der organisierten Jugend angezogen und identifizierte sich bald mit ihm; nicht umsonst hat Franz Stock von einem mehr intellektuell geprägten und autoritärer geführten Verband zu diesem lebendigen Bund junger Menschen herübergewechselt.

Die erste Phase der Entwicklung dieses Bundes war entschieden franziskanisch geprägt. Die aktive und gemeinschaftlich erlebte Liebe zur Natur und zur Kunst, nicht zuletzt zur Musik, auch zum Tanz, im bürgerlich-katholischen Milieu keineswegs selbstverständlich, führte uns damals dazu, uns an diesen unbürgerlichen Heiligen zu halten. Als wir uns dann später von der aus Frankreich herüberdringenden liturgischen Bewegung erfassen ließen, entdeckten wir als Ergänzung des Franziskanischen das Benediktinische, bis dann in der wachsenden Auseinandersetzung mit den geistigen Strömungen der Zeit solche Spezialprägungen schwächer wurden. Ich bekenne, daß es mir so ergangen ist wie Franz Stock: Jahre der aktiven Teilnahme an der Jugendbewegung haben sich im Verlaufe des ganzen Lebens als Phasen einer Emanzipation erwiesen, die nicht rückgängig zu machen waren, der Selbstfindung, der Grundorientierung in der Welt. Ich kann in allen

Aktivitäten Stocks jenen großherzigen Anfang unseres jungen Erwachsenenlebens wiedererkennen — beschämt, ihm in der Energie des wirkenden Geistes nicht gleichgeworden zu sein.

Die katholische Friedensbewegung der zwanziger Jahre hängt noch mit jenen Anfängen zusammen. „Der Friede" war ebenso ein franziskanisches wie ein benediktinisches Leitmotiv. Die Fähigkeit zur Kritik am tödlichen Status quo der nationalstaatlichen Gegensätze und Aufrüstungen war durch die Gesellschafts- und Kulturkritik der Jugendbewegung vorbereitet. Noch war — in Erinnerung an die Kriege des 19. Jahrhunderts und an den Ersten Weltkrieg — der ehemalige „Erzfeind" Frankreich der potentielle Gegner, mit dem wir in den Frieden zu kommen hatten. Später wandte sich das Interesse der Friedenskämpfer dem Verhältnis zu Polen zu: eine zeitliche Entwicklung, die sich nach dem Zweiten Weltkrieg wiederholt hat. Nun, Franz Stock hat jene erste Phase so intensiv in seine Lebenspraxis verwandelt, durch sein Studium in Paris, seine Liebe zur Bretagne, sein erstes Amt in Frankreich, daß er bei dem Partner seiner ersten Liebe und Wahl geblieben ist.

Er hat dabei, wie viele von uns, wandernd und singend die Methoden der franziskanischen Jugendbewegung aufgenommen und weitergeführt; noch heute sind die „routes" — und nicht nur die nach Taizé — bei jungen Deutschen und Franzosen eine beliebte Intensiv-Form der Begegnung und der Bewußtseinsarbeit. Doch führte ihn seine Konsequenz in dem Maße, wie sich seine ursprünglichen Impulse in der härtesten Realität zu bewähren hatten, auch in das Schicksal des späten Franziskus hinein, des Leidenden, Büßenden, Sterbenden. Wenn Franziskus selbst weit gekommen ist, bis in die Stigmatisation hinein, das Zeichen der Identifizierung

IV

mit dem gemarterten und sterbenden Jesus, so deshalb, weil er immer wieder sehr rasch, ja sofort „adsum", „Ja" gesagt hat, wenn ihn eine Situation der Not, ein Bedürftiger und durch ihn Gott anrief. Man darf sagen, daß auch in diesem Punkt der keineswegs geplante Lebensweg, über den dieses Buch berichtet, eine Ähnlichkeit mit dem des liebenden, freudeerfüllten und leidenden umbrischen Heiligen gehabt hat, dessen Sonnengesang wir im Quickborn so oft und ernsthaft gesungen haben. Wie Franziskus in den Feindschaften der italienischen Städte und in den Loyalitätskonflikten seines Jahrhunderts seine Partner dadurch geistig zu befreien wußte, daß er sich ihnen als Christ, als „alter Christus" erwies, spontan, erfinderisch und mit allen Konsequenzen, so geschah es den Deutschen und den Franzosen, denen Franz Stock helfen konnte, weil seine Liebe unbeirrbar war.

II.

Der Priester Franz Stock hat sich tödlich bedrängter Deutscher und Franzosen erbarmt. Die Nationen, denen er dadurch ein Christ geworden ist, unterscheiden sich nicht zuletzt durch das Verhältnis, das sie je zu ihrer eigenen Geschichte haben. Zu dieser Thematik ist hier einiges zu sagen.

Den Franzosen macht es wenig aus, daß sie in der Ruhmeshalle der Nation sowohl Ludwig XIV. wie die Große Revolution und Napoleon zu verehren haben; vor allem fühlen sie sich zumeist über die letzten Stadien ihres nationalen Schicksals mit sich im reinen: zweimal wurden sie von den Deutschen überfallen und schwer geprüft, zweimal sind sie — nicht ohne Freundeshilfe, aber immerhin — der gefährlichen Nachbarn Herr geworden. Wer dem Feind widerstand, war im Einklang mit dieser Geschichte, mit seinem Volk und mit Gewissen, Ehre und Moral. Gewiß gab es Feige; sie wurden ausgestoßen, die „guten" Franzosen aber kannten keinen Loyalitätskonflikt; ob sie Kommunisten, Sozialisten oder Liberale waren, ob Christen oder Atheisten: alles, was recht und wahr in ihnen war, wies in dieselbe Richtung, in die Résistance und aus ihr in den Sieg. Wir Deutschen, die wir, als späte Rest-Nation des zerfallenden alten Reiches allzu spät geeinigt, in einem Zwiespalt zwischen Geist und Staat, Innerlichkeit und Macht, „Weimar" und „Potsdam" lebten, wir, denen selbst die Demokratie zweimal vom Sieger aufgezwungen werden mußte, haben kein ungebrochenes Verhältnis zu unserer Geschichte entwickeln können. Tragisch wurde dieser deutsche Dauerkonflikt, als die geistfeindlichen Mächte zur absoluten und absolut verbrecherischen Staatsgewalt geworden waren: im Terror Hitlers und in dem Krieg, den er beschloß. Durfte sich an diesem Krieg jeder „gute" Franzose im tiefsten Einklang mit den besten Kräften der nationalen Geschichte und mit jeder moralischen Kraft seines Herzens beteiligen, so konnten die „guten" Deutschen erkennen, daß uns nur die eigene Niederlage aus dem Zuchthaus in die Freiheit, in die Zukunft, in die Geschichte zurückführen könnte. Aber es waren unsere Kameraden, es waren wir selbst, die nicht nur für ihr Land, sondern zugleich auch für das verhaßte Hitlerregime kämpften und litten: Ursache eines schweren inneren Zwiespalts.

Franz Stock hat wahrscheinlich schon in den zwanziger Jahren auf seinen Frankreich-Reisen und in seinen Wanderungen in der Bretagne diesen Unterschied erfahren, in einer Vorform sozusagen. Die Niederlage und gerade die erzwungene Unterschrift unter den Friedensvertrag, durch die Deutschland feierlich seine Alleinschuld am Ersten Weltkrieg erklärte, zwang uns, sehr gründlich über die „Kriegsschuldfrage" nachzudenken. Die schwarz-weiß-rote Reaktion verdankte ihren wachsenden Einfluß, die braune Revolution ihren Sieg unter anderem einer emotionalen Grundwelle gegen das, was als nationale Schmach empfunden wurde. Der Personenkreis, dem Franz Stock angehörte, junge Katholiken, die nach 1918 heranwuchsen, konnte gleichfalls um der Wahrheit willen die These der Alleinschuld Deutschlands nicht akzeptieren, mußte aber erkennen, daß ein gehöriger Teil der Schuld mindestens am unmittelbaren Kriegsausbruch der deutschen Regierung anzulasten war. Wer so differenzierend, aber im deutlichen Bewußtsein einer kräftigen Mitschuld dachte und fühlte, konnte in dem verlorenen 1. Weltkrieg und dem darauffolgenden Diktat der Sieger eher eine Entscheidung der Geschichte annehmen und zum Friedensbeitrag bereit sein. Ohne diese Sicht der Dinge hätte der junge Franz Stock in den Pariser Jahren nach 1928 nicht als Deutscher die Unbefangenheit aufbringen können, sein Herz dem Nachbarland und Nachbarvolk zu öffnen. Fand er dann Franzosen, die dem Besucher und dem Volk, das sie als das schuldige ansahen, in großherziger Unbefangenheit oder gar freundlich zu begegnen bereit waren, so wurde auch ihm, dem jungen Menschen aus der geschlagenen und schuldigen Nation, durch diese Begegnungen eine spezifische Großmut abverlangt: den Sieg über alle Ressentiments. Franz Stock brachte diesen Großmut auf, vielleicht sehr bewußt, vielleicht auch unbewußt im

Schwung der Erneuerung des Herzens, die er in der deutschen Jugendbewegung erfahren hatte.

Einige Jahre später reichte dann ein unbewußtes Gefühl ganz gewiß nicht mehr aus. Franz Stock geriet mitten in die Spannungen sehr verschiedener Loyalitäten hinein. In Paris hatte er als Seelsorger der deutschen katholischen Gemeinde sowohl die Nationalsozialisten und andere offizielle Deutsche als auch die von den Nazis aus Deutschland vertriebenen oder geflüchteten Emigranten zu betreuen; er hatte sodann im Interesse beider einander tödlich verfeindeter Schichten erst mit den kritischen französischen Behörden, dann nach dem Einmarsch und Sieg Hitlers mit den deutschen Siegern und den französischen Besiegten zu tun, sehr bald also sowohl mit kollaborierenden französischen Behörden als auch mit Kämpfern und Märtyrern der Résistance. Der Zusammenstoß der Loyalitäten mußte ihm schwer zu schaffen machen, im Verhalten zwischen vielen und verschiedenen Fronten. Der besonnene Westfale blieb ein Deutscher, der sich mit dem wahren Heil und Wohl seines Volkes ebenso sehr identifizierte, wie er der in dessen Namen auftretenden verbrecherischen Staatsmacht im Kopf und Herzen widerstand. Es war für ihn klar, wo er hingehörte: zu den Verfolgten unter den Deutschen und zu den Widerständlern unter den Franzosen; zu tun aber hatte er es mit allen, und zwar in einem strengen Organisationsgefüge, zu dem sich das Vichy-Regime mit der Besatzungsmacht verbündet hatte. Wie sich Franz Stock im einzelnen jeweils verhielt, tausendmal und immer wieder neu, in den verschiedensten Situationen und Konstellationen, erschütternd oft angesichts des Todes, das kann man in diesem Buch nachlesen; ich kann es mir ersparen, Beispiele zu erzählen. Die Aufgaben, die sich ihm stellten, waren im Grunde nicht lösbar — die Rechnungen gingen nicht auf; die Patriotismen und die Verrate waren so untereinander verschlungen, daß jede Kasuistik versagte. Man brauchte mehr als Normen. Man mußte manchen Knoten durchhauen und manchen anderen auf komplizierte Weise entflechten. Man brauchte immer wieder den Durchbruch ins Nicht-Vorstellbare.

Franz Stock hat in solcher Lage die Lebensprobe bestanden. Er hat sich nicht nur halten, sondern sich bewähren können; mehr: er konnte helfen, Deutschen und Franzosen, Patrioten und Rebellen, Offizieren und Partisanen — helfen bis in unzählige Todesstunden hinein. Die Frage, warum er das konnte, ist elementar zu beantworten: er war ein Christ. Er lebte in der Nachfolge Christi. Die Nationen hatten sich in die absurdesten Widersprüche hineingelebt, und was zu tun war, erforderte viel Klugheit und Geschick, aber die Grundmaxime war eindeutig: zu tun, was Jesus Christus getan hätte. Alle anderen Rücksichten fielen. Als wahrer Christ war Franz gegen die Diktatur der Regel gefeit; er durchschlug den immer neu geknüpften Knoten der einander widersprechenden Loyalitäten. Er nahm die Menschen an in ihrer Not und in ihrem Widerspruch, er liebte sie als die Bedürftigsten seiner Brüder, und er tat, was jeweils zu ihrem Wohl und Heil zu tun war. Manchmal war es wenig, was zu tun war, manchmal unermeßlich viel. Er tat das eine wie das andere bis in ihren Tod hinein, unzählige Male, schließlich bis in seinen eigenen Tod hinein. Er verlöschte, als das letzte zu seinem und unserem Wohl produktivere, hellere Werk getan war: die Arbeit mit den deutschen kriegsgefangenen Theologen, unter Verhältnissen, die aber immer noch vom nationalen Gegensatz und von der Kluft zwischen Siegern und Besiegten reichlich kompliziert wurden.

Wenn man ein Beispiel dafür sucht, daß Gott von denen, die auf ihn und auf seinen Sohn setzen, über die Erfüllung der Gebote hinaus ein spezifisches Mehr erwartet, das Mut und Phantasie verlangt, ein Stück konkreter Biographie und Geschichte, dann kann man Franz Stocks Leben nennen. Der allgemeinste Name dieses „Mehr" ist Reich Gottes.

VORWORT

VON JOSEPH FOLLIET

Als Freund Franz Stocks hätte ich dieses Buch am lieb=
sten selbst geschrieben und ihm so die Ehre erwiesen,
die er verdient, die zugleich auch ein Zeugnis gewesen
wäre. Das Zeugnis für den Freund, den Mitstudenten,
den Gefährten des heiligen Franziskus, für einen Pionier
der französisch=deutschen Verständigung, der niemals
an der Sache verzweifelt hat, die seine Jugend einmal
begeisterte, selbst nicht in den härtesten und dunkel=
sten Stunden des zweiten Weltkrieges.

Doch das vorliegende Buch von René Closset tröstet
mich darüber, daß ich mein Vorhaben nicht verwirk=
lichen konnte. Es kommt ja nicht darauf an, wer das
Zeugnis für Franz Stock ablegt, wenn es nur gegeben
wird, wer ihm die Ehre erweist, wenn sie nur erwiesen
wird. Doch dieses Zeugnis mußte gegeben, diese Ehrung
unsererseits mußte Franz Stock zuteil werden.

Das war eine Pflicht für uns als Franzosen, als Men=
schen und als Christen.

Es war unsere Pflicht als Franzosen. Denn es gibt
wenige Deutsche, die Frankreich so geliebt und seinen
Söhnen so viele Dienste erwiesen haben wie Franz
Stock. Er hat im Kriege niemals verzweifelt, weder

an seinem Land noch an unserem, weder an ihrer gemeinsamen Zukunft noch am Frieden. Er hat nicht bloß einfach durchgehalten, nicht nur recht behalten, er hat auch gehandelt — und in was für Schwierigkeiten, unter welchen Gefahren! Wenn Hunderte von Widerstandskämpfern in der Stunde ihres gewaltsamen Todes Stärkung empfingen, wenn viele unter ihnen sich vorbereiten konnten, um in aller Lauterkeit und Reinheit vor Gott hinzutreten, dann verdanken wir das Franz Stock, dem Gefängnispfarrer von Fresnes, der wie ein Engel in der Hölle dort erschien.

Ihm Ehre zu erweisen ist auch einfach unsere Menschenpflicht. Denn allein durch sein Dasein hat er die Größe der menschlichen Existenz in einem Augenblick bestätigt, wo Millionen von Menschen durch ihre Dummheit, Brutalität und Grausamkeit sich unter das Tier herab erniedrigten. Er hat uns vorgelebt, daß man an keinem einzigen Lande jemals verzweifeln darf. Er hat uns gezeigt, daß man auch am Menschen niemals verzweifeln darf.

Soll ich hinzufügen, daß die Ehrung für Franz Stock auch eine Verpflichtung für uns als Europäer ist? Wenn heute Europa gebaut werden kann, wenn Europa unterwegs ist zu seiner Einheit, dann haben Vorläufer wie Franz Stock viel dafür bedeutet.

Ihm Ehre zu erweisen ist schließlich unsere Christenpflicht.

Franz Stock ist ein Zeuge der Liebe gewesen, sagen wir es noch deutlicher und besser: ein Martyrer der Liebe in dem strengen Sinn dieses Wortes, das „Zeuge" bedeutet und die Annahme des Todes mit einschließt. Er ist aus Liebe gestorben, erschöpft, aufgerieben durch all das Leid, das er als Christ und als Priester Jesu Christi annehmen und zu seinem eigenen machen mußte.

Für mich ist Franz Stock nicht nur ein Vorbild der

Menschlichkeit, sondern ein Typ der Heiligkeit, jener neuen Heiligkeit, welche die Welt heute braucht auf dem Wege zu ihrer Einheit mitten durch Katastrophen, Blut und Tränen. Ich bin sicher, daß ich nicht allein dieser Meinung bin, sondern daß alle, die Franz Stock zu seinen Lebzeiten gekannt haben, sowie alle, die ihn durch das Buch von René Closset kennenlernen, ebenso denken.

1. KAPITEL

Eine schwierige Aufgabe im Paris der dreißiger Jahre

„Eines Morgens kam er herein, an einem Samstag. Ich war zunächst beeindruckt von seinem Taktgefühl. Während die Wachmannschaften brüllten, wenn sie mal in unsere Zellen hineinkamen, trat er schweigend ein, schmiegte sich an unsere Schulter, wie wenn er durch diese Geste zeigen wollte, daß er seinen Anteil von unserem Gefangenenleben auf sich nehmen wollte.

Ich hatte bei meiner Einlieferung in Fresnes um einen Geistlichen gebeten. Aber ich hatte mir überhaupt nicht vorgestellt, daß man mir einen Deutschen schicken würde. Zunächst also war ich sehr enttäuscht, als ich diesen blonden Priester im kurzen schwarzen Rock vor mir sah, mit den schmalen Lippen. Er hatte ziemliche (sogar allzu große) Ähnlichkeit mit der klassischen Figur eines ‚Herrn Doktor', der soeben seine theologischen Studien beendet hat. Er sprach ein sehr korrektes Französisch, unglücklicherweise ein genauso korrektes wie der Mann, der mich bei der Gestapo in der Avenue Foch verhörte.

Meine Enttäuschung war vollständig und ohne Zweifel auch sichtbar, denn Abbé Stock entschuldigte sich zuerst einmal. Und ich bemühte mich, gute Miene zum

bösen Spiel zu machen und einen Aspekt der Katholi=
zität unserer Kirche nun ernst zu nehmen, auf den ich
nicht gefaßt war. Ich stürzte mich also sozusagen ins
Wasser und bat ihn, mir zu bestätigen, daß das Ver=
hehlen der Wahrheit in bestimmten Fällen erlaubt
sein könnte, z. B. wenn man sich vor einem Gericht
seiner Haut wehren müsse. — ‚Natürlich‘, sagte er. ‚Das
ist einfach klar.‘

Wir sprachen leise, denn der Feldwebel war auf der
Türschwelle stehengeblieben. Ich begriff sodann, daß
Abbé Stock in seiner Art ebenfalls so etwas wie ein
‚roter Pfarrer‘ war. Er hatte vor dem zweiten Welt=
krieg an den Friedenstagungen teilgenommen, die Marc
Sangnier in Bierville organisierte. Er erzählte mir von
Joseph Folliet, von den Gefährten des heiligen Franzis=
kus, von gemeinsamen Freunden der ‚Jungen Repu=
blik‘. Dieser deutsche Priester übte sein Amt mit einer
Höflichkeit, einem Takt, einer Liebe ohnegleichen aus.
Beim Weggehen drückte er mir eine Bibel in die Hand,
die P. Maydieu, ein treuer Freund und nicht weniger
getreuer ‚Komplice‘, ihm für mich gegeben hatte. Dann
versprach er, in der nächsten Woche wiederzukommen.
Er tat nun, als wenn er gehen wollte, kam aber zurück
und sagte mit noch gedämpfterer Stimme: ‚Wir wollen
noch ein letztes Ave Maria zusammen beten.‘

Wir hatten uns hingekniet und dem Feldwebel den
Rücken zugedreht. Er fuhr in dem gleichen eintönigen
Sprechen fort: ‚Ave Maria, gratia plena — gestern hat
mich Ihre Frau besucht. Sie hält sich sehr gut, alle Ihre
Kinder auch — Dominus tecum — sie läßt Ihnen sagen,
Sie sollen sich keine Sorgen machen. Zu Hause geht
alles gut — benedicta tu in mulieribus . . .‘

Wie diese Nachrichten mir guttaten! Einige Tage vor=
her hatte man uns in der Avenue Foch versichert, daß
die Frau verhaftet wäre, von der uns Abbé Stock die

neuesten Nachrichten brachte. Es handelte sich folglich nur um einen Erpressungsversuch der Gestapo. Ich konnte also mit größerer Kaltblütigkeit in das nächste Verhör hineingehen.

Auf diese Weise setzte Abbé Stock während der ganzen Besatzungszeit und selbst hinterher — er war ja in Frankreich geblieben, um auf die gleiche Weise seinen kriegsgefangenen Landsleuten zu dienen — das Wort seines Meisters in die Tat um: ‚Ich war gefangen, und ihr habt mich besucht' " (Ed. Michelet) [1].

Franz Stock war Rektor der deutschen Pfarrei in Paris. Er war das während der Jahre der Besatzung — er war es schon vor dem Krieg gewesen. Der Erzbischof von Paris, Kardinal Verdier, hatte sich persönlich bei den deutschen kirchlichen Behörden dafür eingesetzt, daß man Franz Stock diese nicht einfache Aufgabe übertrug. Verdier war seinerzeit Superior des „Grand Séminaire" in Paris gewesen und hatte dort Franz Stock kennen- und schätzengelernt.

Im September 1934 kam der junge Seelsorger der deutschen Kolonie nach Paris. Er war erst 30 Jahre alt.

Obwohl zu seiner Pfarrei faktisch die ganze Hauptstadt gehörte, war sie zahlenmäßig nicht sehr stark. Seine offiziellen Pfarrkinder waren Studenten, Beamte, Angestellte bei der Botschaft, Kinderpflegerinnen, Hausangestellte und einige Familien, die sich in Paris niedergelassen hatten. Aber neben dieser wenig einheitlichen und gemischten Gemeinde entdeckte der neue Pfarrer sehr bald eine ganze Gruppe von heimlichen Pfarrkindern: die politischen Flüchtlinge. In den Augen der deutschen Botschaft hätte Abbé Stock sie ignorieren müssen. Aber dann hätte man ihn schlecht gekannt.

Zu dieser Zeit war der Nationalsozialismus in Deutschland dabei, seine Macht gründlich zu festigen, wobei er brutale Gewalt mit der geschicktesten Lüge

verband. So wurde im Ausland das Mißtrauen gegen=
über allem, was deutsch war, Tag um Tag größer.
Abbé Stock, der immerhin sehr aufrichtige freund=
schaftliche Verbindungen mit zahlreichen Franzosen
während seiner Studienzeit von 18 Monaten in Paris
geknüpft hatte, merkte das sehr bald. Jetzt bekleidete
er ja eine offizielle Stellung. Er konnte die deutsche
Botschaft nicht ignorieren, sondern mußte mit ihr not=
wendigerweise offizielle Beziehungen unterhalten.

Wenn er abends allein in seinem kleinen Büro, Rue
Lhomond 21, saß, mochte er wohl oft über die merk=
würdige priesterliche Aufgabe nachdenken, die ihm nun
in diesem Paris übertragen war, das er liebengelernt
hatte, und wohin er so gern zurückgekehrt war.

Er sah seine deutschen Brüder vor sich, die Welt der
Botschaft, aber auch die kleinen Leute, von denen viele
schon für die nationalsozialistischen Ideen gewonnen
waren. Neben ihnen die anderen, die im Exil lebten. Sie
waren sehr oft unglücklich, voller Mißtrauen gegen
einen Priester, der in offizieller Verbindung mit der
Botschaft stand. Da waren schließlich die Franzosen,
die er so sehr liebte, zu verstehen und noch besser ken=
nenzulernen suchte; sie standen ihm indessen zumeist
in kluger Zurückhaltung gegenüber.

Und Franz Stock dachte: Das ist eben Priester=
schicksal. Man wird gevierteilt in dem Maße, als man
bereit ist, sein Priestertum mit voller Hingabe in einer
Welt zu leben, die immer mehr zerrissen ist und im=
mer irrsinniger wird. Und langsam, von Tag zu Tag
mehr, begriff Franz Stock in der Stille seines Büros, in
der Sammlung, zu der ihn seine kleine Kapelle in der
Rue Lhomond einlud, daß der Priester in der Nachfolge
Christi mitgekreuzigt wird, daß sein Friedensideal, von
dem er immer geträumt hatte, nur über das Kreuz
Wirklichkeit werden konnte.

Bei einem Empfang der deutschen Botschaft zu Ehren des Reichsaußenministers von Ribbentrop aus Anlaß der Unterzeichnung des französisch=deutschen Nicht= angriffspaktes vom 6. Dezember 1936 wurde Franz Stock der Frau des Reichsaußenministers vorgestellt. Im Verlauf der Unterhaltung fragte sie ihn: „Herr Rektor, wie viele Deutsche haben Sie denn zu betreuen?" In seiner unbedachten Ehrlichkeit gab Abbé Stock eine so große Zahl an, daß Frau von Ribbentrop sofort lebhaft reagierte: „Seltsam", sagte sie ganz überrascht, „bei der deutschen Botschaft sind aber viel weniger gemeldet und registriert?"

Der Abbé hatte eine große Dummheit begangen. Er hatte zu seinen Pfarrkindern alle Emigranten gezählt, die vor dem verhaßten Hitlerregime geflohen waren. Aber er zog sich sehr schnell und geschickt aus der Klemme, indem er antwortete: „Ich denke an die vielen Elsässer, die sich in Paris aufhalten und sich bei der Botschaft nicht melden dürfen, aber trotzdem meinen Dienst in Anspruch nehmen." Diese Erklärung fand zum Glück bei Frau von Ribbentrop Gefallen. Sie ent= gegnete: „Das ist aber ausgezeichnet für den deutschen Einfluß. Ich werde die Sache sofort meinem Mann mit= teilen." So wurde Abbé Stock dem Minister vorgestellt. Als dieser nun einen katholischen Geistlichen vor sich stehen sah, machte er ein sichtbar verdutztes Gesicht und verhielt sich ihm gegenüber so betont kühl, daß alle Umstehenden es merkten[2].

Übrigens unterhielt Abbé Stock fast freundschaft= liche Beziehungen mit dem deutschen Botschafter in Paris, Dr. von Welczeck, der ein guter Katholik war. Selber mit Kardinal Verdier sehr gut bekannt und von ihm sehr geschätzt, brachte der Rektor der deutschen Pfarrei eine Begegnung der beiden Männer, des Bot= schafters und des Kardinals, zustande. Im Rahmen der

100=Jahr=Feier der deutschen Mission in Paris, Mai 1937, setzte Abbé Stock eine Meßfeier unter Mitwirkung eines deutschen Chores aus Bonn an. Kardinal Verdier, begleitet von Monsignore Chaptal, dem Bischof für die Ausländer, wohnte dieser Messe der deutschen Ge= meinde bei. Auch der Botschafter des Reiches war zu= gegen. Der Kardinal ergriff nach dem Evangelium das Wort zu einem Appell für den Frieden, für das Einver= nehmen und die Hochachtung der Völker untereinander.

Abbé Stock konnte dann zu seiner großen Freude den französischen Kardinal und den deutschen Botschafter am Ausgang der Kirche miteinander bekannt machen. „Ein Ereignis von tiefer Bedeutung", bemerkte eine deutsche Zeitung. „Zum erstenmal seit dem Weltkrieg begegnete ein französischer Kardinal in aller Öffentlich= keit einem Botschafter des Deutschen Reiches."

Der erste Schritt war getan. Am 24. Oktober 1937 führte eine neue Kundgebung im Rahmen dieser 100= Jahr=Feier die gleichen Persönlichkeiten im „Hause der Chemie" wieder zusammen. Abbé Stock, der seit meh= reren Jahren an der Geschichte seiner Pfarrei arbeitete, zumal an der Geschichte ihres Gründers, des Domherrn Axinger, richtete an den Kardinal folgende Ansprache:

„Eminenz! Im Jahre 1837 vernahm die Kirche ,Notre= Dame des Victoires' die erste Predigt in deutscher Sprache. Domkapitular Axinger aus dem Bistum Evreux richtete diese Predigt an meine Landsleute. Hundert Jahre später richtet sein Nachfolger auf französisch seine Ansprache an das ehrwürdige Oberhaupt der Diözese Paris, an den Klerus dieser Pfarrei und an die Katholiken Frankreichs.

Ihnen, Eminenz, möchte er den lebhaften und ehr= furchtsvollen Dank der katholischen deutschen Mission zum Ausdruck bringen. Gestatten Sie dem gegenwärti= gen Seelsorger, dabei eine mehr persönliche Note in diesen Dank hineinzutragen, denn er spricht zugleich zu dem, der früher sein verehrter Oberer und Lehrer gewesen ist, den er so gerne gehört hat. In dem Rektor von heute kommen alle früheren Rektoren der Mission zu Ihnen. Sie möchten Ihnen sagen, welch eine Ermuti= gung sie in dem Wohlwollen und in dem Hirteneifer Ihrer Vorgänger gefunden haben.

Am Ursprung dieses Werkes vernehmen wir einen glühenden Appell von Bischof de Quelen an die unversiegbare Liebe der Einwohner von Paris zugun= sten der 80 000 Deutschen in der Hauptstadt. Ihrem damaligen Vorgänger hätte man den Ehrennamen eines vierten deutschen Bischofs geben können, denn nur drei Städte hatten damals in Deutschland eine Bevölkerung, die zahlenmäßig die der Deutschen in Paris erreichte.

Eine katholische Zeitung, deren Titel allein schon ihre hochherzigen Ziele anzeigte, ,Das Universum', ge= gründet durch einen so außerordentlichen Initiator, wie Abbé Migne es war, unsterblich gemacht durch das Genie von Louis Veuillot, nahm den Appell des Erz= bischofs auf und gab ihm seine Breitenwirkung.

Und gerade Bischof Affre, der sein Blut ver= gießen sollte und selbst dabei noch eine Geste der Ver= söhnung machte*, umspannte mit dem gleichen Gefühl der Liebe französische und deutsche Katholiken. Nach den traurigen und schmerzlichen Jahren des großen Krieges legte seine Eminenz, Kardinal Dubois, gegen= über P. Ritter eine Haltung an den Tag, die diesen be= sonders ermutigte.

Und ich selber nun, Eminenz, ich kann unmöglich im einzelnen all die Erweise von Zuneigung und rühren= der Sorge aufzählen, mit denen Sie mich überhäuft haben . . ."

---

* Er starb an einer Verwundung, die er in der Revolution 1848 erlitt, als er auf einer Barrikade für den Frieden reden wollte.

Darauf wandte sich seinerseits der Botschafter, Dr. von Welczeck, an das Publikum und feierte das Lob des Rektors: „Wenn wir heute an der Spitze der katho=lischen deutschen Pfarrei in Paris Herrn Rektor Stock haben, dann wissen wir, daß diese Pfarrei einem Manne anvertraut ist, der sich nicht auf einen Dienst einzig unter dem geistlichen Gesichtspunkt seiner Mission be=schränkt. Er steht mit wachem und liebevollem Herzen allen unseren Landsleuten in Paris hilfreich zur Seite, die sich in Nöten und Schwierigkeiten befinden. Die deutsche Botschaft weiß, bis zu welchem Grade unsere durch Schicksalsschläge besonders heimgesuchten Lands=leute Hilfe und Beistand von seiten der katholischen deutschen Pfarrei in Paris erfahren haben.

Mehr noch, Rektor Stock hat es verstanden, mit den kirchlichen und zivilen Behörden unseres Gastlandes gegenseitige Bande der Hochachtung und der Freund=schaft zu knüpfen. Er verstand es aber auch zugleich, die deutsche Gemeinde von Paris mit den kulturellen, literarischen und künstlerischen Reichtümern Frank=reichs bekannt zu machen. Die große Anzahl von her=vorragenden Repräsentanten gerade dieser Kreise, die bei der Kundgebung hier dabei sind, ist dafür der beste Beweis."

Es war keine leichte Aufgabe, die sich der junge Prie=ster gestellt hatte. Er wollte das lebendige Verbindungs=glied zwischen beiden Ländern sein, er wollte den einen und den anderen Freundschaft bezeugen, er wollte ver=suchen, die Franzosen Deutschland und die Deutschen Frankreich lieben zu lehren. Der Deutschen aber wollte er sich annehmen, einerlei, ob sie zur offiziellen deut=schen Gemeinde gehörten oder aus ihrer Heimat ge=flohen oder verbannt waren. Während er sich so ab=mühte und darin dem Ideal seiner Jugend treu blieb, waren indessen andere Kräfte zu beiden Seiten des

Rheins am Werke. Der Nationalsozialismus mit seiner wahnsinnigen Revanchepropaganda gewann Tag um Tag an Boden. Und die Ereignisse in Deutschland er= zeugten in Frankreich als Reaktion darauf Mißtrauen und Furcht. Sie weckten und verstärkten in Frank= reich allmählich einen Chauvinismus, dessen Opfer auch Abbé Stock häufig wurde. Er litt bitter darunter. Dieses immer größer werdende Mißtrauen gegen= über allem, was sich deutsch nannte, zeigte sich eines Tages vor aller Augen in einer Pariser Tageszeitung unter der Überschrift: „Das Netz des Nazismus über Frankreich. Geheimnisvolle Zone in Paris", mit dem Untertitel: „Vom Priester über die Zuträgerin für Goebbels bis zum Kolonialpropagandisten — alles eine Linie!" Dieser gemeine Artikel muß freimütig zitiert werden. Er zeigt sehr deutlich, wie weit die Ver= leumdungen damals gehen konnten und in welcher Situation Abbé Stock sich befand, um in Paris seine sehr delikate und schwierige Aufgabe fortzuführen. Der Text des Zeitungsartikels lautet:

„Eine der stillsten Straßen in der Gegend des ‚Berges der heiligen Genoveva'. Ein einfaches Haus. Seine ver= schlossene Holztür wirkt wie ein roter Flecken auf der frisch gekalkten Fassade. Man könnte meinen, daß man ein Kloster aus der Provinz vor sich hätte.

Sie schellen. Ein kräftiges blondes Mädchen mit rotem Gesicht und gesundem Aussehen kommt und öffnet. Eine Haushaltswalküre! Sie hat auf den Fliesen im Flur den Aufnehmer liegen lassen, mit dem sie dort hantierte, als Sie sie gerade störten. Strähnen schmut= zigen Wassers tropfen herunter, welches die Rillen des Fußbodenbelages weiterleiten. Sie sind in dem Pariser Haus für junge deutsche Mädchen.

Zur Etage führt eine gefährliche, weil zu glatt ge= bohnerte Treppe. Auf dem Treppenabsatz eine Glas=

tür mit dem Schild: Rektor. Das ist das Zimmer des Direktors.

Dieser ist ein junger Priester. Blond, mit blauen Augen. Sie sind mit einer in Stahlrand gefaßten Brille bewehrt. Die lange Hose kommt unter dem kurzen schwarzen Rock nach deutschem Muster hervor. Er sitzt hinter einem großen Büroschreibtisch. An einem kleinen Tisch seitlich tippt eine gestrenge ‚Schwester' in blauer Haube an der Schreibmaschine. Sie arbeitet genauso behende wie eine unserer geschicktesten Stenotypistinnen.

Der Rektor ist ein sehr beschäftigter Mann. Die diktierte Post häuft sich in dem Ordner auf dem Schreibtisch. Das Zimmer steht voll von Karteikästen. Die Wände, in halber Höhe mit frommen Bildern geschmückt, verschwinden unten völlig hinter den Büchern: ernste, dicke Bände, dunkel eingebunden; die Evangelien, Predigtsammlungen, Leben der Heiligen. Aber auf einem Regal leuchtet eine vielfarbige Symphonie von auffallenden Bucheinbänden.

Sollte dieser Priester eine Schwäche für Kriminalromane haben? Aber nein. Diese Ecke seiner Bibliothek ist dem profanen Evangelium des Dritten Reiches gewidmet. Hier sind sie alle aufgereiht, die Bände, die Hitler, seine Kampfgenossen und seine Ideen verherrlichen.

Und die jungen Mädchen insgesamt, die dort wohnen, Kinderschwestern, Erzieherinnen, Hausgehilfinnen, die schlecht eine Stelle finden können und mit offenen Armen hier aufgenommen werden, woher sie auch nur kommen, vorausgesetzt, daß sie deutsch sprechen — all diese ruft man abends im Unterhaltungsraum zusammen.

Und dann gibt es eine Predigt . . . über Hitler.

Und dann wird gesungen . . . Nazilieder.

Das ist doch nichts besonders Schlimmes, könnte man denken. Bloß ein junger Geistlicher, der die Hitler=doktrin praktiziert und vergißt, daß sie mit seinem Priestergewand und seiner Mission unvereinbar ist.

Richtig. Aber eines Tages, vor nicht allzu langer Zeit, entschloß sich eine junge Studentin, die emigrieren mußte, als Hitler an die Macht kam, aus Not, an der Tür dieses Hauses anzuklopfen. Sie blieb lange in dem Büro der ersten Etage. Nehmen wir hier einmal an, daß die Wände Ohren haben:

,Sie haben also in Frankreich niemand, der Ihnen helfen könnte?'

,Niemand.'

,Und in Deutschland?'

Die Studentin zögert. Ihre Eltern sind drüben geblie=ben. Sie haben Vermögen. Man hat sie bis jetzt in Ruhe gelassen, da es ihnen gelungen war, das Exil ihrer Tochter ebenso wie ihre politische Überzeugung zu ver=heimlichen.

,Man' gewinnt ihr Vertrauen.

,Nichts einfacher als das. Geben Sie mir Namen und Adresse Ihrer Eltern an. Ich versuche, auf diskrete Weise Geld herüberzuschaffen.'

Die Kleine willigt ein. Achtundvierzig Stunden später waren ihr Vater und ihre Mutter verhaftet und in ein Konzentrationslager eingeliefert.

Also, nicht besonders wichtig?"

* * *

Abbé Stock ließ diesen verleumderischen Artikel nicht einfach durchgehen. Er protestierte energisch und machte den unredlichen Reporter deutlich darauf aufmerksam, daß die famosen Bücher, die er für das profane „Evan=gelium des Dritten Reiches" gehalten hatte, nichts an=

deres waren als der Große Herder — der ausgerechnet von der Partei verboten war.

Wenn Stock auch tief bekümmert war über solche Machenschaften und den Geist, aus dem sie hervor= gingen, so führte er trotzdem seine Arbeit mit Energie und Mut weiter. Das Haus in der Rue Lhomond ge= wann unter seiner Leitung wachsende Bedeutung und Ausstrahlungskraft.

So berichtet der Paderborner Erzbischof, Kardinal Jaeger, der das Haus zu Beginn der Besatzungszeit als damaliger Divisionspfarrer besucht hatte:

„Man muß das Leben in dem kleinen, ärmlichen Häuschen in der Rue Lhomond 21 zu Paris mit ange= sehen haben, um ermessen zu können, was diese Stelle dem jungen Rektor abverlangte. Das Haus glich einem Taubenschlag. Es stand buchstäblich Tag und Nacht offen für jede Not, die hier Schutz und Hilfe suchte. Da war das viele Strandgut des Lebens, das bettelnd die Weltstadt durchzog; da waren die ungezählten deutschen Mädchen, die als mittellose Studentinnen, als Kindermädchen, Hausmädchen oder Köchinnen nach Paris gekommen waren, auf der Suche nach Arbeit und Fortkommen; da waren die vielen jungen Kaufleute, die in deutschen und fremdländischen Firmen als An= gestellte tätig waren; da war das Personal der deut= schen diplomatischen Vertretungen in Frankreich. Alle wußten dieses Zentrum deutschen Lebens in der Rue Lhomond zu finden. Für alle war der Rektor da; allen suchte er hier im fremden Lande Heim und Heimat zu schaffen. Eine Beschränkung auf den rein kirchlichen und seelsorglichen Bereich war hier unmöglich. Dank seiner weitreichenden Beziehungen zu französischen Priestern und Laien mußte er Stellen vermitteln, Be= rater in Heiratsangelegenheiten, Fürsorger, kurz allen alles sein. Eine ungeheure Arbeitslast, die er, unter=

stützt von einer Seelsorgehelferin, allein zu bewältigen hatte[3]."

Wie schon aus den Äußerungen des Botschafters bei der Jubiläumsfeier hervorgeht, waren es nicht nur Deutsche, die kamen, um in die Geborgenheit der Atmo= sphäre der Rue Lhomond einzutauchen. Auch manche Franzosen kamen gern, zumal die Gefährten des heili= gen Franziskus, zu denen Stock seit seiner Studienzeit gehörte.

Er hat in einem Bericht von dem Leben seiner Pfarrei darüber geschrieben: „Die Zusammenarbeit mit fran= zösischer Jugend oder im allgemeinen mit französischen Katholiken mag in früherer Zeit leichter und ersprieß= licher gewesen sein. Die Gründe hierfür sollen an dieser Stelle nicht erörtert werden. Trotz der gespannten politischen Lage und trotz der großen Reserve der ehe= mals freundlich gesinnten Jugendbewegungen in Frank= reich haben wir auf eine gewisse Zusammenarbeit und Annäherung nicht zu verzichten brauchen. Zu unseren Abendveranstaltungen fanden sich des öfteren aufge= schlossene junge Franzosen ein, um die deutsche Sprache und deutsches Gemeinschaftsleben kennenzulernen. Da waren vor allem die Gefährten des hl. Franziskus (die ‚Compagnons de Saint=François'), die mehrere Male geschlossen zu unseren Veranstaltungen kamen. Am Franziskustag wurde gemeinsam mit ihnen eine deutsch= französische Abendfeier veranstaltet, bei der wir deutsche Lieder und Volkstänze vortragen und aufführen konn= ten. Ein anderes Mal hatten wir den Saal für ein Kin= der= und Familienfest des ‚Sillon Catholique' zur Verfügung gestellt. Es waren immer frohe, erinne= rungsreiche Stunden, die sicherlich nachhaltend wirken werden."

Dr. Welczeck hat öffentlich betont: Stock tat alles, um seinen Landsleuten die Seele Frankreichs entdecken

zu helfen. Denn er fühlte schon immer eine tiefe Zu=
neigung zu diesem Lande. Er schätzte seine Kultur,
seine Poesie, seine theologische Denkweise, seine Gei=
stigkeit. Ihm, dem Romantiker aus Westfalen, hatte es
besonders die Bretagne angetan. Sie war seine Lieblings=
provinz geworden, wie Frankreich sein zweites Vater=
land geworden war.

In der geringen Freizeit, die ihm die Arbeit seiner
Pariser Pfarrei ließ, nutzte er alle sich bietenden Ge=
legenheiten, um Frankreich zu bereisen, neue Kontakte
zu knüpfen und das Wesen des Nachbarlandes zu ent=
decken. Mit besonderer Vorliebe nahm er den Weg in
die Bretagne. Dort verbrachte er auch gern seine Ferien.

Und wenn er dann seinen Koffer packte, vergaß
Stock niemals Palette und Pinsel. Denn Malen bedeu=
tete für ihn Erholung, war sein liebster Zeitvertreib. Er
machte nicht viel Aufhebens von seinen künstlerischen
Neigungen, obwohl er wirklich Geschmack und Talent
besaß. Infolgedessen wurde selbst von seinen Freun=
den diese Seite seiner Persönlichkeit oft nicht beachtet.

Franz Stock war ein schweigsamer, bescheidener
Mensch. Die Malerei war für ihn ein Medium, durch
das er etwas von seinem innersten Wesen zum Aus=
druck brachte. Und die bretonische Seele mit ihrer Tra=
ditionsverbundenheit, ihrem Sinn für das Geheimnis=
volle, mit ihrer Rauheit und Empfindsamkeit zugleich,
mit ihrer Verwurzelung im heimatlichen Boden, in der
Herbheit ihrer Landschaft, in der Endlosigkeit des
Ozeans wurde für Franz Stock wie ein Spiegel, in dem
er sich selber wiederfand.

Im Verlauf der Jahre durchstreifte er so die ganze
Bretagne kreuz und quer; er verweilte, um einen be=
stimmten Landstrich zu malen oder zu fotografieren,
wenn ihm weiter keine Zeit blieb. Mitunter setzte er
sich ganz einfach nur auf den Rand einer Klippe und

ließ alles, was er sah und fühlte, tief in sich eindringen. Das schlichte Leben der Bewohner, ob sie nun Seeleute oder Bauern waren, zog ihn ebenfalls an. Er befragte sie gern, beobachtete ihre Lebensweise, liebte ihre fromme Seele und ihren Sinn für das Wahre und ließ sich ergreifen von der Poesie, die von den Menschen und der Natur ausströmte.

Ist es daher verwunderlich, daß er sich gerne in einen Winkel der Bretagne, wie Saint=Nolff im Morbidan, zu= rückzog? Andere hatten das vor ihm getan, wie z. B. die Maler aus der Schule von Pont=Aven: Maurice Denis, Renoir, Serusier, Gauguin, Verkade und noch viele andere, die „Nabis", wie man sie nannte.

Das Buch von Verkade „Die Unruhe zu Gott" hatte Franz Stock, sicher tief davon beeindruckt, gelesen. Darin erzählt der holländische Maler, der ein Mönch der Abtei Beuron geworden war, seine Bekehrung, die sich etappenweise im Verlauf verschiedener Aufent= halte in der Bretagne vollzogen hat. Sie sollte ihre Krö= nung finden in Saint=Nolff am 22. August 1892, „in diesem Lande, wo ich mich ohne weiteres wie zu Hause fühlte", hat Verkade notiert.

Dort fühlte sich auch Franz Stock sehr schnell zu Hause und begann zu malen. Seine Landschaften und Stilleben sind offensichtlich mit der symbolistischen Schule von Pont=Aven verwandt. Stock war zwar nur Autodidakt, hat aber Werke geschaffen, die Beachtung verdienen und über ein bloßes Mittelmaß hinausragen.

In diesem Winkel der Bretagne war er, wie Verkade, völlig glücklich und so entspannt, daß der große Schwei= ger der Versuchung nicht widerstehen konnte, uns von seinen Eindrücken, seinem Glück zu berichten. So ent= stand das Buch über die Provinz seiner Wahl: „Die Bretagne — Ein Erlebnis", das er mit eigenen Zeichnun= gen, Holzschnitten und Fotografien illustrierte.

„Man muß mehr als einmal diesen westlichsten Zipfel Frankreichs besucht haben, um nur annähernd die Menschen dort, ihre Sprache, ihre Sitten und Bräuche, ihre Eigenarten beschreiben zu können. Man muß an der stets umspülten Granitküste gestanden sein, muß der scheidenden Sonne, die sich voller Glut oder ver= borgen hinter schwer lastenden Regenwolken ins Meer hinabbegibt, in stillen Abendstunden, die nur von dem durchdringenden Schrei einer einsam flatternden Möwe erschüttert, vom leichten Brausen der herannahenden oder von dem sanften Abschwellen der weichenden Wasserwogen durchdrungen werden, nachgeschaut und schweigend Lebewohl zugenickt haben. Man muß den Menschen dort in ihren Trachten, bei Volksfesten und religiösen Feiern, oder im rauhen Kleid der Arbeit zu= geschaut, sie bei den großen und alltäglichen Ausfahr= ten aus den kleinen versteckten und weit einladenden Häfen voll Staunen bewundert haben.

Man muß am leise knisternden Kaminfeuer eines kleinen Bauernhauses gesessen, die anheimelnde Wärme der großen Stube mit dem alten Hausrat, den Duft von frischen Crêpes und den ländlich bäuerlichen Geruch, der aus den anliegenden Ställen und Hofräumen herein= dringt, empfunden haben. Man muß dort den kühlen= den Apfelmost getrunken haben, wenn die Glut der Sonne den Schweiß aus den Poren treibt. Man muß unter der Dorfkanzel gesessen und einer bretonischen Predigt gelauscht haben; dann geht einem etwas von der Seele dieser Menschen auf, die so gern zu einem ihrer knorrigen und erdhaften Landesheiligen beten, den lieben Toten, die nicht heimgekehrt und irgendwo im weiten Meer auf den Höhen Islands ihre letzte Ruhe fanden, ein De profundis nachsenden. Dann erschließt sich dieses Land, so reich an Schönem, Tiefernstem, Ge= waltigem und Einzigem, was aus alter Vergangenheit in Legenden und Liedern weiterlebt — eine neue Welt für uns, die sich aber dem Andächtigen, dem Feinfüh= lenden und Bewunderer naturwahrer und makelloser Phantasie in ihrer ganzen Pracht und Schlichtheit offenbart.

Man muß im Schatten der uralten Menhire von Lagatjar bei Camaret, Carnac, Brignognan oder Saint= Duzec gesessen haben, mit dem Blick rückwärts in die Geschichte dieses Landes, in jene Zeit, wo diese Lang= steine eine deutlich lebendige Sprache redeten, wo sie Heiligtümer bedeuteten; man muß seine Hand auf die breite, frei liegende Steinplatte eines altersgrauen Dol= mens, jenes stummen Zeugen längst vergessener Zeiten gelegt haben, wobei man seine Phantasie in die Weite sich verlieren läßt, in jene Zeit, wo, wie alle alten Bre= tonen es heute noch weitererzählen, die schwarzen Zwerge und Kobolde die Dolmen als Wohnstätte be= nutzten und am späten Abend, wenn das Hirtenhorn die Weidetiere in die Stallungen zurückrief, im Mond= schein ihre bizarren Tänze aufführten und den späten Wandersmann zwangen, in ihre Runde zu treten. Man muß an einem der vielen einzigartigen Calvaires, dem ältesten in Tronoën, dem größten und reichhaltigsten in Guimiliau, gestanden sein, die uns tiefste fromme Bauernkunst verraten, die ihre Heiligen aus Granit in der Vorstellung einfältiger Seelen für ewige Zeiten an Wegkreuzungen und auf Marktplätze, in die Nähe der Kirche gestellt hat. Da spürt man innerlichst, wie zwei Welten ineinandergreifen und Gestalt angenom= men haben, die wir nur bewundern können und in an= dächtiger Scheu grüßen.

Man muß dem fast lautlosen, stummen Handeln der Islandfahrer zugesehen haben, wenn sie die rotbraunen schweren Segel zur Abfahrt rüsten und wenn ihre wei= ten roten Kittel und ihre breiten gleichfarbigen Hosen sich von dem dunklen Bauch der Schiffe abheben; man muß die heimkehrenden Thun= und Sardinenfischer mit ihren leichten buntfarbigen Booten einlaufen sehen, wenn vom Mast herunter die feinmaschigen, azur= blauen, florartigen Netze zum Trocknen hängen, wenn tausend und aber tausend silberglänzende Sardinen in rauhen Holzkisten von Hand zu Hand gereicht werden. Man muß einmal auf die Hochebene und Bergspitze des Menez=Hom gestiegen sein und den Blick in die weit und breit daliegende sanft abfallende Ebene mit den struppigen Kiefern und Föhren, mit dem violett leuchtenden Heidekraut und dem gelblich sich ab= hebenden Stechginster schweifen lassen, bis hinunter in die hellblau aufleuchtende Flut des Ozeans in wei= ter Ferne, dort, wo der Himmel das Wasser berührt und aufnimmt.

Man muß an einer schroff abfallenden Felsenkante gesessen und geträumt, unter sich die immer gierig neu und neu aufbegehrenden Wellen betrachtet haben, man muß auch über den unheimlichen Boden der einstens grausig versunkenen Stadt Is geschritten sein im Ge= danken an den König Grallon, diesen mächtigen sagen= haften Fürsten und Gebieter, mit dem Gefühl, der Boden möchte unter den Füßen nachgeben, wie die Leute erzählen. Steht man da am Rande der weiten Ebene, wo einst das ‚Bretonische Sodoma' gelegen, wie Michelet die Meeresstadt Is genannt, und sieht die beiden Krähen, die ruhelos an der Küste entlang fliegen und, wie es heißt, nichts anderes als die Seelen des Königs und seiner Tochter darstellen, dann nimmt die uralte Sage Gestalt an und erinnert uns an die in den Ostseelanden wohlbekannte Vineta=Sage; aus dem Meeresgrund soll eines Tages die herrliche Stadt wieder auftauchen. Man muß dann auch das schrille Pfeifen vernehmen, das aus dem brausenden Meer herauf an unser Ohr klingt, und wissen, daß diese ‚Crierien‘ Schatten der Schiffbrüchigen sind, die nach einer Grab= stätte verlangen. Ja, man muß noch mehr tun, um die= ses Land liebzugewinnen, das der Bretone ‚ma bro‘, mein Land, nennt, ein Wort, in das er seine ganze An= hänglichkeit und Verehrung hineinlegt[4]."

Auf diese Weise führt uns Franz Stock in seinem Buch über die Bretagne „Vom Armor bis zum Argoat", erzählt uns einiges aus der bretonischen Geschichte von der Zeit der Kelten bis zur Französischen Revolution. In all diesen Zeilen offenbart er uns seine tiefe Ver= bundenheit mit dem Land und seinen Bewohnern. Er hat sie von innen her begriffen, so, wie er auch später die Menschen in den Gefängnissen und Lagern ver= stehen wird.

Das waren also für ihn die glückseligen Tage der Bretagne. Er nahm sie mit seiner franziskanischen Seele in sich auf, die so empfänglich für die Schönheit der Schöpfung, so tief erfüllt vom Frieden war. Diese Tage waren zugleich eine ihm von der Vorsehung noch ver= gönnte Ruhepause vor dem Abstieg in die Hölle des Hasses und Todes.

* * *

Während seiner letzten Ferien in der Bretagne im Jahre 1939 spürte Franz Stock wie jedermann, daß sich das Gewitter über der Welt zusammenbraute. Hatte er eine Vorahnung gehabt? Die letzten Seiten seines Bu= ches muten an wie ein Abschied von dieser geliebten französischen Landschaft, den er in die Worte eines in der Verbannung lebenden Dichters kleidet:

„O Land der Bretonen, du mein liebes Volk, so oft beweint in den langen Jahren deiner ruhmreichen Ge= schichte, köstlicher Boden, so schmerzlich verlassen! Wann kehre ich heim zu dir[5]?"

Am 1. September fiel Hitler über Polen her. Der zweite Weltkrieg begann. Schon in der Nacht vom 26. zum 27. August war Abbé Stock von der deutschen Botschaft aufgefordert worden, Paris sofort zu verlassen. Er begab sich in Eile in die Kapelle, betete noch einige Augenblicke und brachte das Heilige Sakrament in eine benachbarte Kirche. Dann packte er den Koffer. Er nahm nur einige unentbehrliche Dinge mit und begab sich in Begleitung seiner Schwester Franziska und seiner Pfarrhelferin, Fräulein Berlinghof, zum Bahnhof. Am anderen Tage nachmittags, an einem Sonntag, kamen sie in Neheim an. Als die erste Überraschung vorbei war, musterte Mutter Stock ihren Jungen und bemerkte sofort, daß etwas an seinem Äußeren nicht in Ordnung war: „Aber was hast du denn mit deinem schönen Mantel gemacht?", fragte sie ihn. Abbé Stock war nun selbst verwundert. Mit einem Blick wurde ihm klar, daß er in der Eile der Abreise seinen guten Mantel im Kleiderschrank hatte hängenlassen und den alten in seinem Gepäck verstaut hatte.

Ein paar Tage später brach der Krieg aus zwischen Deutschland und Frankreich.

2. KAPITEL

Das Elternhaus und die Jugendbewegung

„Wenn man bei Familie Stock kurz hereinschaute oder zu Gast war, so hatte man stets den bestimmenden Eindruck, daß in diesem Hause der Geist der Freiheit und Großzügigkeit herrschte", so hat eine Freundin des Hauses berichtet. „Was es bedeutete, vor 40 Jahren in einer Kleinstadt unbürgerlich eigene Wege zu gehen, kann nur der ermessen, der in solch einer Umgebung aufgewachsen ist. So verschieden Vater und Mutter waren, so verschieden waren auch die Kinder. Man ließ jeden so gelten, wie er war, und versuchte nicht, ihn in eine andere Form zu pressen.

Die Mutter war das impulsive und bewegende Element in der Familie, der Vater ging still und bescheiden und dennoch unbeirrbar seinen eigenen Weg. — Er konnte schlecht hören und hatte sich seine eigene Welt geschaffen, weil er am Gespräch der anderen nur schwer teilnehmen konnte. Seine größte Freude war es, wenn er jemanden mit einem selbstgearbeiteten Geschenk (er flocht Körbe und Körbchen aus Weiden) überraschen konnte. Sein Feierabend gehörte dem Garten, den er mit besonderer Sorgfalt und allerlei persönlichen Einfällen gestaltete.

An seinem Namenstag wurde im Garten das Jo=

hannesfest mit Lampions gefeiert, auf das alle Ver=
wandten und Bekannten sich schon lange freuten. Dann
saß er still unter ihnen und war glücklich, wenn alle
anderen froh waren. Beide Eltern einte eine schlichte,
dörfliche und ehrfürchtige Frömmigkeit, die durchaus
auf dem Boden der Wirklichkeit stand. Der Vater
sprach wenig und war auch verhalten in seinen Ge=
fühlsäußerungen. So erzählte die vitalere und lebhaftere
Mutter eines Tages ihrer erwachsenen Tochter, daß der
Vater sie nicht einmal mit ihrem Vornamen angeredet
habe, und doch sei ihre Ehe eine sehr erfüllte gewesen[6]."

Familie Stock lebte in Neheim=Hüsten, das im Sauer=
land, auf der Grenze zwischen den weiten Wäldern
dieser Landschaft und den Industriestädten des nahen
Ruhrgebietes liegt.

Franz wurde am 21. September 1904 als ältestes von
neun Kindern geboren. Drei davon starben im Kindes=
alter, seinem Bruder Heinz, dem jüngsten seiner Ge=
schwister — er war Matrose geworden —, wurde das
Meer während des letzten Krieges zum Grab. Später
widmete ihm Franz sein Buch über die Bretagne: „Mei=
nem jüngsten Bruder Heinz, Freiwilliger der Kriegs=
marine, dessen Leib seit dem 25. Januar 1942 in den
Fluten des Ozeans begraben liegt, in innigem Gedenken."

Franzens frühe Kindheit verlief ohne besondere Er=
eignisse in der heiteren und glücklichen Umwelt der
jungen Familie. Jeden Morgen ging der Vater zur Arbeit
in eine Lampenfabrik, und Franz erwartete abends un=
geduldig seine Rückkehr, denn er durfte schon sehr
frühzeitig mit ihm zusammen basteln. Der Vater brachte
ihm die Kunst bei, Weidenkörbe zu flechten. Franz tat
das mit viel Freude und Geschicklichkeit. Genauso gern
und ebenso geschickt fischte er in der nahen Möhne
oder lief im Winter auf den überschwemmten und ge=
frorenen Wiesen Schlittschuh.

Das Wasser hatte für ihn besondere Anziehungs=
kraft. Wenn er aus der Schule kam, schlenderte er erst
ein wenig mit einigen Kameraden am Mühlenbach ent=
lang, der das ganze Jahr über an einigen Stellen sehr
tief war. Aber die Sache wurde noch viel interessanter,
wenn der Bach anschwoll und sich weit über die Ufer
ergoß. Dann trieben sich die Wasserhühner hier herum,
und es war sehr verführerisch, ein wenig Jagd auf sie
zu machen. Eines Tages versuchte es Franz mit einem
Kameraden.

Die Jungen warfen ihre Mützen hinter den Hühnern
her und verfolgten sie mit großem Eifer, ohne an die
Gefahr zu denken, in die sie sich begaben. Eine Wäsche=
rin, die sich zu dieser späten Stunde noch an dem
Waschplatz am Bach befand, rief ihnen zu, sie sollten
das Spiel aufgeben, sonst könnten sie ins Wasser fallen
und ertrinken. Franzens Kamerad war sehr erschrocken
und machte sich schnell davon. Franz jedoch war keines=
wegs von der Gefahr überzeugt. Das Spiel war ihm viel
zu interessant, als daß er es so schnell aufgegeben hätte.
Trotz der beschwörenden Zurufe der Frau machte er
weiter, bis er plötzlich kopfüber in den Bach stürzte.

Mit einem Sprung war die Frau zur Stelle, schnappte
eine Gießkanne, die sie gerade fand, und streckte von
einem nahe gelegenen Steg das eine Ende der Kanne
Franz entgegen, der um sich schlug und am Versinken
war. So gelang es ihr schließlich, den Jungen ans Ufer
zu ziehen. Franz war pudelnaß und ganz verdattert.

Die ganze Familie bewahrte dieser Frau gegenüber
tiefe Dankbarkeit. Denn sie war von der Vorsehung
geschickt worden und gerade zur Stelle gewesen, um
Franz vor dem sicheren Tod zu erretten. Als er später
als junger Priester nach Haus kam, spendete er ihr
darum noch seinen besonderen Segen.

Ein alter Onkel mütterlicherseits lebte lange Zeit bei

der Familie Stock. Er war leidend und konnte nur müh=
sam gehen. Die Kinder leisteten ihm gern Gesellschaft
in seinem Zimmer, das wintertags durch einen Ofen
geheizt war. Er rauchte seine lange Pfeife, und die Kin=
der waren ganz glücklich, wenn sie sie stopfen durften.
Sie hockten um ihn herum, um die wunderbaren Ge=
schichten zu hören, die der Onkel erzählen konnte, und
Franz empfand nicht das geringste Gruseln, wenn von
den „Spökenkiekern" die Rede war, die, wie der Onkel
erzählte, damals in der Gegend des Möhnesees noch zu
finden waren.

1913 baute sich die Familie in Neheim=Hüsten ein
Haus in der Gartenstraße. Man hatte sich eben darin
eingerichtet, als der Krieg ausbrach. Franzens Vater
wurde eingezogen, und das Leben wurde für die Familie
sehr schwer, zumal das neue Haus noch nicht bezahlt
war. Mutter Stock mußte sehr oft in ihr Heimatdorf
gehen, um dort durch Feldarbeit noch etwas Geld dazu=
zuverdienen. Dabei konnte sie dann auch einige Lebens=
mittel für ihre Kinder mitbringen.

Franz war nun zehn Jahre alt und machte sich mit
seinem um ein Jahr jüngeren Bruder Johannes an die
Arbeit, um seine überbeanspruchte Mutter zu unter=
stützen. Der alte Onkel und er flochten Körbe, und
Franz zog mit seinem Bruder in die benachbarten Dör=
fer, verkaufte sie dort oder tauschte sie gegen Lebens=
mittel. So mußte Franz in seiner Jugend die Härte des
Krieges am eigenen Leibe erfahren; diese Erlebnisse blie=
ben stets in seiner Erinnerung.

Franz war in der Volksschule, die er vom sechsten
Jahre an besuchte, ein mittelmäßiger Schüler und ging
fast unbeachtet durch sie hindurch. Er war Meßdiener
in seiner Pfarrei; mit elf Jahren empfing er die
erste heilige Kommunion in der Pfarrkirche St. Johann
Baptist in Neheim. Gegen Ende seines zwölften Lebens=

jahres ging er von der Volksschule ab und wurde Schüler des Städtischen Gymnasiums, das Direktor Dr. Schade mit fester Hand leitete.

Seit dieser Zeit fühlte sich Franz zum Priestertum hingezogen, noch ohne daß er sich das richtig klar= machen konnte. Er wußte auch nicht, wie er einmal dahin gelangen sollte. Nach und nach aber nahm dieser Zug zum Priestertum in ihm eine klare Form an; er träumte davon, Franziskanerpater zu werden.

Wie in der Volksschule tat sich Franz auch auf dem Gymnasium nicht besonders hervor. Und doch war er begabt, sogar sehr begabt. Aber unglücklicherweise traf ihn bei seinem damals ohnehin schon schwachen Ge= sundheitszustand noch das Mißgeschick, daß er fast ein ganzes Jahr hindurch steif von Gelenkrheuma war. Nur seine Energie bei der Arbeit, sein Fleiß und sein Mut überwanden solche Schwierigkeiten; so konnte er 1926 seine Gymnasialstudien mit dem Abitur glücklich ab= schließen.

Als ausdauernder Arbeiter, erfüllt von starkem Lebenshunger, begierig, die Welt zu entdecken, Bande der Freundschaft zu knüpfen, erscheint uns Franz in seinen jungen Jahren. Er liebte die Musik, die Volks= lieder seiner Heimat, versuchte sich schon in der Malerei, durchwanderte Deutschland mit dem Rucksack, sobald die Ferien es ihm nur erlaubten. Still konnte er vor den Schönheiten der Schöpfung verweilen, oder er ließ seiner Freude freien Lauf und sang aus Herzenslust, wenn er mit einigen Kameraden über die Straßen dahinzog. Franz hatte trotz seiner schwächlichen Gesundheit ab= solut nichts von einem kleinen schwächlichen oder bla= sierten Studenten an sich. Er trug schon ein Ideal in seinem Herzen.

Damals entdeckte er die Jugendbewegung und fand später zum „Quickborn". Diese Begegnung sollte sein

Leben für immer prägen und ihn eines Tages nach Frankreich führen.

„Irgendwo auf der Erde gibt es ein wunderbares Land, das, wie es scheint, nur von einigen Eingeweihten entdeckt ist. Die Hügel und Täler, Flüsse und Wälder dieses Landes müssen einen mit ihrer ganz reinen und unberührten Schönheit anziehen und faszinieren.

Aber dieses Land birgt noch andere Kostbarkeiten: Lichtüberflutete Ebenen mit weiten Flächen von Heide=kraut, mit Sümpfen, mit stillen, verträumten Dörfern, kleinen ländlichen Siedlungen, die verstreut darin liegen.

Die Menschen, die hier wohnen, besitzen viele Eigen=schaften, für die man sie sehr hochschätzen muß. Man erzählt, daß sie mit Treue und Zähigkeit an ihren alten Überlieferungen festhalten, daß sie eine Kultur geschaf=fen haben, die uns viele Reichtümer geschenkt hat.

Legenden und Geschichten erzählen ausführlich von diesem Volk. Dichter und Schriftsteller besingen dieses Land. Kennt Ihr dieses wunderbare Land?

Das ist Westfalen! Hand aufs Herz, kennt Ihr es? Sollten wir nicht aufbrechen, um es zu entdecken? Wer kommt mit, daß wir einmal durch Westfalen wandern?"

Das sind die ersten Sätze, die der junge Franz Stock mit schönen gotischen Lettern in ein Heft geschrieben und selbst illustriert hat. Die Zeichnungen stellen junge Wanderer dar, mit Rucksack, den Knotenstock in der Hand, die singend über Wege und Straßen ziehen.

Dieses Manuskript ist für sich schon ein kleines Mei=sterwerk. Aber wenn man seine zwölf Blätter hinter=einander durchsieht, so macht der Leser noch eine an=dere Entdeckung: Die Zeilen, die Franz Stock in dieses Heft schrieb, offenbaren uns etwas von der inneren seelischen Situation seiner Jugendjahre. Seine große Vorliebe scheint dem Reisen und Wandern zu gehören.

Ist es die unbewußte Reaktion des jungen Neheimers, der sozusagen noch nie über den beschränkten Horizont seiner kleinen, halb industriellen, halb ländlichen Heimatstadt hinausgekommen ist? Er kennt ja noch nicht einmal sein Westfalen — dieses herrliche Land — wie er es in seinem Heft beschreibt. Und gibt es nicht auch noch jenseits der weiten Wälder und Berge, die seine Heimatstadt umgeben, großartige Dinge zu entdecken?

Er gesteht selbst: „Unter anderen Eigenschaften, die man den Einwohnern Westfalens zuerkennt, ist diese für sie besonders bezeichnend: Sie sind stark und treu mit ihren alten Überlieferungen verbunden." Neheim zumal lebte sehr abgeschlossen für sich und ganz in seinen eigenen Gewohnheiten. Damals gab es in der Stadt sehr viele verschiedene Vereine und Gruppen. Jeder kam dabei auf seine Rechnung. Das ganze Jahr hindurch gab es mannigfache und zahlreiche Feste, und es war nicht nötig, anderswo noch solche zu suchen. Hatte Franz da nicht, ohne sich dessen bewußt zu sein, das Gefühl, daß ihm in der kleinen Provinzstadt der Atem ausging? Das ist sehr wahrscheinlich und erklärt sich auch aus der Erziehung, die er empfangen hatte, „eine Erziehung, bei der man sich über allen bürgerlichen Zwang der damaligen Epoche hinwegsetzte", wie es eine Freundin der Familie, Fräulein Dapper, bezeugt hat. Und dann kam bei Franz auch noch etwas anderes hinzu.

In den letzten Gymnasialjahren war Franz in den Jugendbund „Neudeutschland" eingetreten und war sofort begeistert von der Dynamik und den Idealen dieser Bewegung: Rückkehr zur Natur, Leben im Freien, Entdeckung der Heimat und insbesondere Offensein für das Ausland, Verbrüderung unter den Völkern.

Er war erst kurze Zeit im ND, als er von der Gründung einer anderen Jugendgruppe in Neheim erfuhr, die ihm noch stärker von bestimmten christlichen Ge=

danken inspiriert schien und gleichzeitig auch wesent=
liche Ziele des ND vertrat. Das war der „Quickborn".

Drei Priester hatten 1909 in Schlesien den „Quick=
born" gegründet.

Weil der Alkoholkonsum in der deutschen Jugend
große Verheerungen anrichtete, hatten diese Prie=
ster zunächst an eine Abstinenzbewegung gedacht. Das
war allerdings ein etwas strenges Ideal für die Jugend.
Man mußte den jungen Menschen den Verzicht auf
Alkohol leichter machen, indem man ihnen noch etwas
anderes bot, was den Neigungen und Erwartungen
einer gesunden Jugend entsprach. Pfarrer Hoffmann
betonte darum besonders das Abenteuer, die Ent=
deckung der Natur, das Wandern.

Pfarrer Neumann indessen bemühte sich, in den jun=
gen Menschen wieder die Liebe zum Lied zu wecken,
besonders zu den alten deutschen Volksliedern, die
voller Poesie und Lebensfreude waren.

Pfarrer Strehler schließlich sah seine Aufgabe darin,
die Jugend mit christlichem Glaubensstolz zu erfüllen
und legte als Reaktion auf den apologetischen Ratio=
nalismus des Katholizismus dieser Zeit Wert auf eine
frohe und von echtem Erleben getragene Frömmigkeit.

„Wir fanden in diesem Zusammen der drei Aspekte
unseres Ideals etwas von franziskanischem Geist — und
das war zum Teil wahr. Dagegen fühlten wir uns kei=
neswegs angezogen von einem anderen Aspekt im
Leben des heiligen Franziskus, ich meine von seiner
Buße und von seiner Liebe zum Leiden." (W. Dirks)

Die Gründer gaben ihrer Bewegung den Namen
„Quickborn", das bedeutet: „Dreifach sprudelnde
Quelle der Freude".

Die Jugendbewegung breitete sich nach und nach
über ganz Deutschland aus; jedoch wurde ihre Aus=
breitung durch den ersten Weltkrieg verlangsamt. Als

dann aber die erste Bestürzung nach der deutschen Niederlage überstanden war, wurde die Jugend wieder lebendig. Zahlreiche Jugendgruppen und Bünde entstanden, viele davon katholisch inspiriert.

Unter diesen Verhältnissen nahmen auch die „Quickborner" einen neuen Anlauf. Wertvolle Anregungen brachte die Berührung mit der „Wandervogel"bewegung; von ihr übernahm der „Quickborn" den Sinn für das Gruppenleben, das Streben nach Freiheit, die Freude am Volkslied, das starke Verlangen nach Begegnung mit anderen Jugendlichen.

Romano Guardini wurde zu dieser Zeit der religiöse Inspirator des „Quickborn". Er schrieb das für die katholische Jugendbewegung der damaligen Zeit grundlegende Buch: „Briefe über Selbstbildung". Der ganze „Quickborn" fühlte sich verpflichtet, es zu lesen und durchzubetrachten.

Das wohltuende Ergebnis dieser Initiative ließ nicht lange auf sich warten, und Romano Guardini konnte bald schreiben: „Die Kirche erwacht in den Seelen dieser jungen Menschen."

Der „Quickborn" hatte seinen endgültigen Weg gefunden. Er breitete sich sehr schnell in Deutschland aus. Gerade damals entdeckte ihn auch Franz Stock und verschrieb sich ihm mit dem ganzen Schwung seiner Jugend. In erster Linie war er empfänglich für jenen Aspekt des Quickbornideals, der „Wandern" hieß. In den schon erwähnten Aufzeichnungen, die er einige Monate nach seinem Eintritt in den „Quickborn" niederschrieb, gibt Franz Stock einige Artikel wieder, die in Quickbornzeitschriften erschienen waren. Sie handeln alle von der Fahrt, sind erfüllt von einer Mystik der weiten Straße, zeigen die Freude an der bis ins kleinste gehenden Entdeckung einer Landschaft und die große Bedeutung des Fahrtenliedes.

„Was würdet Ihr von einem Menschen halten", so schreibt er, „der, um singen zu lernen, alle Bücher, welche die Gelehrten über die entsprechenden Fragen geschrieben haben, erst einmal zu Rate ziehen und studieren wollte, der sich auf diese Weise eine genaue Vorstellung verschaffen würde von allen Bewegungen, die er seinem Kehlkopf einprägen müßte, um einen bestimmten Ton hervorzubringen, und nun auf Grund dessen glaubte, daß er singen könnte? — Jawohl, Ihr lacht. Aber ich vermute, daß es bei den Quickbornern Leute gibt, die glauben, sie seien in den Geist der Bewegung eingedrungen, wenn sie fähig sind, über die Natur zu sprechen. Man darf niemals vergessen, daß das Entscheidende zuallererst das unmittelbare und frische Leben ist, und daß unsere Jugendbewegung, von der der Quickborn ein wesentlicher Bestandteil ist, nicht in einem Büro oder hinter einem warmen Ofen entstand, sondern draußen in der hellen Sonne, im offenen Wind, auf der Fahrt."

3. KAPITEL

Immer engere Kontakte mit Frankreich
Die Priesterweihe

Franz wartete immer mit Ungeduld auf die Ferien. Dann schnallte er seinen Rucksack auf und zog mit einigen Mark in der Tasche auf große Fahrt, zu Fuß oder mit dem Fahrrad. So lernte er Deutschland und Österreich kennen. Sein Nachtlager unterwegs suchte er sich dann in einem Pfarrhaus, einem Kloster oder in einer Jugendherberge. Eines Tages drang er sogar bis in die Schweiz vor, um Genf, die Stadt des Völkerbundes, kennenzulernen. Da er aber keine vorschriftsmäßigen Papiere bei sich hatte, wurde er sofort über die Grenze zurückgebracht.

Genf hatte ihn besonders angezogen. Denn diese Stadt beherbergte die internationalen Kongresse, auf denen man die Pläne für ein friedliches Zusammenwohnen der Völker zu entwerfen suchte. Franz teilte dieses Ideal der Völkerverständigung schon mit zahlreichen jungen Menschen seiner Generation. Sein Beitritt zum „Quickborn" trug nur noch mehr dazu bei, die Sehnsucht nach einem dauernden Frieden unter den Menschen in ihm zu stärken. Für Europa aber konnte dieser Friede nur existieren, wenn Deutschland und Frankreich sich versöhnten. Dieser Gedanke nahm allmählich immer klarere Formen in ihm an.

„Als Primaner", so erzählt P. Anton Albert, „studierte er die Enzyklika Benedikts XV.: ‚Der Friede Christi im Reiche Christi', die 1920 erschienen war. Er unterstrich darin folgende Ausführungen: ‚Nicht zufrieden damit, daß sie die Feinde nicht verabscheut und sie wie Brüder liebt, verlangt die christliche Liebe, daß wir ihnen nach dem Beispiel Christi Gutes tun. Wir wünschen beson= ders, daß ihr die Priester, die Diener des Friedens Chri= sti, ermahnt, ohne Unterlaß in dieser Angelegenheit zu arbeiten, und so den Gläubigen als Beispiel zu dienen in diesem Kampf gegen Haß und Feindschaft, und daß sie das auf eine immer entschiedenere Weise tun.' "

Eines Tages hatte er Gelegenheit, die 1923 erschie= nene Lebensbeschreibung des Pazifisten Maurice d'Egidy zu lesen. Auch darin unterstrich er wieder fol= gende Sätze: „Wenn wir dem Krieg den Krieg erklären wollen in seinem gesamten Herrschaftsbereich — und das ist es doch, was wir wollen —, so müssen wir zu= nächst aus uns selbst alles verbannen, was Gott belei= digt. Wir müssen vernünftige, tolerante und versöhn= liche Menschen werden, gerade, aufrechte, ehrenvolle Menschen, Menschen der Liebe. Wir begreifen schnell: Wenn wir diese Umwandlung in uns vollbringen wol= len, so genügt es nicht, daß wir den Krieg vermeiden, der auf den Schlachtfeldern ausgefochten wird, wir müssen auch auf der Hut sein vor Zwietracht in den Familien, vor Streitigkeiten in der bürgerlichen Gemein= schaft, vor Interessen=, Klassen= und zuallererst vor Rassenkämpfen[7]."

Das Ideal des Pazifismus, das die Seele Franz Stocks so sehr bewegte und für das sich so viele junge Deut= sche begeisterten, offenbarte auch in den anderen Län= dern Europas seine Anziehungskraft, besonders in Frankreich.

Dort, das müssen wir zugeben, war das besonders

bei den Linksparteien der Fall. Die französischen Katholiken blieben in ihrer überwältigenden Mehrheit hartnäckige Nationalisten. Sie waren leider für die Friedensbewegung, wie sie sich damals in der Welt entfaltete, so gut wie unzugänglich. Das Schrifttum dieser Epoche bezeugt es. Dafür wurden jene, deren Vaterlandsliebe man auf keinen Fall in Frage stellen durfte, die sich aber ernstlich zu fragen begannen, wie ihre Vaterlandsliebe mit der Forderung nach Frieden in Einklang zu bringen wäre, die ihnen als Christen ebenfalls zutiefst ins Herz geschrieben war, von ihren Brüdern als verdächtig angesehen und allzu leichtfertig als „Linkschristen" oder „Rote" katalogisiert. Unter diesen letzteren war auch Marc Sangnier, der Begründer des „Sillon".

Er organisierte August 1926 auf seiner Besitzung Bierville im Departement Seine=et=Oise die bedeutendste Nachkriegskundgebung für den Frieden. In Wirklichkeit war es der sechste internationale demokratische Friedenskongreß. Aber er übertraf alle anderen durch die Auswirkungen, die er in Europa, zumal aber in Frankreich, hatte. Das Kongreßthema lautete: „Der Friede durch die Jugend." Mehr als 10 000 Jugendliche aus allen Ländern nahmen während eines ganzen Monats an seinen Sitzungen teil — unter ihnen, verloren in der großen Menge, Franz Stock mit einer ganzen Gruppe von „Quickbornern".

Ein deutscher Teilnehmer berichtet über diesen Kongreß:

„Der Friedenskongreß fand Ende Juli/Anfang August 1926, also verhältnismäßig kurz nach dem ersten Weltkrieg, statt. In den Kriegsgebieten Nordfrankreichs lagen Städte und Dörfer zum großen Teil noch zerstört, eine meist feindselige Haltung der Bevölkerung gegenüber den Deutschen war verständlich.

Trotzdem gab es eine Gruppe junger Franzosen (der Sillon), die unter ihrem Initiator und Leiter, dem Abgeordneten Graf Marc Sangnier, aus katholischer Gesinnung öffentlich für den Frieden und die Verständigung unter der europäischen Jugend, vor allem auch mit dem deutschen Volke, eintraten. Darum bat er alle Europäer guten Willens auf sein Schloß nach Bierville. Seine Liebenswürdigkeit, sein Elan und sein unerschütterlicher Glaube und Opfergeist gestalteten die Tage von Bierville für alle Teilnehmer zu einem unvergeßlichen Erlebnis.

Der Tagung vorauf ging für uns Deutsche eine Friedenswallfahrt durch die bedeutendsten Städte Nordfrankreichs. Marc Sangnier begrüßte uns als *pèlerins de la paix*. Vor dem Bahnhof in Rouen hatte er einen Ehrenbogen mit der Aufschrift: ‚Un salut aux pèlerins de la paix' errichten lassen. Im Rathaus wurden wir herzlich willkommen geheißen. Gemeinsam mit jungen französischen Friedensfreunden machten wir einen Umzug durch die Stadt. Auf dem Domplatz vor der Kathedrale in Amiens hielt Marc Sangnier eine mutige Rede für die Verständigung zwischen Franzosen und Deutschen. Eine Gruppe französischer Arbeiter war offensichtlich höchst erstaunt, als er uns seine lieben deutschen Freunde nannte. Das schien ihnen damals unfaßbar.

In Reims, das zum Teil noch sehr zerstört war, wurden wir von den städtischen Behörden vor dem provisorischen Rathaus an langen Tischen mit Champagner bewirtet und herzlich begrüßt.

In Soissons sprachen wir mit einfachen Bürgern, die angesichts ihrer zerstörten Kirchen und Wohnhäuser keinerlei Haß zeigten und erklärten, gewiß hätten wir wie auch sie den Krieg nicht gewollt.

Freilich erlebten wir auch Mißtrauen und offene Ab=

neigung, ja Feindseligkeit. Mehrfach bedachte man uns auf der Straße mit dem Schimpfwort ‚boches' oder machte spontan einen Bogen um uns.

In Laon auf dem Bahnhofsplatz wurden wir plötz= lich von einer Gruppe fanatischer Franzosen (action française) mit Stöcken bedroht. Ihr Ruf ‚à bas, à bas' veranlaßte uns, schleunigst den Platz zu verlassen.

Nach der Rundreise durch Nordfrankreich trafen wir uns in Paris mit französischen Friedensfreunden in den Geschäftsräumen des Sillon am Boulevard de Raspail. Hier verlebten wir frohe Stunden herzlicher Freund= schaft. Immer wieder mußten wir unsere deutschen Volkslieder singen. Man lud uns ein und beherbergte uns für die kurzen Pariser Tage. Ein Professor Prad= homman, Stadtverordneter von Versailles, war einer unserer Gastgeber. In seiner Villa in Versailles lebten wir ‚wie Gott in Frankreich'. Sein Sohn, ein Student, führte uns durch Versailles und sein berühmtes Schloß.

Nach einigen Tagen Pariser Aufenthalt ging es nach dem etwa 60 km von Paris entfernt liegenden Bierville. Für die Unterbringung der Friedensfreunde aus Frank= reich, England, Italien, Österreich, Holland, Belgien und Deutschland hatte Marc Sangnier in seinem Parkgelände große französische Militärzelte aufschlagen lassen. Sei= ner Initiative war es zu danken, daß sich französisches Militär für die internationale Friedenstagung einsetzte und vor allem für Beherbergung, Beköstigung und Wasser sorgte. Das war gewiß eine eindrucksvolle Ver= ständigungsgeste der französischen Regierung.

In den Zelten oder auch im Schloß fanden die Vor= träge und Aussprachekreise statt, bei denen es oft sehr lebhaft zuging. Ein Höhepunkt der Tagung war der 11. August, der damalige Gedenktag der Weimarer Ver= fassung. Marc Sangnier hatte dafür eine besondere Feier vorbereitet. In Paris hatte er für alle Teilnehmer

Fackeln gekauft. Durch einen Fackelzug der Jugend fast aller europäischen Nationen sollte die junge deutsche Demokratie gefeiert werden. So geschah es. Marc Sangnier rief alle in einer zündenden Ansprache zur gemeinsamen Anstrengung für Frieden, Verständigung, aber auch zur Vaterlandsliebe auf. ‚Laßt uns alle zuerst unser Vaterland mit glühendem Herzen lieben, dann auch die anderen Nationen, laßt uns stets gemeinsam arbeiten für Freiheit und Duldsamkeit', so rief der un= ermüdliche Vorkämpfer für ein geeintes Europa be= geistert aus.

Wer konnte ahnen, daß 10 Jahre danach ein wahn= sinniger Demagoge alles zunichte machte."

Franz Stock hatte einige Monate nach bestandenem Abitur in Paderborn mit dem Studium der Theologie begonnen, um Priester zu werden. Das Ideal der Jugend= bewegung, für die er sich so einsetzte, hatte die andere Sehnsucht seines Herzens, die Sehnsucht nach dem Priestertum, nur noch bestärkt.

In Bierville interessierte er sich besonders für die jungen Katholiken außerdeutscher Länder. Mit Vor= liebe trat er an die Franzosen heran. Weil er ihre Sprache schon ein wenig kannte, konnte er mit ihnen seine Ge= danken austauschen, die Meinungen und Bestrebungen dieser jungen Menschen begreifen, ihre christliche Sicht von der Welt und Weltgeschichte kennenlernen.

Unter den Franzosen bemerkte er einen, der schon nicht mehr zu der großen Masse von Bierville gehörte, sondern als Redner und Sprecher der katholischen fran= zösischen Jugend auftrat, Joseph Folliet.

Dieser schien sich gleichfalls stark für die jungen Deutschen, und ganz besonders für die „Quickborner" zu interessieren. Hat Joseph Folliet schon damals in Bierville eine Unterhaltung mit Franz Stock gehabt? Er selber kann es nicht mit Sicherheit bestätigen, weiß

aber sehr gut, daß Franz Stock ihn später daran er=
innerte, wie sie sich in Bierville zum erstenmal getrof=
fen hätten. (Vgl. auch die Notiz auf Seite 64.)

Dort kam dem jungen Theologiestudenten auch zum
erstenmal der Gedanke, einen Teil seiner Studien an
einer Universität französischer Sprache zu machen. Er
teilte seinen Plan einem seiner Seminarfreunde, Rudolf
Dietrich, mit. Dieser war nüchterner als Franz und
machte ihn auf die großen Schwierigkeiten eines solchen
Unternehmens aufmerksam. Kein deutscher Student
studierte damals an einer französischen theologischen
Fakultät. Würde man sich nicht in ein Abenteuer stür=
zen, und würden die Franzosen selbst es überhaupt zu=
lassen?

Für einen Moment schwankend geworden, entschie=
den sich die beiden Freunde, ihr theologisches Studium
in Löwen zu machen. Dort würde es ihnen jedenfalls
auch möglich sein, die französische Gedankenwelt ken=
nenzulernen.

Aber Franz mit seiner westfälischen Zähigkeit gab
dennoch seinen ersten Plan nicht völlig auf. In Bierville
hatten die geistige Welt und der Lebensstil der jungen
Franzosen ihn sehr beeindruckt. Paris blieb für ihn der
eigentliche Anziehungspunkt.

Er unternahm also die notwendigen Schritte, nahm
Kontakt auf mit Joseph Folliet, der damals gerade seine
theologischen Studien an der katholischen Fakultät in
Paris machte. „Es war nicht einfach", hat dieser erzählt,
„an einer Pariser Fakultät einen deutschen Studenten
aufzunehmen, es war eine Sache, die bei der Geistes=
haltung der Jahre um 1928 einfach undenkbar war."

Aber dank seiner Hartnäckigkeit erhielt Franz doch
schließlich die entsprechenden Genehmigungen und zog
Ostern 1928, allerdings allein, nach Paris. Sein Freund
Rudolf Dietrich wollte ihn zunächst noch nicht begleiten.

Bierville hatte noch eine andere Folgeerscheinung, die aber auf das Konto von Joseph Folliet zu buchen war. Das war die Gründung der „Gefährten des heiligen Franz" durch ihn und seinen Freund René Baugey. „Diese Bewegung wurde kurz nach dem internationalen Kongreß von Bierville gegründet", schrieb jener, „wo junge Leute, die zum katholischen ‚Sillon' von Paris gehörten, in freundschaftliche Beziehungen mit Quick= bornern, Kreuzfahrern und Neudeutschen getreten waren [8]."

Diese „Gefährten des heiligen Franz" empfingen aus der Begegnung mit der deutschen Jugendbewegung ihre Begeisterung für die Fahrt, für das Leben in der freien Natur und ihre Freude am Lied. Sie verbanden damit die dem heiligen Franz eigentümliche Geistigkeit: Liebe zur Armut, Einfachheit, Demut und zum Frieden. So gewannen die „Gefährten" zugleich auch den An= schluß an all das, was die Tage von Bierville so reich gemacht hatte: Das war der Einsatz für den sozialen, politischen und internationalen Frieden. In der 1928 veröffentlichten Broschüre „Die Gefährten des heiligen Franziskus" kann man lesen: „Hervorgegangen aus dem katholischen Sillon, organisiert, geformt und ge= tragen von der inneren und äußeren Opferbereitschaft des katholischen Sillon, bleiben die ‚Gefährten', nach= dem sie vom katholischen Sillon einen so bedeutenden Teil seines Geistes und seiner Ideen empfangen haben, ihren Ursprüngen auch treu. Das ist für sie eine Pflicht der Gerechtigkeit und Dankbarkeit. Das ist zugleich auch eine Garantie ihrer Redlichkeit und bietet Schutz gegen vielleicht mögliche Abirrungen.

Aber sie sind nicht der katholische Sillon, sie unter= scheiden sich sogar von ihm unter ganz bestimmten Gesichtspunkten.

Der katholische Sillon besitzt ein Minimum an poli=

tischen Ideen. Unter den verschiedenen möglichen Re=
gierungsformen hat er sich für die Demokratie ent=
schieden. Er bemüht sich um die Erziehung der immer
vorherrschender werdenden Demokratie. Die ‚Gefähr=
ten' dagegen sprechen sich nicht zugunsten irgendeines
politischen Regimes aus. — Der katholische Sillon hat
sich die Verwirklichung von sozialen Aufgaben zum
Ziel gesetzt, deren Dringlichkeit oder Nützlichkeit er
erkannt hat. Die ‚Gefährten' vermitteln für die soziale
Aktion nur eine sehr indirekte Vorbildung. — Der
katholische Sillon formt seine Mitglieder durch die
Methode der Studienzirkel. Die ‚Gefährten' verstehen
sich zuallererst als Pilger.

Folglich braucht man kein Sillonist zu sein, um
‚Gefährte des heiligen Franz' zu werden. Umgekehrt
bedeute die Mitgliedschaft bei den ‚Gefährten' nicht
zugleich auch eine Mitgliedschaft beim Sillon.

Wenn indessen auch eine Unterscheidung zu machen
ist, so besteht doch keine absolute Trennung, und das
Generalsekretariat des katholischen Sillon hat mit
Recht die oberste Schutzaufsicht über die ‚Gefährten'."

Die Broschüre, welche die „Gefährten" vorstellt, endet
mit dem Appell: „Wir suchen, wie der alte Diogenes,
‚Menschen'. Wenn wir nur mit der feurigen Seele
irgendeines jungen Menschen in Berührung kommen,
wenn wir es nur fertigbringen, daß irgendwo edle
Sehnsucht wach wird, wenn wir — und sei es auch nur
in einem kaum wahrnehmbaren Ausmaß — die Gren=
zen des Reiches Christi weiter ausdehnen, so halten
wir uns bezahlt für unsere Mühen. Wenn ihr jung seid
und voll Tatkraft, dann kommt zu uns [9]!"

Franz Stock war nun im „Séminaire des Carmes" Mit=
student von Joseph Folliet geworden. So zögerte er
auch nicht, selber Mitglied der Bewegung zu werden,
die sein Freund gegründet hatte. Er fand darin den

Reichtum des „Quickborn" wieder, von dem die „Gefähr=
ten" ja inspiriert waren. Er fand darin vor allem aber
eine noch tiefere Geistigkeit und eine noch klarere Dok=
trin. Es war genau die, von der er seit Jahren geträumt
hatte — die Spiritualität des heiligen Franziskus. Und
schließlich konnten sich die „Gefährten" ja direkt auf
den Geist von Bierville berufen und wurden so zu
katholischen Vorkämpfern des sozialen und inter=
nationalen Friedens.

Die Bewegung der „Gefährten" entsprach also genau
seinen eigenen Ideen und seiner Jugendsehnsucht.

So war er auf die Begegnung mit den geistigen Strö=
mungen, die damals einen Teil der katholischen fran=
zösischen Jugend bewegten, innerlich vorbereitet. Franz
fühlte sich darum in Paris sehr bald wohl.

Man begegnete ihm indessen nicht immer mit der
gleichen Herzlichkeit, wie er sie unter den jungen
Franzosen in Bierville gefunden hatte; trotz seiner
Soutane war und blieb er für viele der Deutsche, An=
gehöriger eines Volkes, das man als Erbfeind betrach=
tete. Es war selbstverständlich, daß man ihm nicht
trauen durfte. Besonders hatte er unter der Kälte man=
cher französischer Priester zu leiden, die als Front=
soldaten am Krieg von 1914—1918 teilgenommen hat=
ten. Aber Franz bemühte sich, die Wunden, die solche
Feindseligkeiten ihm beibrachten, zu verschmerzen; er
ließ sich nicht verbittern, sondern wurde durch solche
Erlebnisse nur in der Überzeugung bestärkt, daß der
Krieg eine verabscheuenswerte Sache ist und daß man
alles tun muß, ihn für immer aus dem Leben der Men=
schen zu verbannen. Es wurde ihm zu einem Grundsatz
für sein Verhalten, dem er sein ganzes Leben treu
bleiben sollte: Kein Aufsehen machen von einer übel=
wollenden Haltung, so tun, als wenn man sie nicht be=
merkt, einfach darüber hinweggehen und mit Wohl=

wollen antworten! Diese Handlungsweise wurde eine Quelle der Kraft für sein Leben. Mehr als einmal ge= wann er so die Freundschaft eines Gesprächspartners und brachte ihn sogar zu einer inneren Umkehr, wie uns einer seiner Freunde von den „Gefährten" berich= tet. Immerhin wäre es falsch zu glauben, die Zuneigung, die er Frankreich gegenüber schon nach den ersten Kon= takten zeigte, wäre nur vom Willen bestimmt gewesen. Eine tiefe Zuneigung zu Frankreich hatte auf eine ge= heimnisvolle Weise von ihm Besitz ergriffen und drängte ihn, die französische Kultur mit all ihren Reichtümern kennenzulernen. Sie veranlaßte den künftigen Priester, sich mit dem theologischen Denken Frankreichs vertraut zu machen und danach zu forschen, welche inneren Motive und Kräfte die jungen Katholiken erfüllten und sie zu einem für ihre Umwelt „offenen" Christentum hinführten, das um die soziale Stellung des Arbeiters besorgt war, von dem wachsendem Atheismus beun= ruhigt wurde und geradezu besessen war von der Sorge um das Apostolat bei den Armen.

In Paris konnte Franz seinen Wünschen entsprechend die jungen Franzosen mehr und mehr kennen= und ver= stehenlernen und in enger Gemeinschaft mit denen leben, die die Vorlesungen des „Institut Catholique" besuchten. Er schrieb an seinen Freund Rudolf einen langen Brief, sachlich und enthusiastisch zugleich. Ins= besondere verglich er die Ausbildung in Paris mit jener, die er zuvor durch Professoren in Paderborn er= halten hatte. Der Vergleich fiel nicht zugunsten der letzteren aus.

Als die großen Ferien herankamen, lud er seinen Freund ein, ihn in Frankreich zu besuchen. Er wollte mit ihm gemeinsam quer durch das Land wandern und ihn mit einigen französischen Seminarfreunden bekannt machen. Franz entfaltete eine solche Überredungskunst, daß Rudolf Dietrich schließlich zu seinem Freund nach Paris kam, um selber auch Student am „Institut Catho= lique" zu werden.

Im Laufe des neuen Jahres wurde das Leben in Paris für Franz also noch angenehmer; die beiden Freunde, von denen keiner besonders reich war, konnten sich in vielen Dingen zusammentun, z. B. auch gemeinsam ein Zimmer nehmen, um so die Kosten für ihren Pariser Aufenthalt herabzusetzen.

Sie verließen Paris wieder mit den großen Ferien des Jahres 1929. Der Studienordnung entsprechend mußten sie nun in Paderborn ihr Studium fortsetzen.

Man bedauerte allgemein ihr Fortgehen. Nicht zuletzt trauerte ihnen M. Verdier, der Superior des „Séminaire des Carmes", nach. Einige Jahre später wurde er Kar= dinal=Erzbischof von Paris. Da erinnerte er sich an seinen alten Seminaristen Franz Stock und legte der deutschen kirchlichen Behörde nahe, ihm die Stelle des Rektors der St.=Bonifatius=Mission von Paris anzuvertrauen.

Als Franz Stock im Sommer 1929 Frankreich verließ, nahm er sich fest vor, sobald wie möglich dorthin zu= rückzukehren. Er hatte ja mit seinen Freunden, den „Gefährten", schon den Plan zu einer internationalen Pilgerfahrt gefaßt, die in Frankreich in den Ferien 1930 stattfinden sollte.

Beim Semesterbeginn in Paderborn hielt Franz Stock seinen Mitbrüdern gleich einen Lichtbildervortrag über die Pariser Bannmeile und erläuterte ihnen die sozialen Probleme und die Gesichtspunkte für das Apostolat in diesem Pariser Sektor. Er war begeistert von der aposto= lischen Arbeit, die in dieser Armutszone der Hauptstadt geleistet wurde, und übersetzte das Buch von P. Lhande, „Christus in der Bannmeile", ins Deutsche.

Mit zähem Fleiß führte er aber auch seine theo= logischen Studien weiter. Für das rein spekulative Stu=

dium zeigte er auch im Seminar nur geringe Begabung, und es erging ihm ähnlich wie früher auf dem Gymnasium oder in der Volksschule, wo er mit keinen auffallenden schulischen Leistungen aufwarten konnte. Aber er hatte einen Westfalenschädel, und seine Zähigkeit bei der Arbeit brachte ihm auch dort Erfolg, wo andere vielleicht entmutigt worden wären.

Im Verlauf des Jahres gewann Franz unter seinen Studienkameraden neue Anhänger für die „Gefährten des heiligen Franziskus". Er wurde auf diese Weise der Begründer der Bewegung in Deutschland.

Wie er sich vorgenommen hatte, kehrte er in den großen Sommerferien 1930 zur Teilnahme an der Hauptpilgerfahrt der „Gefährten" nach Frankreich zurück. Sieben deutsche Kameraden brachte er mit. Darunter war wieder sein unzertrennlicher Freund, Rudolf Dietrich.

„Ich bin zur großen Pilgerfahrt mit einer wahren Heidenangst ausgezogen", hat Joseph Folliet erzählt. „85 Gefährten, davon beinahe 50 neue! Eine ganze Armee, eine wahre Heuschreckeninvasion über das grüne Savoyen. Diese Riesenzahl jagte mir Schrecken ein. Ich sah tausenderlei materielle Schwierigkeiten voraus." Aber es verlief alles aufs beste. „Zwei Ortsnamen stehen beherrschend über der Pilgerfahrt", schreibt der Chronist, „Tamié mit seiner Madonna, den Erinnerungen an den heiligen Bernhard, der Abtei der Weißen Zisterzienser; Lyon, das Land des Nebels und des zähen Enthusiasmus, Tor der Rhône, Heimat unseres Vorbildes Ozanam, Lyon mit seinen zwei Marienheiligtümern: Unsere Liebe Frau von Fourvière, Unsere Liebe Frau vom heiligen Alban.

In Tamié bot man uns klösterliche Gastfreundschaft ganz in dem Sinne, wie sie die kurze benediktinische Devise umschließt: Friede.

In Lyon erlebten wir einen Mann — Abbé Remillieux; eine Pfarrei — Unsere Liebe Frau vom heiligen Alban; eine Basilika — Fourvière.

Viele von uns hatten schon von Abbé Remillieux und seiner Pfarrei gehört. Sie wußten, daß dieser Pfar= rer in der roten Bannmeile ein Apostel der Familie und des Friedens war und daß seine eigenartige und ge= schickt organisierte Pfarrei einen Herd übernatürlichen Lebens bildete. Aber als sie den Pfarrer, die Pfarrei, die Pfarrkinder nun selbst kennenlernten, kannte ihre Begeisterung keine Grenzen mehr ...

Besonders aber war dieses Jahr ein Jahr der inter= nationalen Einheit. Denn es war geprägt durch die An= wesenheit von acht jungen Deutschen, die mit uns ge= lebt haben. Sie haben mit uns vor Furcht gezittert, teilten aber auch unseren Überschwang der Freude. Es war von den ersten Tagen an ein Einvernehmen, wie es herzlicher nicht sein konnte. Provisorische Fran= zösischlehrer stellten sich zur Verfügung, wie Jean de Châteauroux, unser klerikaler Journalist, oder Léon, aus dem Norden, unser alter Unteroffizier. Und unsere deutschen Kameraden machen großartige Fortschritte. Wie angebracht ist diese Begegnung gerade in einer Stunde, wo auf beiden Seiten der erbitterte Nationalis= mus die höllischen Flammen des Hasses wieder anfacht. Ich höre noch Überlegungen wie diese. Sie stammen von einem fünfzehnjährigen Jungen: ,Ja, ich glaubte, die Deutschen wären schreckliche Menschen! ... Aber sie sind genauso wie wir! ... Es gibt sogar prima Kerle dazwischen, die unseren z. B.' — Diese so einfache Über= legung ist in Wirklichkeit das Ergebnis einer ganz ge= hörigen Gedankenarbeit.

Und nun wende ich mich an Dich, Franz Stock, mein alter Mitschüler. Du bist ja der Organisator dieser Fahrt, der Freund unseres alten Rudolf Dietrich. Mit den zwei Sprachen, die Du sprichst, geformt von der Kultur unserer beiden Länder, mit Deinem immer lachenden Gesicht, bist Du uns das Symbol für alle unsere Gefährten aus Deutschland. Nimm an den Er= weis unserer christlichen Freundschaft und gib ihn lebendig, fröhlich weiter an Deine Kameraden. Dir und ihnen verdanken wir es, daß wir einen bescheidenen Kreuzzug für den Frieden über die Straßen Frankreichs starten konnten. Der heilige Franziskus darf mit sei= nen Söhnen wohl zufrieden sein . . .

Die Reaktion des Klerus? Es waren drei Grundhal= tungen. Die erste: ‚Oh, sehr gut, ausgezeichnete Idee . . . wir stehen ganz dahinter.‘ Die zweite: ‚Klar, ich bin mit ganzem Herzen auf Eurer Seite. Aber bloß kein Aufhebens davon machen! Seid still! Die Leute hier würden es nicht verstehen . . .‘ Die dritte: ‚Deutsche! Deutsche! . . . Deutsche!!! . . .‘ — Aber wir haben die Ratschläge der Opportunisten verschmäht und unser Banner entfaltet. Entweder ist man Christ oder keiner. Der Papst hat gesprochen. Wir haben also nur zu ge= horchen. Wenn einige das nicht verstehen können, um so schlimmer. Aufs ganze gesehen haben die Leute aber unsere ‚Feuer der Freude‘ begriffen. Sie klatschten Bei= fall, wenn unsere deutschen Kameraden dabei die Lie= der ihrer Heimat sangen. Und wenn in dem einen Dorfe ein Generalstabsoffizier behauptete, daß er über uns entsetzt wäre, dann kamen in dem anderen Sommer= gäste und Bauern auf uns zu, drückten uns die Hand und machten uns Geschenke. — Tue, was Deine Pflicht ist, und dann laß kommen, was will [10]!"

Nach Beendigung dieser Friedenswallfahrt fuhr Franz Stock mit zwei deutschen Freunden von Lyon nach Paris zurück. Sie begaben sich zuerst in die Rue Lhomond, zur deutschen katholischen Mission. Als Pater Ritter, der Rektor der Pfarrei, Franz wiedererkannte, konnte

er mit dem Ausdruck seiner Überraschung nicht zurück=
halten: „Ja, sind Sie denn noch mal wieder da? Wann
fahren Sie denn nun endlich von Paris weg?"

Offensichtlich legte der Rektor keinen Wert darauf,
die Anwesenheit dieser jungen Theologiestudenten in
der Hauptstadt zu verantworten. War die Anziehungs=
kraft, die Paris auf Franz auszuüben schien, nicht sehr
verdächtig? Er ahnte nicht, daß vier Jahre später der=
selbe Seminarist zur Rue Lhomond zurückkehren würde,
um seine Nachfolge als Leiter der deutschen katho=
lischen Mission anzutreten.

Nach diesen unvergeßlichen Ferien mit dem großen
Erlebnis der Pilgerfahrt in Savoyen kehrte Franz noch
einmal nach Paderborn ins Seminar zurück. Dieses Jahr
war zwar noch nicht das letzte Studienjahr, aber es
sollte ihn auf den entscheidenden Schritt vorbereiten.

Infolgedessen brachte die Zeitschrift „L'appel de la
Route" im April 1931 eine kleine Notiz: „Wir haben
voller Freude erfahren, daß unser guter Freund Franz
Stock, von der Schar Paris=Nord, zur Zeit im Priester=
seminar in Paderborn, am 15. und 19. März die Sub=
diakonats= und Diakonatsweihe empfangen hat. Er ver=
sichert uns immer wieder seiner inneren Verbundenheit
mit uns und empfiehlt sich unserem brüderlichen Gebet."

Franz setzte indessen mit seinem uns bekannten
Fleiß die Studien fort. Zugleich aber bereitete er die
Hauptpilgerfahrt der „Gefährten" vor, die im Jahre
1931 in Luxemburg beginnen und dann weiter bis nach
Deutschland führen sollte.

Im Juni veröffentlichte die Zeitschrift der „Gefähr=
ten" einen Brief von Franz Stock, mit Datum vom
20. Mai 1931, der uns besonders kostbar ist. Franz
enthüllt uns darin zum ersten Male selbst seine inner=
sten Gedanken und Ziele. Alles, was Franz Stock später
sein und bis zum letzten Atemzug seines Lebens blei=

ben wird, finden wir schon in diesen paar Zeilen des jungen Diakons.

„Meine lieben Freunde,
wie tieflebendig steht die Pilgerfahrt in Hochsavoyen in unserer Erinnerung! Unsere brüderlichen Ordens= kapitel, unser gemeinsames Gebet, unsere abend= lichen Freudenfeuer! Ich habe das Beispiel Eures armen, schlichten, liebedurchglühten Lebens erfahren und trage nun einen teuren Wunsch ständig im Herzen: Eure Bewegung, unsere Bewegung hat es verdient, über die Grenzen hinweg bekanntzuwerden, und das ganz be= sonders in Deutschland. Hier gibt es viele junge Men= schen, die von unserem Ideal, unserem Geist, unseren Ideen beseelt sind. Sie müßten in Verbindung gebracht werden mit den jungen Menschen, die sich wie Ihr auf die Worte unserer Päpste berufen und arbeiten wollen, um den Frieden Christi zu verwirklichen.

Wenn das bis jetzt nur unser Traum war, so soll der Traum in diesem Jahre lebendige Wirklichkeit werden. Gleich nach der Luxemburger Pilgerfahrt, bei der schon einige von uns dabei sind, die zu Euch gehören wollen, werden französische Gefährten nach Deutschland ziehen. Zweifelsohne werdet Ihr ermüdet sein von den elf Tagen Fußmarsch und einem dabei gelebten Apostolat. Immer= hin aber handelt es sich alsdann nicht mehr um eine Pilgerfahrt mit langen Wanderstrecken, sondern um ein Lager, wo wir uns mit zahlreichen Freunden treffen werden: mit Priestern, Seminaristen, Schülern, Arbei= tern, Studenten. In diesem Lager, bei unseren Ordens= kapiteln, Ausflügen und Freudenfeuern, wenn dann unsere Lieder in beiden Sprachen erklingen, werden wir uns kennen und besser lieben lernen.

Was für herrliche Stunden haben wir vor uns! Stun= den der Ruhe und Kräftigung für unseren Leib, Stun=

den, die wahrhaft fruchtbar werden für die Zukunft!

Schon im voraus grüße ich, in Eurem Namen, die erste deutsche Schar der ‚Gefährten des heiligen Fran= ziskus'!

Euer Freund
Franz Stock, Diakon [11]."

Das Thema dieser Pilgerfahrt von 1931 lautete: „Der internationale Friede".

„Wir hofften, daß sich den belgischen, italienischen und holländischen ‚Gefährten', die in diesem Jahr zu uns gestoßen waren, eine große Zahl junger Deutscher anschließen würde. Aber die Wirtschaftskrise und die beschränkte Ausreisegenehmigung hielten sie zu ihrem und zu unserem Bedauern in Deutschland zurück. Glücklicherweise schaffte es unser lieber Freund, Hoch= würden Franz Stock, dennoch, sich uns in Remerschen anzuschließen — unter großen Opfern, für die wir ihm nie genug dankbar sein können. Sein junger Vetter, Heinz Schäfer, kam mit ihm. Er war ein reizender Ge= fährte, sprühte vor Leben, war voller Schalk. So ver= stand er sich auch aufs beste mit unserem kleinen Pariser, dem spitzbübischen Gaby Robin. Unser Freund Franz Stock mußte dem Drängen aller einzelnen Scharen nachgeben. Er wechselte also, nach dem Beispiel unseres Sängerbruders und Vize=General=Guardian, bei der Pil= gerfahrt ständig seinen Platz.

Auf diese Weise hatte dann jeder von uns die Mög= lichkeit, die Begleitung des ‚deutschen General=Bruders' ein wenig zu genießen [12]."

Nach dem Bericht der Chronik war diese brüderliche Haltung der französischen ‚Gefährten' gegenüber einem Deutschen völlig natürlich und leicht.

Aber Léon Pierrieau, ebenfalls einer von den ‚Gefähr= ten', der zukünftige internationale Guardian der Be=

wegung, war keineswegs dieser Ansicht. Er hat uns in aller Demut jene Gefühle geoffenbart, die zuinnerst sich in ihm regten, als Franz Stock an der Spitze seiner Schar auf ihn zuging.

„Es war reiner Haß! — Alles in mir war ein einziger Haß, als ich Ende 1917, mit achtzehn Jahren, mich der Aufgabe verschrieb, ‚die Boches totzuschlagen‘.

Friede unter den Völkern? Jawohl, aber bloß nicht mit denen! Brüderlichkeit unter den Menschen? Jawohl, aber bloß nicht mit ihnen!

Das waren noch meine Gefühle, als ich 1931 zu den ‚Gefährten des heiligen Franziskus‘ stieß und die Aufgabe bekam, die einzelnen Etappen ihrer großen August=Pilgerfahrt in Luxemburg vorzubereiten, die über Trier, Echternach usw. gehen sollte.

Ich hatte Franz Stock schreiben müssen, um ihm die Zeiten anzugeben, wann wir jeweils irgendwo durch= kamen, damit er sich mit uns in Grevenmacher treffen konnte, wenn er von Neheim kam, wo er sich in den Ferien aufhielt.

Als er dann auf der Moselbrücke erschien, eilten ihm viele von uns voll Freude entgegen. Ich dagegen hatte nichts Eiligeres zu tun, als mich zu verdrücken. Ich wollte einem Deutschen einfach nicht die Hand reichen.

Aber dann war er es, der nach mir fragte, und er kam mit ausgestreckter Hand auf mich zu. Sein tiefer, sanfter Blick war auf mich gerichtet. Das warf mich völlig um. Für mich datiert seit diesem Augenblick eine wirkliche Bekehrung und eine für immer währende Freundschaft mit Franz Stock.

Während des Krieges traf ich ihn mehrere Male wie= der in seinem Büro in der Rue Lhomond. Wir haben zu= sammen über die schreckliche Bosheit der Menschen geweint und unseren Friedensträumen nachgetrauert, die von einem Sturm des Wahnsinns hinweggefegt

waren. Aber unsere Freundschaft ist unangetastet ge=
blieben."

Franz Stock wurde auf dieser Pilgerfahrt bei einer
Rast in der Eremitage von Gisterklaus in aller Form
in die Bewegung aufgenommen. — „Der erste deutsche
Gefährte, dessen Zugehörigkeit zu uns das eindeutige
Zeichen dafür ist, daß die Gefährten des heiligen Franz
wahrhaft katholisch sind[13]."

Nach einer Pilgerfahrt nach Trier sollte endlich der
Wunsch Franz Stocks erfüllt werden, in seinem Hei=
matland Westfalen, in Neheim selbst, seine Freunde
und Gefährten aufzunehmen.

„Was wollten wir in Deutschland tun? Auf Einladung
von Franz Stock gingen wir dorthin, um eine Gruppe
junger Deutscher zu treffen. Mit ihnen wollten wir das
Leben im Zelt teilen, um sie besser kennenzulernen
und dadurch besser zu lieben. Letztlich also verfolgten
wir ein Ziel der Friedensbewegung. Aber es wurde
keine direkte Friedenspropaganda entfaltet. Also kein
Kreuzzug für den Frieden! Wenn wir auch glücklich
darüber waren, daß wir in Deutschland die französische
Friedensbewegung der Öffentlichkeit bekannt machen
konnten, so wollten wir in erster Linie nur beobachten,
uns selbst informieren und unserem theoretisch=grund=
sätzlichen Pazifismus durch Kenntnis der praktischen
Wirklichkeit eine solide Grundlage verschaffen. Wir
konnten leider nicht im Walde zelten, weil es draußen
zu naß war. So erfuhren wir in Neheim die Gastfreund=
schaft der Familie unseres Freundes Franz Stock. Mochte
diese Änderung unserer Pläne unsere liebenswürdigen
Gastfreunde nun auch mit zusätzlicher Arbeit belasten,
wofür wir uns jetzt noch einmal entschuldigen möchten,
so brachte das doch für uns große Vorteile mit sich, die
ich im folgenden noch genauer darlegen möchte.

Zunächst möchte ich sagen, daß unser Aufenthalt in

Deutschland als Fortsetzung der Pilgerfahrt in Luxem=
burg genau wie diese ganz und gar vom Geist leben=
digen Christentums geprägt war. Waren die Beweg=
gründe unseres Kommens rein religiöser Natur, so
waren es auch eindeutig religiöse Aufgaben, mit denen
wir uns beschäftigten. Abbé Remillieux hielt uns regel=
rechte Exerzitien mit seinen Morgenbetrachtungen über
die christlichen Grundlagen des Friedens. Unmittelbar
auf die Betrachtung folgte eine gemeinsame Meßfeier,
bei der Deutsche und Franzosen auch gemeinsam
ministrierten. Unsere ganzen Unterhaltungen und die
täglichen Ordenskapitel über die Enzyklika ‚Pacem‘ von
Benedikt XV. waren dann einfach eine Weiterführung
der Meßfeier am Morgen.

Das schlechte Wetter brachte uns eine besonders kost=
bare und angenehme Erfahrung ein. Wir mußten ja nun
das Leben einer deutschen Hausgemeinschaft teilen.
Dieser liebenswürdigen Familie sei auch hier unser Dank
ausgesprochen! Wir lernten den Ablauf ihres Alltags
kennen, den Rhythmus der Mahlzeiten, des Aufstehens,
des Schlafengehens, der ja dem ganzen leiblichen und
seelischen Leben sein Gepräge gibt. Was haben wir
eine fruchtbringende Erfahrung gemacht! Wir nährten
uns von den Speisen, die den lebendigen Leib eines
Volkes aufbauen. Wir interessierten uns für die Pro=
bleme, um deren Lösung seine Seele ringt. Unsere
Blicke konnten ständig einer deutschen Mutter folgen,
die in ihren häuslichen Verpflichtungen völlig aufging.
Ihr mütterliches Lächeln galt auch uns. Wir sahen, wie
ihr Gesicht beim Abschied von Trauer überschattet war
und wie sie ihre Hände wie zu einem Gebet faltete. Wir
konnten für eine kurze Zeit Deutsche sein, Jungen einer
deutschen Mutter, und machten die Erfahrung, daß da=
zu überhaupt nichts anderes gehörte, als einfach ein
richtiger französischer Junge zu sein. — Das gleiche

kann ich auch von allen übrigen Gliedern dieser Familie sagen, deren Leben sich vor uns abspielte, sowie von allen anderen deutschen Familien, in die wir hinein= gekommen sind. Sie haben uns ganz so behandelt, als wenn wir zu ihnen gehörten. Immer wurden wir sehr gastfreundlich und warm aufgenommen.

Was sollen wir von den Laien, Priestern und Ordens= leuten sagen, denen wir begegnet sind und die uns so herzlich zu unserem Werk ermuntert haben? Was von der Neheimer Bevölkerung, deren Frömmigkeit uns so beeindruckt hat? Was von den Hunderten von Kindern, die so spontan zeigten, daß sie nicht nur völlig frei von Vorurteilen gegenüber den Franzosen waren, son= dern eine betont franzosenfreundliche Haltung bekun= deten, die doch nur eine tröstliche Spiegelung der inneren Einstellung der verschiedenartigen Milieus war, aus denen sie kamen. — Und schließlich komme ich wie= der zurück auf unsere jungen deutschen Kameraden. Mit ihrer unmittelbaren Ansprechbarkeit und ihren guten Umgangsformen, ihrer natürlichen und ungezwungenen Wärme und Zuneigung gewannen sie sofort unsere Herzen.

Prächtige Jungen! Welcher Edelmut in ihrem klaren Blick, welcher Freimut in ihrem festen Händedruck, welche Herzensgüte auch in ihrer liebenswürdigen Auf= merksamkeit! Brüder, mit uns verbunden! In der hei= ligen Liturgie der Messe haben sich unsere Stimmen vereint. An den langen musikalischen Abenden schlos= sen sich unsere französischen Gesänge an eure deut= schen Lieder an, die die Gitarre leise begleitete. Brüder, mit uns verbunden, wir haben zusammen die letzten Konsequenzen des christlichen Friedens durchbetrach= tet! Wir haben unsern Tisch wie auch unser Strohlager brüderlich geteilt. Wir haben uns verstanden, und wir lieben uns. Wir haben gespürt: wir sind geschaffen,

uns näherzukommen. Darum dürfen wir nichts dulden, was uns daran hindert. Wir haben gespürt, daß wir, die Jugend, die Zukunft unserer Länder sind. Denn wir be=
sitzen die Wahrheit. Wir werden hingehen und sie un=
ablässig, überall, laut verkünden. So werden wir für den Frieden unserer Länder und für den Frieden der ganzen zivilisierten Welt arbeiten!

Und was ist das für eine Wahrheit? Die Wahrheit, daß der Krieg eine schreckliche Sünde ist, daß Deutsch=
land wie auch Frankreich zahlreiche und mutige Frie=
denskämpfer zählt. Diese müssen sich kennenlernen und zusammentun, damit sie der Barbarei den Weg versperren und eine glückliche Verfassung der Welt vorbereiten."

Das Exerzitienlager, provisorisch im Vaterhaus von Franz Stock eingerichtet, fand sein Ende mit einem Treffen im Freien, auf dem 600 Meter hohen Borberg im Briloner Wald. „Die deutsche Friedensbewegung ist organisiert! Das haben wir gesehen und gehört auf einer herrlichen Kundgebung, wo sich tausend Men=
schen in dem mächtigen Briloner Forst getroffen haben, genau wie die deutschen Patrioten vor hundert Jahren. In den Schutz Unserer Lieben Frau vom Frieden ge=
stellt, deren verehrtes Heiligtum in einer Waldlichtung emporragt, sprachen ein Redner nach dem anderen, Deutsche wie Franzosen. Sie beteuerten die Verpflich=
tung zum Frieden für alle Christen und für alle Men=
schen. Sie erklärten sich beiderseits zu entsprechenden Opfern bereit, die stets viel leichter und vor allem viel wirksamer sind, als das furchtbare und unnütze Opfer des Krieges." . . . Der Chronist schließt: „Die Frucht unserer Bemühungen ist diese: Wir sind tief überzeugt, daß der Krieg, selbst wenn er als ‚gerecht‘ ausgegeben wird, eine schreckliche Sünde gegen das erste Gebot Gottes ist. Eine abscheuliche Vorstellung,

daß wir eines Tages verpflichtet sein könnten, auf einen unserer deutschen Freunde zu schießen, seine Mutter in unsägliche Trauer zu bringen, und daß wir zusehen müßten, wie sie verpflichtet wären, das gleiche zu tun. Und schließlich haben wir die Gewißheit, daß eine solche Sünde und ein solcher Schrecken bei dem guten Willen, der auf beiden Seiten des Rheins vorhanden ist, vermieden werden können. Möge sich dieser gute Wille bei der Erfüllung der großartigsten Aufgabe ver= einigen, die uns heute gestellt ist! Wir sind bereit, daran mit euch zu arbeiten, liebe Freunde. Und nun ans Werk [14]."

Das Treffen in Neheim bedeutete für Franz einen Höhepunkt. „Mittler zwischen zwei Völkern", wird man ihn später nennen. Er ist es schon jetzt. Er wird es bleiben in seiner Pfarrei in Paris und später in den Gefängnissen und endlich in Chartres. Sein kurzes Leben wird völlig in dieser Aufgabe aufgehen.

Bald sollte ein neuer Lebensabschnitt für ihn beginnen. Eine kurze Notiz, die im „L'appel de la Route" Mai/ Juni 1932 erschien, brachte allen Gefährten zur Kennt= nis, daß Franz Stock zum Priester geweiht worden war. „Mit Recht nehmen wir lebhaften Anteil an der Freude von Franz, der unser erster deutscher Gefährte ist. Von nun an ist er einer unserer Priester.

Lieber Freund, wir lieben Sie. Wir liebten Sie als unseren Gefährten, nun werden wir Sie auch als Prie= ster ehren. Wir zählen auf Ihr priesterliches Gebet. Es soll dazu beitragen, daß unser Geist und unsere Gedanken in Ihrem Lande weiter ausstrahlen, wie es uns helfen soll, die tiefe und tapfere Seele des katho= lischen Deutschland kennenzulernen."

Am 12. März 1932 war Franz Stock im Dom zu Paderborn zum Priester geweiht worden.

Schon bevor Franz Stock in die Exerzitien ging, die

ihn auf den Empfang der Subdiakonatsweihe vorberei=
ten sollten, hatte er an seine Angehörigen geschrieben:
„Am heutigen Abend beginnen die Exerzitien. Ich
bitte daher um Euer aller Gebet in diesen Tagen und
werde ja auch viel Zeit haben, für Euch zu beten und
Gott zu danken, daß er mich so weit geführt hat. Meine
lieben Eltern! In diesen Tagen tue ich mit der Subdia=
konatsweihe den entscheidenden Schritt ins Priester=
tum. Ich bin mir meiner ganzen Schwäche bewußt, aber
trotzdem habe ich großes Vertrauen auf den, der uns
stärkt, und werde, soviel in meinen Kräften liegt, mich
dessen würdig zeigen. Es liegt doch ein Walten der
göttlichen Vorsehung in meiner ganzen Entwicklung,
angefangen von dem Tage, da ich zum erstenmal daran
dachte, Priester zu werden, bis auf den heutigen Tag.
So manche Umstände und Hindernisse ließ Gott mich
überwinden. Ich denke da an die Kriegszeit, die Jahre
der Schule usw. Ich möchte daher, bevor ich die heiligen
Exerzitien beginne, Euch, lieber Vater, liebe Mutter,
besonders danken für all die Mühen, die Ihr auf Euch
genommen habt, daß ich das werden konnte, was ich
jetzt bin. Ich weiß, daß ich Euch meinen Beruf ver=
danke, daß Ihr die religiösen Werte grundgelegt habt,
von denen ich heute noch die wirkungsvollen Folgen
verspüre. Tausendmal Dank! Ihr wart es, die mir eine
gute religiöse Erziehung angedeihen ließen. Was wäre
wohl aus mir geworden, wenn mir das gefehlt hätte! . . .
Auch heute noch brauche ich Eure Hilfe und Euer
Gebet. In dem Segen der Eltern liegt viel Kostbares
eingeschlossen. Ich bitte Euch daher, mir Euren elter=
lichen Segen zu geben, auf daß ich sicher den mir von
Gott gezeigten Weg gehe . . ."

Am Ostermontag 1932 hielt der Neupriester seine
feierliche Primiz in der heimatlichen Pfarrkirche St. Jo=
hannes der Täufer in Neheim. Er hatte die Freude,

seinem jüngsten Bruder Heinz dabei die erste heilige Kommunion zu reichen.

Der Erzbischof von Paderborn vertraute dem jungen Priester zuerst die Landgemeinde in Effeln an. Dann berief er ihn als Vikar nach Dortmund=Eving in das Industriegebiet. Sehr lange sollte er dort nicht blei=ben. Denn schon zwei Jahre nach seiner Weihe wurde der junge Vikar aus Dortmund zum Leiter der katho=lischen deutschen Mission in Paris ernannt. Das ge=schah 1934.

Auf sein Primizbildchen hatte der junge Priester Stock als Leitsatz für sein Priestertum drucken lassen: „Weihet eure Seele durch Gehorsam gegen die Wahr=heit zu aufrichtiger Bruderliebe und habt einander von Herzen lieb. Ihr seid ja wiedergeboren nicht aus ver=gänglichem, sondern aus unvergänglichem Samen, durch Gottes Wort, das lebendig und ewig ist" (1 Petr 1, 22—23).

* * *

Kardinal Lorenz Jaeger berichtet über seine Beziehungen zu Franz Stock:
„Wir haben uns getroffen bei der Einweihung der, soviel mir bekannt, damals ersten französischen Jugendherberge „Épi d'or" auf der Besitzung Marc Sangniers in Bierville. Sangnier war der Gründer und Inspirator der Volontaires de la paix — die aus dem genannten Anlaß zu einem großen Treffen der Jugend (Zeltlager) eingeladen hatten. Ich hatte etwa 30 Neudeutsche bei mir. —
Ich habe Franz Stock zweimal während der großen Ferien in Paris, Rue Lhomond, vertreten, damit er auch Heimaturlaub machen konnte, und die dortige Seelsorge jeweils sechs Wochen hindurch stellvertretend ausgeübt. — Während des Krieges habe ich Abbé Stock einmal besucht, als ich als Divisions=Pfarrer zu einem Kurs nach Paris abkommandiert war und ein zweites Mal nach meiner Ernennung zum Bischof im August 1941, wo wir gemeinsam im Bon Marché die erforderlichen Stoffe für Bi=schofskleidung eingekauft haben, die es damals in Deutschland nicht gab."

4. KAPITEL

Der Weg in die Gefängnisse

Oktober 1940! Franz Stock ist nach Paris zurück=
gekehrt, aber es ist nicht mehr das Paris, das er kannte
und liebte. Alles scheint tot! Die Hakenkreuzfahne
flattert frech vom Arc de Triomphe, der Marschtritt
der deutschen Soldaten hämmert auf dem Pariser Asphalt.
Als Priester kann er darüber nicht stolz sein, im Gegen=
teil: eine tiefe Scham bedrückt ihn, er leidet unter der
Demütigung Frankreichs, er leidet unter der Vernich=
tung jenes Ideals, das er mit so vielen jungen Fran=
zosen in Bierville und auf den Straßen Europas mit
seinen brüderlichen Gefährten geteilt hat: „Unsere
Jugendträume sind zerplatzt unter der Raserei der
Erwachsenen und unter den Herrschaftsgelüsten eines
Sadisten, der ein großes Volk lenkt", rief einer von
ihnen, Jacques Louys, der mit Franz den Weg der
„Gefährten" nach Luxemburg gemacht hatte und des=
sen Vater unter den Kugeln deutscher Soldaten auf dem
Mont Valérien fallen mußte. Abbé Stock nimmt wie=
der seine Stellung als Rektor der deutschen Pfarr=
gemeinde ein. Er weiß, daß die Ausübung seines prie=
sterlichen Amtes heikel und schwierig, schwieriger als
vor dem Kriege sein wird. Ob er heimlich hofft, seinen

französischen Freunden nützlich sein zu können? Wer ihn kennt, zweifelt nicht daran.

Auch seine Pfarrgemeinde hat sich verändert. Er gibt sich schon am ersten Sonntag darüber Rechenschaft: Militärs aller Dienstgrade, Mitglieder der Hilfsforma=tionen der Wehrmacht sind an die Stelle der früheren Zivilisten getreten. Er selbst muß sich mit den Tat=sachen abfinden: Die Arbeit eines Militär=Seelsorgers ist ihm zugefallen. Aber er beschließt, eifersüchtig sei=nen Titel als Rektor der deutschen Mission zu bewah=ren, und hofft so, die Soutane der französischen Priester auch weiterhin tragen zu können.

Wodurch wurde Franz Stock nun veranlaßt, zum ersten Male in die Pariser Gefängnisse zu gehen? Man weiß es nicht recht.

Den Deutschen war es gelungen, einige ihrer Lands=leute, die vor dem Kriege dem Hitlerregime ent=flohen und in Frankreich Zuflucht gefunden hatten, zu verhaften. Stock hatte viele von ihnen von seiner frü=heren Tätigkeit in Paris als Rektor der deutschen Gemeinde gekannt. Er hatte sie zum Teil bei franzö-sischen Freunden untergebracht. Einigen von ihnen war er besonders verbunden. Unter diesen Gefangenen in Cherche-Midi und La Santé befanden sich auch Fran-zosen, die er gekannt hatte. Zweifellos war er von deut-schen Offizieren darüber informiert worden und hatte die Erlaubnis erhalten, sie zu besuchen.

Gab der Anblick dieser Zellen voller Gefangenen Abbé Stock den Gedanken ein, ihnen die Stunden sei-ner Freizeit zu widmen, die ihm der Dienst in der deut=schen Gemeinde beließ? Dieser Entschluß kam zweifellos von ihm selbst, entsprang seiner priesterlichen Gesin=nung, die sich immer von jenen angezogen fühlte, die am meisten leiden mußten und am verlassensten waren.

Abbé Stock war noch unschlüssig in seinen Über=

legungen, wagte noch nicht, sich ganz zu entscheiden, als ein Ereignis eintrat, das ihn veranlaßte, den endgültigen Schritt zu tun.

Die Lage in der Hauptstadt war verhältnismäßig ruhig. Die Pariser taten so, als ob sie die Besatzung nicht sähen. Sie lachten über die Ungeschicklichkeit der Deutschen, über ihre gewollt höflichen Manieren. Spöttische Witze machten die Runde, und man gab sie weiter, wenn man beim Bäcker oder Milchhändler Schlange stehen mußte. Aber viele grollten innerlich vor Zorn. Man machte die Deutschen verantwortlich für alle Unglücksfälle, und wenn Paris nicht mehr Paris war, dann waren „sie" daran schuld. Am Abend saß man um das Radio, um den Londoner Sender zu hören, der damals schon zum Inbegriff der Hoffnung auf Befreiung wurde, die man ganz nahe glaubte.

Es nahte der 11. November, der nicht so wie früher gefeiert werden sollte; es gab keinen Vorbeimarsch am Arc de Triomphe. Zahlreiche Pariser jedoch begaben sich auf die Champs-Elysées, ohne Zweifel getrieben von der Macht der Gewohnheit, aber auch ein wenig von dem Wunsch gekitzelt, die „Fridolins", wie man die Deutschen spöttisch nannte, zu verhöhnen und sich so ein gutes patriotisches Gewissen zu verschaffen, ohne allzuviel dabei zu riskieren. Aber entgegen aller Erwartung gab es einen Vorbeimarsch, zwar nicht von Truppen, wohl aber von Studenten. Da zufällig keine Polizeikontrolle da war, ließen die Zuschauer den Zug vorbeiziehen und klatschten frenetisch Beifall. An Stelle eines Gewehres trugen die jungen Männer eine Angel, die sie von Zeit zu Zeit emporhoben, indem sie taktmäßig im Chor dazu riefen: „de..." Alle Welt verstand natürlich, was gemeint war und kostete genießerisch das Schauspiel. (Das französische Wort für Angel lautet „gaule".) Nach einer kleinen Weile schalteten auch die Deutschen, Polizeiautos waren bald darauf zur Stelle, zerstreuten die Kundgebung und ver= hafteten zahlreiche junge Leute.

Die Deutschen waren wütend. Waren solche De= monstrationen nicht fehl am Platz zu einer Zeit, da das Großdeutsche Reich im Kriege seine Jugend opferte, um die Völker Europas zu „befreien"?! Seine „tapferen Kämpfer" liefen Gefahr, durch solche Kundgebungen der Lächerlichkeit preisgegeben zu werden. In deut= schen Militärkreisen riet man der Kommandantur, ener= gisch gegen die aufsässigen Pariser vorzugehen.

Es wurde vermutet, daß Franz Stock in dieser Situa- tion den deutschen Botschafter Abetz aufgesucht habe, um etwas für die unbedachten jungen Franzosen zu tun, und daß das Ergebnis dieser Besprechung die ihm vom Botschafter garantierte Möglichkeit gewesen sei, die Franzosen in den Gefängnissen zu besuchen.

Der deutsche Botschafter hatte nämlich mit Stock und vielen anderen jungen Franzosen und Deutschen das gleiche Ideal vom Frieden unter den Völkern ge= teilt, wie aus seinem Tagebuch hervorgeht, das er in Fresnes während seiner Gefangenschaft schrieb: „Die Lektüre von Gandhi beeindruckte mich tief", so schreibt er. „Der Apostel der Gewaltlosigkeit faszinierte mich so sehr, daß ich mich mit dem Rucksack auf dem Buckel und ein paar Mark in der Tasche auf die Landstraße machte, um sein Jünger zu werden. Aber der Weg bis nach Indien schien mir doch zu weit... Jedoch der Weg der Politik, den ich später gehen sollte, ich, der Bewunderer Gandhis, um eines guten Tages nun der Botschafter Adolf Hitlers zu werden, war gewiß auch nicht viel kürzer..."

Otto Abetz hatte, wie er in seinem Buch bekennt, seit seiner Jugend zwar einen langen Weg zurückgelegt, aber er war trotz allem — und Stock wußte es — ein tiefer Bewunderer französischer Kultur und französischen Wesens geblieben, die ihn in seiner Jugendzeit tief geprägt hatten. Eines Tages erklärte Abetz mit einem Zitat von Romain Rolland aus „Jean-Christophe in Paris": „Deutschland und Frankreich sind die beiden Flügel des Abendlandes; wer einen davon lähmt, trägt dazu bei, den Flug des anderen zu schwächen."

Wir müssen aber an dieser Stelle die Vermutungen über das Ergebnis der Unterredung mit Abetz und über die Bestellung Franz Stocks für die Gefangenenseelsorge durch die Darstellung seiner Sekretärin, Fräulein Berlinghof, korrigieren, die uns das Folgende mitgeteilt hat:

„Bei der Unterredung mit Botschafter Abetz ging es hauptsächlich um finanzielle Fragen: um Mietzuschuß für die beiden von uns in der Rue Lhomond bewohnten Häuser, um Reparaturkosten für Haus Nr. 23, um einen Erstattungsbetrag für alles, was in den beiden Häusern während unserer Abwesenheit 1939/40 abhanden gekommen war.

Ich kann mich noch erinnern, daß Franz Stock über seine Unterredung mit Botschafter Abetz sagte, daß derselbe sehr, aber auch sehr zurückhaltend gewesen sei, und er konnte seine Enttäuschung nicht ganz verbergen. Dies ist doch auch verständlich, denn Abetz war Botschafter Hitlers. Abetz hatte mit der Erlaubnis für die regelmäßige Gefängnisseelsorge Franz Stocks nichts zu tun. Das war allein Sache der Wehrmacht. Ich glaube mich noch erinnern zu können, daß er, bevor er im Dezember die Gefängnisseelsorge übernahm, hie und da einen Häftling besuchte. Dazu erhielt er Sondergenehmigung."

Über seine Bestellung zum Gefängnisseelsorger berichtet Fräulein Berlinghof folgendes:

„Akut wurde die Gefängnisfrage erst im Laufe des

Dezember 1940. Weihnachten nahte, und die inhaftierten Franzosen verlangten nach einem Priester. Die in Paris stationierten Kriegspfarrer sprachen kein oder kaum Französisch. Kriegspfarrer Kurek, der viel bei uns verkehrte, setzte sich dafür ein, daß eine Besprechung mit Oberpfarrer Hofer zustande kam. Dieser setzte es beim damaligen Militärbefehlshaber von Frankreich und Kommandanten von Groß-Paris, General von Stülpnagel, durch, daß Franz Stock die Gefängnisseelsorge übertragen bekam. Er wurde nebenamtlich zum Standortpfarrer ernannt, denn nach den Wehrmachtsbestimmungen hätte er als Zivilist die Gefangenenseelsorge nicht übernehmen dürfen. Er war jedoch als nebenamtlicher Standortpfarrer nicht gezwungen, die Uniform zu tragen, erhielt aber seitens der Wehrmacht eine monatliche Entschädigung für diese Arbeit. Franz Stock ging also etwa in der zweiten Dezemberhälfte 1940, um die Weihnachtszeit, erstmals regelmäßig in die Gefängnisse."

* * *

Eine Rotkreuzbinde am Arm, in Soutane, nimmt Franz Stock unverzüglich die Verbindung mit seinen neuen „Pfarrkindern" auf, für die er sich freiwillig zur Verfügung stellte. Und als er im Februar 1941 zum ersten Male d'Estienne d'Orves begegnet, hat er bereits monatelang regelmäßig die Gefängniszellen von Cherche=Midi, La Santé und Fresnes besucht.

Fresnes war das größte dieser drei Gefängnisse. Es ist in den letzten Jahren oft von politischen Gefangenen geschildert worden, die hier seit 1940 inhaftiert waren. P. Anton Albert SJ, der erste deutsche Biograph Franz Stocks, schrieb: „Gerade dieses Gefängnis bedeutete in den Jahren der deutschen Besatzung für die Franzosen den Ort des Grauens, der Tränen, des Todes. Man hat von diesem Gefängnis gesagt, es sei das ‚Vorzimmer des Todes‘, ‚die Filiale der Hölle‘."

In Fresnes, wie auch in den anderen Gefängnissen, hinterließen die Gefangenen, die dort in den Zellen zu= sammengepfercht wurden, auf den Wänden ihrer feuch= ten Verliese Botschaften, die mit einem Bleistift oder Nagel eingekritzelt waren. Diese Kritzeleien enthüllen besser als lange Beschreibungen die Summe der Leiden, des Elends, des Hasses, aber auch der Hoffnung, des Verzeihens und des Edelmutes, die die Herzen jener erfüllte, die hier lange Tage und Wochen verlebten.

Manche Inschriften enthalten nur kurze Angaben: einen Namen, Daten, wie auf einem Grab, um nicht ver= gessen zu werden, ein schnelles Erinnern, einen Gruß, ein Winken mit der Hand, denen, die man bald ver= lassen wird.

„Meiner Frau Yetta. Gott, gib mir Kraft, durchzu= halten. J. F. 1944." — „Mein Herz für Georgette, meine Frau, und Andrée, meine Tochter." Andere drücken Heimweh und Sehnsucht aus:

„Heute, 14. Mai 1944, werde ich 18 Jahre. Meinen 17. Geburtstag feierte ich in der Familie, den 18. im Gefängnis. Wo werde ich den 19. begehen?"

„Heute, am 6. August, habe ich Heimweh nach mei= nen Eltern, die tot sind."

Die Leiden kommen häufig so zum Ausdruck:

„Emile von St. Denis hat düstere Tage in dieser Hölle zugebracht!"

„Drei Unglückliche haben hier Hunger gelitten, 20. Febr. 1943."

„Ich bin hier, weil ich falsche Freunde gehabt habe, die mich verraten haben."

„Im Schweigen suche ich Vergessen, im Schweigen erwarte ich den Tod."

Andere schreien ihre unbesiegliche Hoffnung oder ihr Gottvertrauen hinaus:

„Es lebe das Leben von morgen! Der Sieg wird unser sein! Laßt uns an die Zukunft denken! Selbst angesichts des Todes verliere ich den Mut nicht! Unser Kampf wird nicht vergeblich gewesen sein! Ich werde ganz sicher erschossen werden, Freunde! Rächt uns! Der Sieg ist nahe! Er wird die Belohnung für das Opfer sein. — Mit uns der Herr. Ave Maria [15]."

Abbé Stock dringt nach und nach in das Elend der Gefängnisse ein; er läßt sich von den Leiden dieser Menschen wie ein Schwamm durchtränken, er bemüht sich Tag und Nacht, ihre Hoffnungen und ihre Auflehnung besser zu verstehen. Er war Deutscher und mußte es bleiben . . . Das war zunächst für ihn die Voraussetzung seines priesterlichen Apostolats bei den Gefangenen; nicht alle begriffen das, und er mußte tief darunter leiden.

In seinem Buch „Ich war Gefängnispfarrer in Fresnes" schreibt Kanonikus Popot, daß während des Krieges „alle priesterlichen Aufgaben einem Deutschen zufielen. Abbé Stock hatte da eine erdrückende Aufgabe. Mit Arbeit überladen, von Natur sehr zurückhaltend, machte er auf viele Gefangene nur den Eindruck eines deutschen Beamten, der zwar weniger brutal als die anderen schien, und sich manchmal als heimlicher Verbindungsmann zu den Familien betätigte." — „Er hat uns nicht die geringste moralische oder geistliche Stärkung, nicht den geringsten Lichtstrahl bringen können", sagen einige Häftlinge nicht ohne Bedauern. Anderen hingegen „war er das Licht" [16].

General von Cossé=Brissac kann uns besser schildern, welchen Eindruck die Persönlichkeit Abbé Stocks hinterließ; er berichtet einem Freund: „Gott hat mir die Gnade verliehen, den heiligen Abbé Stock im Gefängnis von Fresnes kennenzulernen. Ich entsinne mich immer einer kurzen Unterhaltung, die mich mit Verwirrung erfüllt hat, denn ich habe dabei eingesehen, daß er wahrhaft ein Mann Gottes war. Er war gekommen, um mich in meiner Gefängniszelle im dritten Stock des Zentralbaues am 5. Juni zu besuchen, an meinem Ge= burtstag, dem Fest des hl. Bonifatius, eines „angelsäch= sischen" Mönches, des Apostels der Deutschen. Ich hielt mich zwar dabei für sehr geistreich, beging aber die Geschmacklosigkeit, ihm zu sagen: ‚Mon père, ich habe mich dabei überrascht, für Ihr Vaterland zu beten, aber ich stelle fest, daß es durch einen Engländer bekehrt wurde.' Er antwortete mir darauf mit seiner sanften, ruhigen Stimme: ‚Mein Sohn, in den Augen Gottes gibt es keine Engländer, Deutsche und Franzosen. Für ihn gibt es nur Christen — oder ganz einfach Men= schen . . . und ich, der ich zu Ihnen spreche, ich bin nur ein Priester des Bischofs von Paris.' Ich hätte am lieb= sten in die Erde versinken mögen, so sehr war ich in dem Augenblick davon betroffen, daß man mit einem ‚Heiligen' nicht scherzen kann.

Ja, ich sehe ihn wieder vor mir, diesen noch jugend= lichen Mann mit dem klaren, durchdringenden Blick, wie er in unsere Zellen eintritt, um uns das Bußsakrament und die hl. Kommunion zu spenden. Natürlich hütete er sich, jenes Regime zu kritisieren, dessen Opfer wir waren, aber wir spürten, wie aufmerksam er unseren Nöten gegenüber war, wie er unsere Anliegen und die unseres Vaterlandes schmerzlich mitempfand. Eine außerordentliche Vornehmheit strömte von ihm aus — der Widerschein einer übernatürlichen Seele. Er war vor allem Priester, und Jesus Christus lebte in ihm. Ich habe niemals von ihm ein Wort gehört, das eine fein= fühlige Seele hätte verletzen können. Wir errieten das Martyrium, das dieser Mann durchmachte, der alle Tage

und den ganzen Tag hindurch die Härten des heid=
nischen Regimes feststellte, das sein Volk wie das ganze
damals unterjochte Europa bedrückte.

Er litt unter unseren Leiden. Er mußte die zum Tode
Verurteilten zum Mont Valérien begleiten. Ich stelle mir
seine Angst vor bei jenen, die die Gnade ablehnten,
seine Demütigung als Deutscher, seine tiefe Bewegung
als Priester jenen gegenüber, die tapfer und als Chri=
sten starben.

Seine täglichen Gefängnisbesuche mußten für ihn
ein Kreuzweg sein. Wenn er für die christlichen Ge=
fangenen ein Priester war, so war er für die anderen
ein Deutscher, der unter dem Verdacht stand, selbst
Instrument eines Zwangsapparates und der Spio=
nage zu sein. Aber um der Wahrheit die Ehre zu geben,
glaube ich, daß gleichwohl am Ende alle mehr oder
weniger dahin kamen, sich seiner aufrichtenden Prie=
sterpersönlichkeit, die von der Gnade geformt war, an=
zuvertrauen.

Ich bewahre ihm unendliche Dankbarkeit. Seinet=
wegen habe ich alle vergessen, die mich verfolgt haben.
Seinetwegen habe ich mir oft geschworen, alles zu tun,
um eine aufrichtige Aussöhnung der beiden Völker
Deutschland und Frankreich unter dem Zeichen Christi
herbeizuführen. Ich ermesse nun, was in den Augen
Gottes ein solcher Priester gilt. Er allein wäre in der
Lage gewesen, den Zorn des Himmels über Sodoma
und Gomorrha aufzuheben. Ich wünsche sehnlich, daß
er eines Tages die Ehre der Altäre erfährt. Dann wird
Frankreich mit dem Feind von gestern um seine Schutz=
herrschaft streiten. Seine übernatürliche Antwort auf
meine absurde Bemerkung gibt mir dafür eine Vor=
ahnung."

Kanonikus Popot vermerkt in seinem Buche, daß
Abbé Stock „überlastet" war. Er war es wirklich wegen

der stetig anwachsenden Zahl jener, die von der deut=
schen oder französischen Polizei, die tatkräftig dabei
mithalf, ins Gefängnis geworfen, vor allem aber wegen
der Todesurteile, die immer zahlreicher von den Ge=
richten ausgesprochen wurden.

Das erste unschuldige Opfer dieser wahren Men=
schenschlächterei war Jacques Bonsergent. Am 24. De=
zember 1940 lasen die Pariser an den Mauern ihrer
Stadt Plakate der Kommandantur, die in zwei Sprachen
verkündeten, daß am Tage zuvor, am 23. Dezember, ein
gewisser Jacques Bonsergent, ein 28 Jahre alter Inge=
nieur, durch das Militärgericht wegen tätlicher Angriffe
auf einen deutschen Soldaten zum Tode verurteilt und
erschossen worden war.

Was war geschehen? Am 10. November ging Jacques
Bonsergent die Straße Saint=Lazare in Begleitung eines
Freundes und dessen Frau hinunter. Die beiden, man
weiß nicht wie, rempelten im Vorbeigehen einen deut=
schen Unteroffizier an. Schimpfworte und Beleidigun=
gen flogen hin und her, und sehr schnell kam es auch
zu einer Schlägerei. Jacques wollte vermitteln und die
Streithähne trennen: „Haut ab!" rief er seinen Freun=
den zu. Er ergriff auch seinerseits die Flucht, aber der
deutsche Unteroffizier holte ihn ein und befahl ihm, ihm
zu folgen. Nach dem Verhör durch die deutschen Behör=
den, denen er als „Angreifer" bezeichnet worden war,
wurde Bonsergent in Cherche=Midi eingeliefert. Bei
seinem Prozeß nahm er ohne Zögern die ganze Schuld
für diese Schlägerei auf sich, da er um jeden Preis sei=
nen jung verheirateten Freund retten wollte. Das
Kriegsgericht verurteilte ihn zum Tode, um ein Exem=
pel zu statuieren.

Abbé Stock hatte tief bewegt die letzte Beichte des
Verurteilten gehört, der ihm anschließend die Messe
diente und kommunizierte. Er begleitete ihn zum Wald

von Vincennes und stand ihm bis zum Augenblick der Erschießung bei. Den ganzen Tag litt Abbé Stock unter der furchtbaren Niedergeschlagenheit, die ihm dieser Tod verursacht hatte; er war restlos durcheinander, bestürzt und konnte nur immer wiederholen: „Und wenn man denkt, daß es obendrein ein Bretone war[17]."

Bonsergent war nur das erste Opfer, Hunderte und aber Hunderte folgten. Man müßte Franz Stock Schritt für Schritt bei seiner täglichen Begegnung mit dem Tode folgen; nur so könnten wir erkennen, wie dieser Dienst nach und nach seine Priesterseele prägte.

Später im Seminar von Chartres sah man ihn mitunter schweigsam, den Kopf leicht vorgebeugt, wie in einem Traum verloren dahergehen; seine Seminaristen, die nur wenig von seinem früheren Leben kannten, vermuteten gleichwohl, daß er an einem schweren Geheimnis trug, das ihn bedrückte, ja niederdrückte . . . „Er litt an unserem Leiden", „wir errieten das Martyrium, das dieser Mann durchmachte", hat uns General de Cossé=Brissac anvertraut.

Dieser romantische, empfindsame junge Mann, ein Freund der schönen Natur, des Liedes, der Malerei, der von der Idee des Völkerfriedens gepackt war, ein Freund Frankreichs, das er wie sein zweites Vaterland liebte, dieser Priester, der von einem Apostolat bei den Armen und Enterbten der Bannmeile der großen Städte träumte, war in den Gefängnissen gelandet, aus eigenem Willen, weil sein Priesterherz ihn dahin getrieben hatte, weil Jesus Christus in ihm lebte. In ihm durchdrang die Liebe Jesu Christi die schweren Gefängnismauern und ermutigte, stützte und richtete alle auf, die ihn guten Herzens aufnahmen.

5. KAPITEL

Die Begegnung mit d'Estienne d'Orves und seinen Kameraden

18. Juni 1940. General de Gaulle hatte die Franzosen zum Widerstand aufgerufen: „Eine Schlacht haben wir verloren, aber nicht den Krieg", so hatte er im britischen Rundfunk gesagt. Freiwillige folgen diesem Aufruf des Generals und setzen nach London über. Sie kommen von überallher. Und noch bevor Franz Stock nach Paris zurückkehren kann, um den Dienst für seine Landsleute wiederaufzunehmen, bilden sich die ersten Maschen eines Widerstandsnetzes, das sich quer durch das besetzte Frankreich und die freie Zone ausbreitet.

So ist im September 1940 ein junger Holländer, Yann Doornick, in Plogoff unter dem Decknamen Marcel Millot an Land gegangen. Er hatte den Auftrag, die Einrichtungen der deutschen Kriegsmarine an der französischen Küste und der deutschen Luftwaffe auf den französischen Flugplätzen auszuspionieren. Um entsprechende Nachrichten zu erhalten und zu übermitteln, reist Yann Doornick durch Frankreich, sammelt Freiwillige für London und organisiert bald hier, bald dort Stellen für ein Nachrichtennetz. Bald wird Doornick von Moritz Barlier, einem kaufmännischen Vertreter des Hauses Amieux, unterstützt, der aus einem Kriegsgefangenen=

lager im Juli 1940 geflohen ist. Auch Barlier ist in der Nacht vom 3. zum 4. Dezember in Plogoff an Land ge= gangen. In Vichy trifft er mit Doornick wieder zusam= men, dem er die bevorstehende Ankunft des von Lon= don aus bestimmten Chefs des Nachrichtendienstes an= kündigt, eines gewissen Jean=Pierre Girard, der kein anderer als der Korvettenkapitän Honoré d'Estienne d'Orves ist.

Nach dem Waffenstillstand hatte sich Honoré d'Estienne d'Orves nach England zu General de Gaulle durchgeschlagen und war dort dem 2. Büro zugewiesen worden, das unter dem Befehl des Kapitäns Passy stand. Aber Büroarbeit war nicht das, was er sich erhofft hatte; er bat darum, ihn nach Frankreich zu schicken, um dort Aufträge zu übernehmen. Sein Vor= gesetzter, Admiral Muselier, ist nur mit Mühe für das Verlangen des Korvettenkapitäns zu gewinnen. Gene= ral de Gaulle ist noch widerstrebender und noch schwieriger zu überzeugen. D'Estienne d'Orves hat sie= ben Kinder, und seine Vorgesetzten möchten ihm alle Risiken ersparen, die ein heimlicher Aufenthalt in Frankreich mit sich bringt. Seine Hartnäckigkeit führt ihn aber zum Ziele, und der General willigt unter der Bedingung ein, daß es sich praktisch nur um eine Hin= und Rückfahrt handeln soll, nur um die erforderliche Zeit, die für den Aufbau des Nachrichtennetzes, an dem Doornick und Barlier arbeiten, nötig ist.

Jean=Pierre schifft sich auf der „Marie=Louise" ein, dessen Besitzer Jean=François Le Follick ist. Das kleine Fischerboot, dessen wahrer Name „Louis=Jules" lautet, ist nach dem Appell des 18. Juni nach England gefahren und hat von da an die Aufgabe übernommen, Geheim= agenten nach Frankreich zu bringen oder sie nach Aus= führung ihres Auftrages nach England zurückzubrin= gen. Jean=Pierre landete also in einer ruhigen Dezem=

bernacht an der Küste Frankreichs, begleitet von Marty, einem jungen Mann von 20 Jahren, der ihm als Funker beigegeben war.

Nachdem die ersten Verbindungen mit den Mitglie= dern des geheimen Nachrichtendienstes aufgenommen waren, ging man ans Werk, und seit dem 26. Dezem= ber 1940 wurde die erste Funkverbindung von Nantes aus, wo schon Männer der „Resistance" arbeiteten, mit dem Hauptquartier in London hergestellt.

Einige Tage nach Aufnahme jener ersten denkwür= digen Funkverbindung geben zwei Mitglieder des Nachrichtennetzes von Nantes, Clément und Le Gigan, Jean=Pierre zu verstehen, „daß Marty nicht sonderlich eifrig bei seiner Arbeit und auch nicht sehr zuverläs= sig scheine. (Sie hatten festgestellt, daß Marty abends spät ausging und häufig in mehr oder weniger an= rüchigen Cafés verkehrte, dort mit Leuten jeden Schla= ges zusammentraf, leichte Mädchen suchte, was alles nicht mit einer so gefährlichen Aufgabe zu vereinbaren war, wie wir sie zu erfüllen hatten.) Sie teilen das dem Kommandanten mit, der Marty zur Rede stellte", hat Le Gigan selbst erzählt und noch hinzugefügt, „aber dieser Mann, anstatt sich auf die Vorhaltungen des Kommandanten hin zu bessern, führt sich weiter wie ein dummer Junge auf und empfängt sogar ver= dächtige Personen in seinem Zimmer, in dem er sein Funkgerät hatte [18]."

Noch einmal berichtete Le Gigan seinem Chef diese Vorkommnisse, und dieser beschloß, Marty nach Eng= land zurückzubringen. „Man hat mir versprochen, mir einen anderen Funker, einen erstklassigen jungen Mann, zu geben", sagte er, „einen Seemann, das besagt wohl alles."

Marty begriff, als er von dieser Entscheidung unter= richtet wurde, daß die Rückkehr nach England für ihn

das Kriegsgericht bedeuten würde; er war darüber ent=
täuscht, daß er vom geheimen Nachrichtendienst nicht
so viel Geld erhielt, wie er erwartet hatte. Weil er wußte,
daß seine Partie in jeder Hinsicht verloren war, lie=
ferte er kurzerhand seine Kameraden an die Deutschen
aus und stellte sich ihnen zur Verfügung.

Offensichtlich ahnte niemand etwas von dem Ver=
rat. Die Deutschen konnten darum in aller Ruhe mit
Hilfe von Marty einen großen Schlag vorbereiten, der
die Führung des von Jean=Pierre so sorgfältig auf=
gebauten Nachrichtensystems treffen sollte.

In der Nacht vom 21. auf den 22. Januar wurde zum
ersten Male zugeschlagen. „Die Angehörigen der deut=
schen Spionageabwehr drangen gleichzeitig in die Woh=
nungen von André Clement und Le Gigan ein", berich=
tet letzterer. Bei André Clement befand sich Jean=Pierre,
der nicht ahnte, daß Le Gigan zur gleichen Zeit verhaftet
wurde und darum den deutschen Polizisten heftigen
Widerstand entgegensetzte in der Absicht, dadurch das
ganze Stadtviertel zu alarmieren, damit Le Gigan —
wenn er von seiner Verhaftung erführe — noch fliehen
könne. Dieses selbstlose Verhalten hatte unglücklicher=
weise keinen Erfolg, weil die Polizisten zur gleichen
Stunde auch in der Wohnung von Le Gigan waren[19]."

Die Gefangenen, insgesamt vierzehn Personen, wurden
zum Sitz der Gestapo nach Nantes gebracht. Das erste
Verhör, das sie über sich ergehen lassen mußten, dau=
erte 48 Stunden ohne Unterbrechung und hatte ein
erstes Opfer in der Person der Mutter von Clement,
die einen Herzschlag erlitt. Im Verlauf dieses Verhörs
begriff d'Estienne d'Orves, daß er von seinem Funker
verraten worden war.

Unterdessen spielte der Verräter seine traurige Rolle
weiter; Maurice Barlier und sein Freund Daniel Dohet
wurden als nächste verhaftet. Yann Doornick war zwar

von der Katastrophe unterrichtet, hatte jedoch nichts von dem Verrat Martys gehört; deshalb floh er nach Plogoff, wo eine normannische Familie ihm Asyl ge= währte. Dort wollte er die Ankunft der „Marie=Louise" erwarten, die ihn nach England zurückbringen sollte. Es war für den Verräter ein leichtes Spiel, das Versteck anzugeben. Am 5. Februar drang die deutsche Polizei, von Marty persönlich geführt, in die Wohnung der normannischen Familie ein und verhaftete sie zugleich mit dem Holländer Doornick. Nun fehlte nur noch die Besatzung des getarnten „Fischerbootes".

Zu einer Zeit, da London über diese Vorgänge noch nicht informiert war, wurde die „Marie=Louise" durch eine von Marty unterzeichnete Botschaft aufgefordert, den neuen, von d'Estienne d'Orves empfohlenen Fun= ker, den jungen, kaum achtzehnjährigen Jean=Jacques Leprince nach Frankreich zu bringen. Der Auftrag wurde sofort ausgeführt, und am 15. Februar wurde die „Marie=Louise" auf hoher See von zwei deutschen Patrouillenbooten angehalten, die ihr aufgelauert hatten. Jean=Jacques, Franz Follick und die fünf Besat= zungsmitglieder wurden im Boden des Kielraumes der „Marie=Louise" eingeschlossen und das Fischerboot selbst ins Schlepptau eines der Patrouillenboote ge= nommen.

Die Gefangenen machten sich sofort an die Arbeit. Die Deutschen hatten sich nicht einmal die Mühe ge= macht, sie zu durchsuchen, sondern sich damit begnügt, sie zu entwaffnen. Nun hatte aber London Jean=Jac= ques ein Funkgerät neuester Bauart und außerdem wichtige Papiere für den Nachrichtendienst anvertraut. Man mußte die Stunden, die noch übrigblieben, nut= zen, um die verräterischen Gegenstände verschwinden zu lassen, und das war nicht leicht. Ein Mitglied der Besatzung kam auf den Gedanken, den Verschluß=

bolzen von einem der schweren Wasserbehälter, der glücklicherweise nur halb gefüllt war, zu entfernen. Mit den wenigen Hilfsmitteln, die ihnen zur Verfügung standen, gelang es ihnen auch, diesen Einfall in die Tat umzusetzen; sie ließen die Papiere samt dem moder= nen Funkgerät in dem tiefen Faß verschwinden. Dann schoben sie sorgfältig den schweren Stahldeckel wieder an seinen alten Platz. Die Deutschen sollten das Ver= steck niemals entdecken.

Während dieser Zeit sandte Marty wichtige Nach= richten nach London, die ihm von den Deutschen dik= tiert worden waren. Diese glaubten auch nach der Ge= fangennahme von Jean=Jacques Leprince, die Mitarbei= ter de Gaulles weiterhin täuschen zu können, um auch in Zukunft wichtige Meldungen zu erhalten.

Bei dem Verhör Jean=Jacques' forderten sie von ihm vor allem die Angabe des neuen Decknamens. Der Ge= fangene weigerte sich. Die schärfsten polizeilichen Druckmittel wurden angewandt, um ihm sein Geheim= nis zu entreißen. Endlich gab Jean=Jacques zur großen Freude seiner Peiniger nach. Aber er gab ihnen einen falschen Decknamen, den Marty unverzüglich benutzte. Beim Empfang dieser Nachricht begriff man in London, daß es nicht Jean=Jacques war, mit dem man Verbin= dung hatte und daß folglich der Nachrichtendienst ver= raten war. So konnte Marty nicht weiter schaden. Das Unglück, das der Verräter angerichtet hatte, war in= dessen schon groß genug.

In der Tat waren mehr als zwanzig Personen er= griffen worden, unter ihnen die drei Hauptverantwort= lichen des Nachrichtendienstes, d'Estienne d'Orves, Barlier und Doornick. Diese waren zunächst ebenso wie ihre Mitarbeiter nach Berlin gebracht worden, um dort vor Gericht gestellt zu werden; aber nach dem 20. Fe= bruar, kaum eine Woche nach der Aufbringung der

„Marie=Louise", wurden sie nach Paris gebracht und in das Gefängnis Cherche=Midi eingeliefert, wo sich bereits die anderen Mitglieder des Nachrichtendienstes befanden.

Dort finden wir von diesem Zeitpunkt an Abbé Stock wieder. „Die Gefangenen dieser dunklen Jahre erinnern sich mit Bewegung und Dankbarkeit an ihren deutschen Seelsorger, den bewunderungswürdigen Abbé Stock, der, das ist nicht zuviel behauptet, nach dem Kriege an dem Herzenskummer gestorben ist, den der Anblick so vieler Leiden ihm verursacht hat. Obwohl ich niemals die Ehre hatte, ihn persönlich kennenzulernen, bringe ich doch seinem Andenken eine unendliche Dankbarkeit entgegen, denn ich weiß, wie er die Nöte meiner Mutter gemildert hat, ebenso die meiner fünf Schwestern, meines Bruders Philipp und so vieler meiner Kameraden. Künftighin sollte er eine hervorragende Rolle bei d'Estienne d'Orves spielen, für den er tiefe Bewunderung und warme Zuneigung empfand", hat Colonel Rémy [20] über ihn geschrieben.

Am 24. Mai 1941 waren nach einem zwölftägigen ununterbrochenen Prozeß d'Estienne d'Orves und acht seiner Gefährten durch das deutsche Kriegsgericht zum Tode verurteilt worden. Die anderen Angeklagten hatten mehrjährige Gefängnisstrafen erhalten. Der Vorsitzende des Gerichtshofes konnte es nicht unterlassen, bevor er das Strafurteil verlas, den Verurteilten seine Hochachtung auszusprechen: „Das Gericht stand vor einer schweren Aufgabe. Es mußte Männer und Frauen richten, die sich verdient gemacht hatten und eine große Festigkeit des Charakters erwiesen haben und die nur aus Vaterlandsliebe gehandelt haben. Aber wie jene geglaubt haben, ihre Pflicht ihrem Vaterland gegenüber erfüllen zu müssen, so müssen auch wir, die Richter, unsere Pflicht unserem Vaterland gegenüber erfüllen und die Angeklagten nach den geltenden Gesetzen richten."

Die Verurteilten wurden anschließend nach Fresnes gebracht, und es wurde ein Begnadigungsgesuch an Hitler gesandt, unterzeichnet vom gesamten deutschen Gerichtshof. D'Estienne d'Orves ist glücklich über diesen „Wohnungswechsel", soweit es ein Gefangener sein kann. „Meine Zelle ist sehr hell", schreibt er, „sie ähnelt mit ihrem großen Fenster mit Milchglasscheiben und den getünchten Mauern dem Zimmer eines Zahnarztes ..."

Sein Fenster ging auf einen kleinen Garten hinaus, „einen bescheidenen Gemüsegarten, wo in sauber angelegten Beeten verschiedene Gemüsesorten wachsen und eine Reihe von Pappeln steht, deren Blätter im Winde zittern und einen Grundton abgeben, über dem der Gesang der Vögel und von Zeit zu Zeit der Schrei eines ganz kleinen Kindes zu vernehmen ist. Denn im Garten gibt es auch Menschen, und zwar freie Menschen; ich habe ihr Haus und ihre Fenster ohne Gitter gesehen . . . Dies alles, dieser Raum mit den freien Menschen darin, ist ganz ein kleines Stück meines Lebens, ist wie das einzige Stück Schokolade im Laufe eines Tages, das man nach dem Mittagessen ißt. Diese Zelle umschließt mein ganzes Leben mit meinen Gedanken und meinen kleinen täglichen Beschäftigungen darin ..."

„Meine Gedanken, meine kleinen täglichen Beschäftigungen . . ." diese Gedanken hält d'Estienne d'Orves in einem Schülerheft mit einem rosafarbenen Deckel fest. „Ich liebe dieses Heft", schreibt er eines Tages, „das ist meine Arbeit, und arbeiten ist beten. Ich habe den Eindruck, daß ich Gott gefalle, wenn ich schreibe. Und von diesem Heft finde ich leicht den Übergang zum Gebet."

84

Das Gebet ist ein Teil der „kleinen Beschäftigungen", von denen er spricht. Aber selbst im Gefängnis ist es nicht immer leicht. „Das Verlangen nach dem Gebet", notiert er am 5. Juli, „habe ich heute so wenig verspürt, obwohl ich heute morgen die Kommunion empfangen habe. Und ich bin auf das Wort Péguys gestoßen: ‚Mein Gott, gib mir Lust zum Beten.'"

Die Gedanken des Verurteilten wenden sich häufig dem Tode zu, der vielleicht schon nahe ist. „Ich kann nicht ohne diesen Gedanken sein", schreibt er, „aber er läßt mich sehr ruhig, denn er verbindet sich ganz natürlich mit dem Gedanken an Gott. Wenn ich sterben muß, so wißt, daß es im Vertrauen auf Gott geschieht, der mir überreich seine Gnade schenkt. Der Gedanke an meine lieben Eltern, die mich da oben erwarten, ist mir eine große Stärkung."

Gleichwohl liebt er leidenschaftlich das Leben, seine Frau, seine Kinder; er schreibt ihnen: „Ich bin durchaus nicht vom Leben gelöst... Liebt das Leben, wie ich es liebe. Ich fühle mich im Leben ganz und gar nicht in der Verbannung."

Am 18. Juli erwartet ihn eine große Freude und tiefe Herzensbewegung, der Besuch seiner Frau und Kinder. Bis zu seiner Verurteilung zum Tode hatte seine Frau nichts von der Anwesenheit ihres Gatten in Frankreich gewußt. D'Estienne d'Orves hatte freiwillig auf ein Wiedersehen mit seiner Familie verzichtet, um sie nicht zu gefährden. Nach dieser Begegnung, bei der er zum ersten Male seinen jüngsten Sohn sah, vertraute er seinem Heft an: „Endlich! Ich habe meine Frau, meine geliebten Kinder in die Arme schließen können! Eine tiefe Bewegung, die alles beherrscht, was ich tue, erfüllt mich seit der Rückkehr in diesen Raum. Meine Kinder, ich möchte mich an ihnen weiden... Ich habe sie ja kaum gesehen, eine Viertelstunde lang, nach

einem Jahr des Wartens. Mein Gott, mach, daß sie wie=
derkommen . . .²¹."

Seine „kleinen Beschäftigungen"? Neben dem Gebet
und der Führung seines Tagebuches gibt es noch die Lek=
türe. Abbé Stock bemüht sich, ihm Bücher zu verschaf=
fen, wie er es auch bei zahlreichen Gefangenen tut.
D'Estienne d'Orves arbeitet an „Péguy und Sankt Tho=
mas", liest die „Confessiones" des heiligen Augustinus,
bemüht sich um die Anfangsgründe des Deutschen.
Aber sein Lieblingsbuch ist das Gebetbuch seiner Mut=
ter, das Abbé Stock ihm besorgt hat . . . und er singt,
er singt alle die alten Lieder seiner Kindheit. So berei=
tet er sich auf das Sterben vor.

Durch seine engen Kontakte mit d'Estienne d'Orves
und seinen Mitarbeitern dringt Abbé Stock immer bes=
ser in die Psychologie des Gefangenen ein, lernt durch
sie ihre Angst vor der Einsamkeit kennen, erfährt von
den innersten persönlichen Leiden, auch von den klei=
nen Freuden, von der Hoffnung, die bisweilen ihr Herz
erfüllt. Als Priester sieht Franz Stock das Wirken Chri=
sti, der die Herzen der Gefangenen nach und nach rei=
nigt und sie in dieser Hölle des Hasses zur wesent=
lichen Liebe hinführt: der Liebe zu Gott und den an=
deren, zu Freunden oder Feinden.

Franz Stock ist schweigsam, er kann zuhören und
Anteil nehmen. Er denkt nach, und er betet für alles,
was er in den Gefängnissen sieht. Seine priesterliche
Seele formt sich unmerklich an der Seele derer, die lei=
den, hoffen, sich für die anderen vergessen, die für eine
gute Sache in den Tod gehen, die selbst durch Leiden
zu Gott emporsteigen.

Nicht alle zum Tode verurteilten Kameraden d'Estienne
d'Orves sind von ähnlicher religiöser Aufgeschlossen=
heit. Einige hatten seit ihrer Jugend den Weg der
Kirche verlassen. Mit Feingefühl, aber mit Überzeu=

gungskraft spricht Stock sie an; er weiß, wie sehr der wiedergefundene Glaube ihnen seelische Kraft verleihen kann. Einer von diesen Verurteilten, der später begnadigt wurde und nach Nantes zurückkehren durfte, wo er immer noch wohnt, erzählte mit tiefer Bewegung, wie der Gefängnispfarrer ihm half, Gott wiederzufinden. „Die Atmosphäre eines Gefängnisses ist ganz offensichtlich von eigener Art, man hat Zeit zum Nachdenken, zum Überlegen", hat er dem Verfasser dieses Buches gestanden. „Nach und nach fing es in mir an zu arbeiten, und Abbé Stock half mir dabei. Zu dieser Zeit befand ich mich in einer sehr starken inneren Niedergeschlagenheit. Meine 72jährige Mutter war zur selben Zeit verhaftet worden wie ich. Nachdem man uns in Nantes ergriffen hatte, wurden wir in Einzelhaft im Keller eines Hauses in der Stadt gefangengehalten. Eines Tages wurde ich in einen Raum zum Verhör gebracht. Hinter einer Glasscheibe im Nebenraum befand sich meine Mutter, die man ebenso verhörte. Ich sah, wie sie mit ihrer Hand zur Schläfe zeigte, als sie den Polizisten etwas sagte. Später erfuhr ich, was sich dort abgespielt hatte. Die Deutschen wollten meine Mutter unter Druck setzen, sie sollte mich veranlassen, die anderen Mitglieder unseres Nachrichtendienstes zu verraten: ‚Wenn er sich weigert, werden wir ihn vor Ihren Augen zusammenschlagen!' — ‚Niemals werde ich mich zu einer solchen Sache hergeben', antwortete sie stolz. ‚Sie können ihn und auch mich zur gleichen Zeit erschießen, denn ich bin Französin.' Die Drohung wurde natürlich nicht ausgeführt. Mit d'Estienne d'Orves und den anderen brachte man uns nach Berlin, damit wir dort verurteilt würden.

Als Le Follick und Leprince mit der ganzen Besatzung der ‚Marie-Louise' verhaftet wurden, brachte man uns nach Frankreich zurück. Das Berliner Kriegsgericht entledigte sich so dieser Affäre und verwies sie an das Kriegsgericht von ‚Groß=Paris'. Der deutsche Offizier, der jenen Gefangenentransport leitete, ließ mich ohne Zweifel aus Menschlichkeit mit meiner Mutter in dem= selben Abteil fahren. Daher stellte ich bald fest, daß meine alte Mutter den Verstand verloren hatte.

In Cherche=Midi mit allen anderen eingesperrt, litt ich unsäglich darunter, meine Mutter in einer Gefäng= niszelle dicht neben der meinen zu wissen, ohne ihr helfen zu können. Abbé Stock tat damals alles, was er konnte, um mich zu beruhigen und zu trösten.

Damals, in dieser entsetzlichen inneren Verlassen= heit, begann ich langsam Gott wieder näherzukommen. Eines Tages erfuhr ich, daß meine Mutter frei werden würde. Diese Nachricht war der Gipfel meiner Ver= wirrung. Frei werden, das bedeutete doch für meine Mutter, daß man sie an das Gefängnistor bringen würde, bis an die Straße und sie dann ihrem Schicksal in Paris überlassen würde. Was sollte dann aus ihr werden?

Abbé Stock hatte mir einige Tage vorher das Buch ‚Geschichte einer Seele', die Lebensbeschreibung der kleinen Theresia von Lisieux, gebracht. Ich habe dieses Buch buchstäblich verschlungen, und es hat mir außer= ordentlich geholfen. Als ich in der Nacht nicht schlafen konnte und von dem Gedanken an meine Mutter ge= quält wurde, begann ich im Vertrauen auf die Fürsprache der heiligen Theresia zu Gott zu beten. In der Frühe des nächsten Morgens spürte ich Lust, meine Sorge einer Mitgefangenen in einer Nachbarzelle mitzuteilen, mit der ich durch Morsezeichen in Verbindung treten konnte. ‚Ich bin Mitglied des Roten Kreuzes', antwor= tete sie, ‚da ich nicht wie Sie in Einzelhaft bin und für heute den Besuch meines Mannes erwarte, werde ich ihm Ihre Sorgen um Ihre Mutter mitteilen. Er wird das

Rote Kreuz alarmieren.' Tatsächlich warteten zwei Rote=Kreuz=Schwestern einige Tage später, als meine Mutter entlassen wurde, am Gefängnistor und brach= ten sie nach Nantes.

Einige werden denken, das sei alles nur ein glück= licher Zufall gewesen, ich habe darin aber eine Antwort des Himmels auf mein Gebet gesehen ...“

Am 28. August wurden Frau d'Estienne d'Orves und Frau Barlier dringend nach Fresnes gerufen. Trotz der drei aufeinanderfolgenden Gesuche des Oberleutnants Mörner, des Verteidigers von d'Estienne d'Orves, und des Gerichtspräsidenten Keyser, trotz der Intervention von Darlan bei der Waffenstillstandskommission in Wiesbaden, wurde das Gnadengesuch für die drei Hauptverantwortlichen des Nachrichtendienstes abge= lehnt. Die anderen sechs Verurteilten dagegen wurden von Hitler begnadigt, „mit dem Ziele, die französischen Gemüter zu beruhigen, und im Hinblick auf eine Zu= sammenarbeit, an die er zu unserem Glück noch glaubte", berichtete Le Gigan.

Gerichtspräsident Keyser hatte nicht den Mut, den zum Tode Verurteilten die Ablehnung des Gnaden= gesuches mitzuteilen. Haben sie ihren bevorstehenden Tod geahnt, als sie so unerwartet und unvermutet den Besuch ihrer Frauen erhielten? Man weiß es nicht. Abbé Stock war von dem Vorgang benachrichtigt worden und traf kurz nach der Abfahrt der Familien in Fresnes ein. Als er sah, daß niemand wagte, den Verurteilten die Wahrheit zu sagen, übernahm er es selbst. Man ahnt, welche seelische Belastung dies für ihn war.

„Ich war überrascht, mit welcher Ruhe die drei diese furchtbare Nachricht hinnahmen", schrieb er am Abend der Hinrichtung an Frau Doornick.

Durch Vermittlung ihres Gefängnispfarrers erhielten sie die Gunst, ihre letzte Nacht gemeinsam in der Zelle eines von ihnen zu verbringen. Sie beteten, sprachen miteinander und schrieben ihre Abschiedsbriefe.

Einige von diesen Briefen sind in dem Buch „Vie exemplaire du Commandant d'Estienne d'Orves" ver= öffentlicht[22]. Einige wesentliche Abschnitte aus diesen Briefen sollen hier zitiert werden; denn sie zeigen uns, zu welcher geistlichen Vollendung diese Männer dank der Gnade Gottes und der Führung ihres Seelsorgers gelangt waren.

D'Estienne d'Orves richtet einen ersten Brief an seine Frau und seine Kinder, einen anderen an Abbé Stock:

„Lieber Herr Abbé, ich danke Ihnen von ganzem Herzen für all das, was Sie für mich getan haben. Am Anfang unserer Bekanntschaft sah ich in Ihnen den Priester, der mir die Kommunion bringen konnte und damit die Hilfe, die ich brauchte. Das war das wich= tigste. Aber in der Folge habe ich Sie als Mensch schät= zen= und liebengelernt. Ich danke Ihnen für den heiligen Thomas von Aquin . . .

Wollen Sie bitte meine achtungsvollen Grüße an Pfarrer Hofer ausrichten.

Ich bitte Gott, daß er Frankreich und Deutschland einen gerechten Frieden schenken möge, der auch mein Vaterland in seiner Größe wiederherstellt. Ich bitte auch, daß unsere Regierungen Gott den Platz einräu= men, der ihm gebührt.

Ich lege meine Seele in die Hände Gottes, und ein wenig in Ihre, der Sie in der letzten Zeit ihn bei mir vertreten haben.

Ich bitte Sie, allen meinen Mitgefangenen in Cherche= Midi oder in Fresnes, deren Mut und Gottvertrauen auch mich bestärkt haben, mein herzliches Gedenken zu übermitteln.

Empfangen Sie bitte meine lieben Grüße

Ihr d'Estienne d'Orves."

Er schrieb endlich einen dritten Brief an seine Schwe=
ster, Frau Regnier:

„Stell Dir bitte vor, daß ich im Augenblick meiner
Verhaftung getötet worden wäre! In welchem morali=
schen Zustand wäre ich gestorben ... Gott hat mir
diese sieben Monate geschenkt, um ihm näherzukom=
men, dafür sei er gepriesen!

Ich werde Vater und Mutter wiederfinden. Das ist
ein großes Glück! ...

Glaub mir, daß ich vollkommen ruhig bin. Meine
beiden Kameraden und ich, wir verbringen den Abend
ruhig, scherzen sogar, und ich habe Mühe, mir die Ruhe
zu verschaffen, um Dir schreiben zu können. Entschul=
dige also diesen zusammenhanglosen Brief. Dies alles
zeigt Dir unsere Heiterkeit. Ich hoffe, daß wir sie mor=
gen nicht verlieren ...

Ich bitte Euch nicht eigens, für mich zu beten, ich
weiß, daß Ihr es tun werdet. Denke daran, daß das Ge=
bet für die Verstorbenen die Lebenden Gott näher=
bringt, und darum ist es gut.

Möge niemand daran denken, mich zu rächen. Ich
wünsche nichts als den Frieden für ein Frankreich, das
seine Größe wiedergefunden hat. Sagt es allen, daß ich
für Frankreich und für seine vollkommene Befreiung
sterbe und daß ich hoffe, daß mein Opfer ihm dienen
wird.

Ich umarme Euch alle mit einer unendlichen Zärt=
lichkeit.

Honoré."

Spät in der Nacht schreibt Maurice Barlier ebenfalls
an seine Frau:

„Meine kleine liebe Frau, beim Gedanken an den
Schmerz, den Du morgen haben wirst, ist auch meine
Seele tief betrübt. Mein kleines liebes Mädchen, ich

flehe Dich an, überlaß Dich nicht der Verzweiflung. Der liebe Gott hat uns in diesen letzten Wochen wun= derschöne Stunden geschenkt. Ich flehe Dich für Dich und auch für mich an, biete Dein unendliches Leid dem an, der mehr gelitten hat als wir alle zusammen. Ich bitte Dich inständig, was Du auch immer in diesem schrecklichen Augenblick empfinden magst, geh zur Beichte und zur Kommunion, und ich glaube mit uner= schütterlichem Vertrauen, daß Gott Dich mit Tröstun= gen und Wohltaten überhäufen wird.

Siehst Du, er liebt uns viel mehr, als wir uns selbst lieben können. Er weiß auch viel besser als wir, was für uns gut ist. Seine Arme werden Dich stützen, sein Herz wird Dich trösten, wenn Du Dich ihm schenkst. Er ist unser Vater, und alles, was er tut, ist gut und ist nutz= bringend für jene Ziele, die für uns alle zählen.

Mein Kleines, sage es Dir immer wieder vor, daß ich Euch nicht verlasse. Ich werde bei Euch bleiben bis zu jenem so nahen Augenblick, wo Ihr mit mir wieder vereinigt werdet, und ich werde Euch mit einer viel rei= neren, viel stärkeren, ganz gewiß wirksameren Liebe umgeben, und ich werde bei ihm über Euch alle viel bes= ser wachen. Er kennt unsere Sorgen, ich empfehle Euch ihm, ich weiß, daß er es Euch nicht an Licht, an Kraft, noch an nützlichen Dingen fehlen lassen wird; darum sage ich Dir nichts in Hinsicht auf die Erziehung unserer Kinder. Ich habe Vertrauen.

Vergib mir, meine Liebe, alles Leid, das ich Dir je zugefügt, und auch alles Glück, das ich Dir nicht zu geben verstand.

Ich gehe zum lieben Gott mit Vertrauen wie zu einem Vater, aber er ist unendlich heilig, und ich bin so elend, bitte also für mich so viel, wie es Dein Herz Dir ein= geben wird.

Ich hoffe fest, daß er mir auch fernerhin seine über=

strömende und milde Gnade schenken wird und daß ich bald als Christ und als Soldat sterben werde.

Ich biete dem lieben Gott mein Leben an für alle Anliegen Deiner Seele, für die Kleinen, für Jean, Addy, für Deinen Vater. Ich küsse Dich von ganzem Herzen. Auf Wiedersehen! Zieh bitte den Kleinen keine Trauerkleider an."

Seinen Kleinen, die keine schwarzen Trauerkleider tragen sollen, gibt dieser Papa mit seiner ganzen Liebe seine letzten Ratschläge:

„Meine lieben kleinen Kinder!

Der liebe und sehr gütige Jesus, dessen Kinder wir alle sind, hat seinen Aposteln vor der Himmelfahrt gesagt: ‚Ich werde euch nicht als Waisen zurücklassen.‘ Darum weiß ich und sage Euch, obwohl er mich jetzt zurückruft, daß er Euch nicht als Waisen zurückläßt. Ich weiß es zunächst, weil er Euer Vater ist, noch viel mehr als ich, und dann auch, weil es mir bei ihm gestattet sein wird, Euch zu sehen, für Euch Fürsprache einzulegen und Euch noch viel mehr zu lieben, als ich es hätte tun können, wenn ich bei Euch geblieben wäre.

Denn Ihr wißt, daß man nicht nur denen nahe ist, die man mit den Armen, Füßen oder dem Kopf liebt, sondern mit der Seele und der Liebe, und meine Seele wird immer an Eurer Seite sein.

Liebt ganz besonders Eure Mutter, Großvater und Großmutter, die sehr viel Kummer haben werden; auch auf Euch zähle ich, daß ihr sie tröstet.

Und arbeitet gut!

Bittet immer den lieben Gott, daß er Euch in allen Dingen führen möge, denn der gute Wille nützt nichts ohne seine Hilfe.

Wenn Ihr groß seid, dann tragt niemandem etwas nach — vergeßt niemals, daß alle Menschen Brüder sind und daß man auf Beleidigungen und sogar auf Böses nur mit Verzeihen und Liebe antworten darf.

Betet für mich; bald werden wir alle wieder beim lieben Gott vereinigt sein, denn Ihr werdet sehen, wie schnell das Leben dahingeht. Gott ist der letzte Grund unseres Lebens und sein letztes Ziel, darum dürft Ihr auch nicht traurig sein. Ich umarme Euch noch einmal mit aller Zärtlichkeit. Auf Wiedersehen!

Papa."

Auch Yann Doornick ist denselben geistlichen Höhen= weg gegangen wie seine Kameraden. In dem Brief, den Abbé Stock an Frau Doornick am Tage seiner Hinrich= tung schrieb, enthüllt er uns ein wenig die Seele dieses Gefangenen: „Ich habe mit Doornick lange Gespräche geführt", schreibt er. „Seine Fortschritte im Glauben und im geistlichen Leben wurden immer größer. Er be= eindruckte mich immer durch seinen Freimut und seine große Vornehmheit.

Er wollte eine gründliche Generalbeichte ablegen. (Von diesem Zeitpunkt an hat er jede Woche gebeich= tet und kommuniziert)."

Doornick hat in einem Heft im Verlauf seiner Gefan= genschaft folgendes notiert: „Seelisch ist diese Einsam= keit außerordentlich fruchtbar durch die Betrachtungen und das innere Leben, das sie begünstigt.

Ich habe gebeichtet und mit einer Glut und geist= lichen Erhebung kommuniziert, die ich mir nicht im ge= ringsten zugetraut hätte. Die Gedanken an Dich, an Vater und an Yves waren in meinem Herzen vereint, und ich habe Euch alle drei ihm anvertraut, der alles vermag und dessen Herz nur Güte und Mitleiden ist . . .

Selbst Freuden gibt es im Gefängnis! Die heilige Kommunion, die ich an jedem Samstag empfangen darf, ist meine große seelische Stärkung. Dazu kommen die kleinen Tröstungen, die ich Euch verdanke, und der große Trost Eurer Besuche und Eurer Briefe."

Er schreibt auch seinen Angehörigen einen letzten Brief:

„Morgen früh um sieben Uhr erschießt man uns. Die Wege Gottes sind unerforschlich, sein Wille geschehe!

Wir sind jetzt vereinigt, meine beiden Kameraden und ich, denn man hat uns gestattet, die letzte Nacht gemeinsam zu verbringen. Wir sind alle drei einig in dem Gefühl der Unterwerfung unter den Willen Gottes, und wir werden unsere letzten Stunden auskosten, indem wir miteinander plaudern und gemeinsam beten. Morgen früh wird Abbé Stock mit uns zum letzten Male die Messe feiern, und wir werden vor unserer Abfahrt kommunizieren.

Seid gewiß, keine Angst, keine Schwäche ist in uns, denn diese Art von Exerzitien, die das Gefängnis uns hält, hat uns schon seit langem auf diesen Augenblick vorbereitet. Ich bin bereit, vor Gott zu erscheinen, und ich habe alle meine Sünden und Irrtümer bereut; deshalb hoffe ich zuversichtlich, daß Gott mir auch gnädig verzeihen wird. Ich vertraue auf ihn, und ich preise seinen Willen."

Ein wenig später nimmt er den Brief wieder her und beendet ihn. Er schreibt: „Jetzt ist es fast drei Uhr. In vier Stunden werde ich tot sein, und ich fühle mich so ruhig und so heiter, daß ich mich selbst wundere.

Bald wird der Pfarrer kommen . . . Wir werden dann gemeinsam darum beten, daß Gott uns die Kraft gibt, christlich seinen Willen anzunehmen. Es gibt vor allem keine Rachegedanken in unseren Herzen. Der Krieg ist hart und unerbittlich, aber wir müssen ihn ertragen. Ich drücke Euch alle drei an mein Herz und umarme Euch mit meiner großen und tiefen Zärtlichkeit.

Liebet einander, helft Euch gegenseitig, Gott segne

Euch, und er umfange mich jetzt in seiner großen Barmherzigkeit.

Es lebe Frankreich!

Adieu Papa, Mama und Yves! Ich ringe mich nun da= zu durch, Euch auf dieser Erde niemals wiederzusehen. Aber ich bitte Euch herzlich, vereinigt Euch alle drei um meine Seele, die Euch nicht verlassen und Euch be= schützen wird. Seid stark und tapfer, wie ich es morgen früh sein werde. Ich bitte Gott, mein Opfer anzuneh= men als Sühne für meine Schwächen und Irrtümer und auch dafür, daß Frankreich neu erstehe!

Ich mache euch einander zum Vermächtnis, und meine zärtliche Liebe bleibt Euch ganz[23]."

„Im Morgengrauen des 29.", so berichtete später Abbé Stock, „kehrte ich nach Fresnes zurück und feierte die heilige Messe in der Zelle von Doornick; die beiden anderen kamen hinzu.

Doornick half mir, den Altar herzurichten und diente mir die Messe, indem er auf Latein wie der beste Mini= strant antwortete. Dann kommunizierten alle drei und beteten mit Inbrunst die Vorbereitungsgebete auf den Tod."

Es war am Fest der Enthauptung des heiligen Johan= nes des Täufers. Als d'Estienne d'Orves das Meßbuch aufschlug, machte er die frohe Bemerkung, es sei eine Gnade für sie, daß die Messe in Rot, der Farbe der Mar= tyrer, gefeiert werde.

Nach der Messe durften die Verurteilten noch zu= sammen ihr Frühstück einnehmen, wozu sie ihren Pfar= rer einluden.

Nach diesem Frühstück wurden sie in den Gefängnis= hof geführt, wo der Wagen sie bereits erwartete, der sie zum Ort der Hinrichtung bringen sollte.

„Dort vollzog sich eine der herzergreifendsten Szenen meiner Haftzeit", schrieb Le Gigan. „Im Morgen=

grauen des 29. August wurde ich plötzlich von einem bewaffneten Feldwebel geweckt, der mich aufforderte, sofort mit ihm hinunterzugehen (in diesem Augenblick wußte ich noch nicht, daß ich begnadigt war); da bemerkte ich in dem Dunkel des Gefängnisses von Fresnes meine drei Freunde, umgeben von deutschen Offizieren und dem Erschießungskommando. Der Graf d'Orves hatte die Erlaubnis erhalten, seinen Mitarbeitern ein letztes Abschiedswort zu sagen, und ich konnte ihn wenige Augenblicke vor seinem Tode umarmen, ebenso Barlier und Doornick."

In dem Brief an seine Schwester hatte d'Estienne d'Orves an seine Kameraden des Nachrichtendienstes erinnert und folgendes geschrieben:

„Alle diese Menschen lieben mich sehr. Ich werde ihnen kein Lebewohl sagen können. Ich trage eine gewisse Verantwortung für das Unglück, das sie getroffen hat und das sie alle mit bewunderungswürdiger Seelengröße angenommen haben."

Durch eine besondere Vergünstigung des Präsidenten Keyser hatte er nicht nur die Freude, ihnen „Adieu" zu sagen, sondern ihnen auch ihre Begnadigung mitzuteilen.

Le Gigan, Clément, Le Follick, Leprince, Dohet und die anderen kehrten völlig bestürzt in ihre Gefängniszellen zurück. Die Verurteilten jedoch stiegen in den Wagen der Wehrmacht, der sie zum Mont Valérien bringen sollte. Um jeden Fluchtversuch von vornherein zu vereiteln, wurde das Wageninnere von einem Scheinwerfer beleuchtet; auf den Bänken, die man an den Seiten entlang aufgestellt hatte, saßen das Erschießungskommando, Keyser und Abbé Stock. Diejenigen, die sterben sollten, saßen in der Mitte auf ihren eigenen Särgen. Jeder hatte ein kleines Meßbuch und ein französisches Gesangbuch von 1870 mitgenommen, das von

Abbé Stock mit entsprechenden Liedern neu heraus=
gegeben worden war. Zu Beginn der Fahrt beteten
sie gemeinsam die Sterbegebete. Aber die Fahrt war
weit. Unterwegs erklärte d'Estienne d'Orves seinen Ge=
fährten die Gebäude der Hauptstadt, an denen das
Fahrzeug vorbeifuhr. Da die Fahrt sich lange hinzog,
begannen sie zu singen. Sie sangen bis zum Ende.

Endlich kamen sie zum Ort der Hinrichtung, dem
Mont Valérien, zu dem Abbé Stock in Zukunft noch so
oft hinaufsteigen sollte. Sie erhielten die Vergünsti=
gung, daß man ihnen nicht die Augen verband. Sie
baten einer nach dem anderen Abbé Stock ein letztes
Mal um den priesterlichen Segen und umarmten ihn.
Darauf sprach d'Estienne d'Orves, zum Präsidenten
Keyser gewandt: „Mein Herr, Sie sind ein deutscher
Offizier, ich bin ein französischer Offizier. Wir haben
beide unsere Pflicht getan; gestatten Sie mir, daß ich
Sie umarme."

Vor den völlig bestürzten Soldaten umarmten sich
der Franzose und der Deutsche. D'Estienne d'Orves
wandte sich nun dem Erschießungskommando zu und
rief mit lauter Stimme: „Es lebe Frankreich!" Und auch
Barlier wiederholte wie ein Echo den Ruf „Vive la
France", bevor er neben dem Leichnam seines Vor=
gesetzten zusammenbrach. Yann Doornick zeichnete,
ohne ein Wort zu sagen, ein großes Kreuz als Zeichen
der Vergebung gen Himmel. Dann starb auch er.

Die Frau des Widerstandskämpfers Roger Bertrand,
der ebenfalls in Fresnes gefangen war, erwartete in der
Rue Lhomond die Rückkehr von Abbé Stock. Sie wollte
Nachrichten von ihrem Manne erhalten. Der Morgen
war schon sehr weit vorgeschritten, als Franz Stock
endlich vom Friedhof von Yvry heimkehrte, wohin er
die drei Erschossenen zur Beerdigung begleitet hatte.
„Ich war tief erschüttert beim Anblick des Abbé Stock",

erzählte sie. „Er weinte, wie ich noch nie einen Mann habe weinen sehen . . ."

„Der kommende Tag wird für Sie ein harter Tag werden", hatte d'Estienne d'Orves seinem Pfarrer ge=sagt . . . Für die zum Tode Verurteilten endete der Tag im Morgengrauen. Für Abbé Stock sollte dieses Tage=werk sich fortsetzen und wiederholen, Monate, Jahre hindurch.

„Sie müssen sich ausruhen", hatte d'Estienne d'Orves noch gesagt. Stock sollte keine Ruhe mehr kennen, er wollte sie nicht einmal mehr annehmen. Die furchtbaren Tage, die er ähnlich wie diesen in der Folge noch er=leben mußte, sollten nach und nach sein Herz verbrau=chen: „Sie müssen sich ausruhen, Sie dürfen nicht mehr in die Gefängnisse gehen, nicht zum Mont Valérien und zum Place Balard, wo man die Menschen erschießt", werden ihm eines Tages die Ärzte sagen. Stock wird nicht auf sie hören. Auch er wird den Weg der Liebe bis zum Ende gehen, wie jene, die er hat sterben sehen.

* * *

Am Abend des 29. August schrieb Abbé Stock: „Heute wurden im Fort Mont Valérien, nahe bei Paris, Doornick, d'Estienne d'Orves und Barlier erschossen. Seit Beginn ihrer Gefangenschaft, so darf ich sagen, habe ich mich mit ihnen in ganz besonderer Weise be=faßt [24]."

Kam das aus einer Vorliebe des Geistlichen für diese drei Gefangenen? Das ist sicher, darum soll man es auch ruhig aussprechen.

Abbé Stock spürte, wie stark der Anruf des Herrn in diesen drei Gefangenen war; er wurde Zeuge der Antworten, welche jene drei dem Anruf gaben, und folgte ihnen auf dem Weg der Läuterung und Reifung, die sie nach und nach über sich selbst hinausführte bis zum Einswerden mit Christus, der für das Heil der Menschen starb und seinen Feinden verzieh.

Er sah, wie sie, „in keiner Weise vom Leben gelöst" — nach den eigenen Worten von d'Estienne d'Orves —, sich nach und nach der Hoffnung auf das ewige, glückselige Leben öffneten, schon auf eine bestimmte Weise darin lebten und dann von einer außerordentlichen Heiterkeit erfüllt waren. Ihre Schriften bezeugen es, ihr Verzeihen und ihr Sterben ebenso.

Dieses Erlebnis hat Franz Stock sehr stark beeindruckt und sein Priestertum entscheidend geformt.

Denn wenn der Priester, getreu seinen priesterlichen Aufgaben, Gott zu den Menschen bringt, so empfängt auch er für sein eigenes Leben und für sein Priestertum ebensoviel und sogar mehr, als er gibt. Das Sakrament der Priesterweihe ist genau wie die anderen Sakramente der Kirche nichts Starres und Statisches. Durch den Empfang des Sakramentes ist alles gegeben — aber es beginnt auch erst alles. Das berührt das Geheimnis unserer armseligen, menschlichen Zusammenarbeit mit dem Wirken des Geistes in uns und durch uns in der Welt, die zwar gerettet ist, aber deren Heil jeden Tag neu gewirkt werden muß.

So hat Stock, der seinen Freunden während ihrer Gefangenschaft das Beste seines Priestertums und seines Selbst gegeben hat, auch als erster bei sich selber als Priester die Wirkungen der Gnade erfahren, die das Leben dieser Männer verwandelte.

„Er war Priester und nichts anderes" oder auch „er war Priester — Jesus Christus lebte in ihm", bezeugten später alle, die ihn gekannt hatten.

Einer von ihnen, der nicht wußte, wie er das Erlebnis des Übernatürlichen in der Person Franz Stocks bezeichnen sollte, erklärt: „Er war mehr als ein Priester.

Er war etwas über den Priester hinaus oder dem Prie=
ster voraus . . . Man spürte, daß er nicht irgendeinen
Dienst ausübte, daß er kein Funktionär des Priester=
tums war. Er war uns so nahe, und er brachte uns so
nahe zu Gott."

6. KAPITEL

Mitten in der Hölle
Geiseln werden erschossen

Wenn Stock nach seinem eigenen Eingeständnis sich in besonderer Weise mit d'Estienne d'Orves und seinen Kameraden befaßte, so vernachlässigte er trotzdem nicht die anderen Gefangenen, deren Lage nicht so tragisch war. Unter den in den ersten Monaten der Besatzungs= zeit verhafteten Gefangenen bildeten die Mitglieder des ausgehobenen Nachrichtendienstes nur eine kleine Zahl. Man verhaftete schnell in jener Zeit; zu den üb= lichen Verhaftungen aus allgemeinen Rechtsgründen kam die Jagd auf alle, die bereits früher oder jetzt den Nationalsozialismus ablehnten. Und diese Jagd lief bald auf Hochtouren. Man sperrte auch bald die ersten Schwarzhändler ein sowie jene, die sich nicht den zahl= reichen deutschen Verboten beugten, die von der Be= satzungsmacht in wachsender Anzahl für das ganze Gebiet erlassen wurden.

Zu diesen Anordnungen, die zahlreiche friedliche Franzosen ins Gefängnis brachten, zählte auch das Ver= bot der geheimen Überschreitung der Demarkations= linie.

An sich war dieses Delikt nicht schwerwiegend, aber die Folgen der Inhaftierung: das Leben in der Zelle und das unvermeidbare Durcheinander in den Gefängnissen,

die Unsicherheit des Schicksals, das den Opfern bevor=
stand, genügten, um sie unglücklich zu machen.

„Ich bin also hier, Sonntag, den 2. März 1941,
seit dem letzten Montag in diesem deutschen Gefängnis
von Cherche=Midi", schrieb Frau M. J. Hudault in ihr
Tagebuch. „Ich bin hier mit einer Fremden jüdischen
Glaubens eingeliefert worden, die mit mir in die freie
Zone fliehen wollte. Unser schlecht organisiertes Unter=
nehmen schlug fehl; es war doch an sich nichts Böses,
daß ich versucht habe, meiner kleinen Medith zu helfen,
bei der vor drei Tagen das vierte Kindlein angekom=
men war ... aber es hat nicht geklappt ... und nun
muß ich meine Strafe auf mich nehmen. Wie wird sie
ausfallen? Wie lange wird sie dauern?

Draußen herrscht herrlicher Sonnenschein, die Fen=
ster und Luken sind weit geöffnet, und wenn das
‚Haus‘ an diesem Sonntag sonst auch still ist, so hört
man doch von überallher bekannte französische Lieder
und einige Unterhaltungen von Zelle zu Zelle. Manch=
mal erdröhnt ein heftiges ‚Ruhe!‘. Das ist die Wache.
Ist sie vorbei, fängt's von neuem an. Die Jugend bleibt
selbst im Gefängnis Jugend, und der Franzose bleibt
auch Franzose! Typisch dafür jener kleine Priester aus
dem Pas=de=Calais. Als er aus dem Verhörraum heraus=
kam, machte er ein Zeichen, daß er noch viel kleiner
gemacht würde ... Er hatte ein Gnadengesuch einge=
reicht. — Das Milieu ist bunt gemischt. Neben jungen
einfachen Arbeitern sahen wir behäbige Familienväter,
Geistliche, einen Briefträger, einen Polizeioffizier, einen
Wachtmeister.

Wir sind zu viert in unserem Zimmer: Wir zwei an
der Demarkationslinie Aufgegriffenen tun uns für die
Verpflegung zusammen; wir sind die Wohlhabenden
dieser „Bande", aber wir sind bewußt ganz einfach und
fröhlich. Die dritte ist eine ‚Politische‘, eine junge kom=

munistische Frau, die verraten wurde und anderthalb
Jahre in dem Gefängnis La Roquette geblieben ist. Sie
wurde nach hier gebracht, weil man einen Revolver bei
ihr fand. Gestern haben ihr die Deutschen dafür zwei
Monate Strafe aufgeknallt. Sie ist ein sympathisches
Mädchen, energisch, quicklebendig, zuverlässig, selbst=
los, aus einer kleinbürgerlichen Familie (der Vater wurde
im Kriege getötet); durch ihre Heirat mit 17 Jahren mit
einem Arbeiter wurde sie vollständig für die ‚Sache‘ ge=
wonnen, für die sie eine tüchtige Vorkämpferin gewesen
sein muß. Sie glaubt in der Tat an eine bessere, durch
eine Revolution umgekrempelte Welt. Diese Revolution
dürfe ruhig blutig sein, sagt sie. Und danach gäbe es nie
mehr Krieg!

Die vierte, eine andere ‚Politische‘, kam ebenso aus
La Roquette, mit zwei anderen Gefangenen, die zur glei=
chen Zeit bei einer von ihnen verhaftet worden waren,
wo sich eine Verteilungsstelle für kommunistisches
Schrifttum befand. Diese arme vierte ist die Frau eines
Garagenhandwerkers; das Ehepaar hat drei Töchter im
Alter von zwölf bis achtzehn Jahren. Mann und Frau
wurden innerhalb einer Stunde in ihrer Wohnung ver=
haftet und abgeführt. Im Augenblick ist damit der ganze
Haushalt zerstört. Die Frau ist sauber, eine echte Mut=
ter und ganz besorgt um ihren Haushalt, in dem tadel=
lose Ordnung herrschen muß. Sie war in die Partei ein=
getreten, so hat man mir berichtet, angezogen von dem
Geist der Solidarität; sie hatte sich übrigens vor einigen
Monaten von ihr losgesagt.

Abends um sechs Uhr wurde eine dicke Frau, blond
wie der Weizen, von zwei Deutschen in unsere Bude ge=
stoßen, um unsere Kollektion zu vervollständigen. Fort=
während jammerte sie: ‚Oh, la, la, ich habe nichts ge=
macht, warum bringen sie mich denn hier herein?‘ Die
beiden Deutschen konnten mit ihr nicht fertig werden

und hätten sie beinahe verhauen. Dieses Exemplar eines verweichlichten Emporkömmlings wirkte so grotesk, daß wir wider Willen uns die Seiten vor Lachen hielten."

Nach mehreren Tagen Haft trug die Gefangene ein: „Infolge meiner seelischen Einsamkeit habe ich eine Stunde furchtbarer Niedergeschlagenheit durchgemacht, ich bete, ich bete . . . aber es ist hart.

Ich hatte am Dienstag gehört, daß jede Woche ein katholischer Priester käme. Ich habe um seinen Besuch gebeten. Die ‚Fräuleins‘, die uns im Augenblick bewachen, scheinen das nicht gut aufzunehmen. Das ist auch nicht verwunderlich. Auch da muß ich warten lernen. Und das ist mit am schwierigsten zu ertragen: diese totale Abhängigkeit von einer bösartigen, äußerst strengen Autorität . . ."

Die Gefangene hat schließlich ein Familienmitglied verständigen können, welches Abbé Stock benachrichtigte. Ohne Zögern machte der Geistliche den erbetenen und so sehr erwarteten Besuch.

Es ist der 28. März. „Ich erinnere mich an den ersten Besuch, den er uns machte. Er hat insgesamt eine Viertelstunde mit meinen Zimmergenossinnen gesprochen. Trotz der Glaubensunterschiede hat er zu allen mit Einfachheit und Güte geredet. Er war ihnen sehr sympathisch. Er hat einen tiefen Eindruck von Frieden und Hoffnung bei uns hinterlassen.

Mit wieviel Geschicklichkeit und Fingerspitzengefühl hat er mir nach diesem ersten Besuch eine Tafel Schokolade „von meinem Bruder natürlich", einem Rechtsanwalt, mitgebracht, der endlich mit ihm hatte Kontakt aufnehmen können. Die Tafel Schokolade stammte in Wirklichkeit aber von Abbé Stock (ich erfuhr es erst später). Ich teilte sie mit meinen Leidensgefährten. Wie kostbar war uns diese kleine Geste und dieser Zusatz zur Gefangenenkost . . ."

„Schokolade hat er im Laufe der Jahre seiner Ge=
fängnisseelsorge an die . . . zig Kilo in den Zellen aus=
geteilt", hat ein anderer Häftling aus Fresnes erzählt.
Das war schwierig und delikat, wenn es sich um Gefan=
gene handelte, die an ihrer Zellentür drei rote Kreuze
hatten. Ein Zeichen, daß sie unter knappster Verpfle=
gung und in vollständigem Schweigen gehalten wurden
und weder Besuche, Briefe, Bücher noch Pakete usw.
empfangen durften. Manchmal versuchte man, einen
solchen Gefangenen auszuhungern, um ihn zum Spre=
chen zu bringen. Mehr als einmal gelang es Abbé
Stock, diesen Gefangenen heimlich Nahrungsmittel zu=
zustecken, was, wie man sich denken kann, mit Lebens=
gefahr verbunden war.

Er kam immer in Soutane ins Gefängnis oder im
schwarzen Rock, wie ihn Geistliche trugen, seine
Aktentasche unterm Arm. Sehr oft machte er den Weg
von Paris nach Fresnes mit dem Fahrrad.

Die SS=Wachen, die ihn nicht ausstehen konnten,
spotteten, wenn er kam: „Da kommt mal wieder der
schwarze Rabe an!" Er tat aber, als höre oder verstehe
er nicht . . . und ging weiter. Die Gefängniswärter wa=
ren sich im klaren, daß Stock innerlich Angst hatte und
zitterte — die Rückentaschen in seiner Soutane enthiel=
ten Briefe und kleine Zettel. In seiner Aktentasche hatte
er Papier, Bleistifte, einige Tafeln Schokolade oder sogar
manchmal wichtige Päckchen mit Lebensmitteln oder
Bekleidungsstücken.

Seine Schwester Franziska und seine Pfarrhelferin,
Fräulein Berlinghof, erhielten in der Tat viel Besuch
von Frauen, Gattinnen, Eltern oder Freunden der Häft=
linge. Sie waren erfinderisch beim Verpacken der
Pakete, in denen sie geschickt Nachrichten versteckten,
welche die Familien ihnen anvertraut hatten.

Indessen, wenn es eben möglich war, überbrachte

Franz Stock die Aufträge immer mündlich; das Risiko war dann für den Gefangenen, seine Angehörigen und für ihn selbst weniger groß. Aber er wußte auch, wel= cher Trost für einen Gefangenen das geschriebene Wort der Frau, des Gatten, einer Mutter oder eines Kindes war und wieviel Freude und Trost die geschriebene Ant= wort eines Gefangenen den Angehörigen schenkte, die unruhig und ungeduldig in der Rue Lhomond auf die Rückkehr des Gefängnispfarrers warteten.

Durch Franz Stock wurden Familienbande wieder neu geknüpft, die durch die Verhaftungen so brutal unter= brochen waren; ein wenig Stärkung und Hoffnung drangen selbst durch die dicken Gefängnismauern in die Zellen, ein wenig Glück in die Herzen der Lei= denden. Ohne Stock hätte es oft nur schweres und drückendes Schweigen gegeben. Dank seiner Hilfe konnten manche Gefangene sich vor dem Richter mit Erfolg verteidigen, fanden von außen Unterstützung, Rat, Licht — wie Graf Jean de Pange, der in La Santé eingesperrt war.

„Mein Gatte wurde am Freitag, dem 16. Mai 1941, gegen 10 Uhr vormittags verhaftet und sofort nach La Santé gebracht", hat Frau de Pange erzählt.

„Unverzüglich unternahm ich alle Schritte, um Ver= bindung mit dem Gefängnispfarrer zu erhalten. Ein französischer Priester, Abbé Huet, riet mir, Abbé Stock aufzusuchen und gab mir seine Adresse in der Rue Lhomond; das habe ich seit Sonntag, dem 18. Mai, getan.

Ich notiere in mein Tagebuch, wie Abbé Stock mich in seinem kleinen Wohn= und Arbeitszimmer empfängt. Man kommt über eine kleine Holztreppe dorthin. Er ist fast immer im ‚Römer' und trägt einen niedrigen, stei= fen, sehr sauberen Kragen. Er empfängt mich freundlich und flößt mir sofort mit der Bemerkung Vertrauen ein, daß er Jean de Pange bereits in der National=Bibliothek

begegnet sei und sein Buch über Goethe im Elsaß ge=
lesen habe. Er verspricht mir, ihn am nächsten Montag=
morgen in La Santé zu besuchen und mir am Abend
davon zu berichten, wobei er mir größte Verschwiegen=
heit auferlegt.

Als ich am folgenden Morgen Lebensmittel ins Ge=
fängnis trage, begegne ich dort Stock. Ich tue so, als
ob ich ihn nicht kenne. Er gibt mir ein kleines Zeichen,
um mir Mut zu machen. Am Abend treffe ich ihn in der
Rue Lhomond. Er gibt mir ausführlich Nachricht über
meinen Mann, den er lange sprechen konnte. Jean bit=
tet um eine Bibel und eine Goethe=Ausgabe, die ich ihm
morgen bringen werde. So treffe ich Abbé Stock meh=
rere Wochen lang alle zwei bis drei Tage, und er hält
meinen Gatten auf dem laufenden über die zahlreichen
Bemühungen um seine Freilassung. Das ist für mich ein
großer Trost, denn mein Mann darf meine Briefe nicht
empfangen, und ich bekomme keine Erlaubnis, ihn zu
sprechen. Abbé Stock verhehlt mir nicht, daß seine
Sache schlecht steht.

Anfang Juli tritt ein besonderes Ereignis ein, das ich
hier nach meinen Tagebuch=Notizen wiedergebe:

Freitag, den 11. Juli.

Ein vom Schicksal gezeichneter Tag. Ich bringe mei=
nen Brief selbst zum Büro der Gestapo (in der Avenue
Foch). Man läßt mich bis zur ersten Etage hochkom=
men, das ist ungewöhnlich. Ich warte. Eine Sekretärin
kommt, um mit mir zu sprechen. Es ist nicht jene,
die ich gewöhnlich sehe. Man bringt mir zwei Briefe
von Jean. Ich frage, wann ich ihn endlich sehen darf.
Sie gibt mir eine ausweichende Antwort, dann sagt sie
mir plötzlich: ‚Wenn Sie Ihren Gatten noch nicht ge=
sehen haben, dann deswegen, weil er eine Unterschrift
verweigert . . .‘ Angesichts dieser unerwarteten Enthül=
lung bemühe ich mich, die Unterhaltung hinzuziehen,

um mehr zu erfahren. Jean weigert sich, eine Erklärung zu unterschreiben, die, wie er sagt, gegen sein Gewissen ist. Man bedeutet mir, ‚daß ich vielleicht meinen Einfluß ausüben könne, da es sich nur darum handelt, daß er sich verpflichtet, nichts gegen Deutschland zu unter=nehmen'. Ich bestreite, daß es sich nur darum handeln könne, denn dann würde mein Mann ohne Gewissens=bisse sofort unterschreiben, da er im Augenblick keine Absicht habe, gegen Deutschland etwas zu tun (zu die=sem Zeitpunkt gehörte mein Mann noch nicht der Wi=derstandsbewegung an, die gerade dabei war, sich zu organisieren).

Ich bitte um den Text jener fraglichen Erklärung, den ich kennen muß, bevor ich meinen Einfluß geltend ma=chen kann. Zu meiner Überraschung antwortet sie, daß sie sich informieren will, und verlangt meine Telefon=nummer. Während dieser ganzen eigenartigen Unter=haltung kommen mir zwei literarische Erinnerungen. Eine entzückende kleine schwarze Katze streicht durch das Zimmer und springt auf meine Knie: Sie läßt mich an den schwarzen Pudel in Goethes Faust denken. An=dererseits beeindruckt mich die Ähnlichkeit meiner Situation mit der der Pauline im ‚Polyeucte' ...

Ich besuche den Rechtsanwalt K., der mit großem Ernst meinem Bericht zuhört. Er sagt mir, daß er ähn=liche Fälle aus Elsaß=Lothringen kennt. Man behandelt Jean also wie einen Lothringer.

Am Sonntag, 13. Juli, um 6 Uhr, besuche ich Abbé Stock und unterrichte ihn. Bewegendes Gespräch. Er verspricht mir absolutes Stillschweigen und seine Hilfe. Er wird Jean morgen sehen.

Am Dienstag, 15. Juli, 6.30 Uhr, bin ich bei Abbé Stock. Er hat Jean am Morgen besucht, und Jean hat ihm sofort von der Unterschrift erzählt, die er ver=weigert. Ohne diese Ablehnung wäre er frei, aber er glaubt, daß der Text gegen sein Gewissen ist. Abbé Stock macht mir keine sehr genauen Angaben über den Text, sagt nur, daß es eine typisch deutsche Formulie= rung sei, die den französischen Geist schockiere. Es scheint ihm indessen, daß man mit einer kleinen Ab= änderung zu einer Einigung kommen könne. Der Rat des Paters Lebreton sei wertvoll in diesem schwierigen Falle.

Ich werde mich bemühen, P. Lebreton dazu zu brin= gen, daß er Abbé Stock aufsucht. Er wird ihn allein sprechen. Abbé Stock wird nur Mittelsperson zwischen Jean und seinem Gewissensführer sein. Ich spreche lange mit Abbé Stock, der mich sehr aufrichtet. Er ist wirklich eine hochherzige, tiefchristliche Seele und hat in dieser Zeit eine bewunderungswürdige Aufgabe. Er be= schreibt mir mit Empörung die furchtbaren Leiden, die er täglich sieht und zu lindern versucht. Ich werde mich mit P. Lebreton verabreden.

Sonntag, 20. Juli: Ich telefoniere seit 8 Uhr mit den ,Etudes', und P. Lebreton antwortet selbst. Ich suche ihn 2 Stunden später auf und unterrichte ihn bis ins kleinste über die Lage. Er hört mir mit großer Auf= merksamkeit zu, billigt alles, was ich getan habe, ver= spricht mir, Abbé Stock am frühen Nachmittag auf= zusuchen und mir mitzuteilen, was beschlossen wor= den ist.

Um 15.30 Uhr kommt P. Lebreton. Er sagt mir so= gleich, daß er mir nur einen Teil des Gespräches wie= derholen kann, da das andere in gewisser Hinsicht Beichtgeheimnis sei. Die Erklärung, zu der die Jean seine Unterschrift verweigert, umfaßt zwei Teile. Einen, der notfalls annehmbar wäre, da es sich nur darum han= delt, Stillschweigen zu bewahren über alles, was inner= halb des Gefängnisses gesagt oder getan wurde, und nichts gegen Deutschland zu unternehmen. Dies ist eine

negative Verpflichtung, die (in dieser Zeit des auf=
gezwungenen Waffenstillstandes) nicht gegen die Ehre
verstößt.

Aber die zweite Hälfte ist unzumutbar. Jean kann
nicht anerkennen, daß seine Verhaftung gerechtfertigt
ist, daß er seine Freilassung der Milde der deutschen
Behörden verdankt und daß er, falls sein Verhalten An=
laß zu neuem Verdacht gibt, die schwersten Strafen zu
erwarten hat. Das hieße sich selbst anklagen und für
schuldig erklären. Eine derartige Erklärung ist gefähr=
lich und geht gegen das Gewissen, weil sie nicht der
Wahrheit entspricht. Der Rat von Pater Lebreton ist
eindeutig: Jean darf das nicht unterschreiben.

Abbé Stock hat versprochen, diesen Rat zu übermit=
teln. Was werden die Deutschen unternehmen, um die=
sen Widerstand zu brechen? P. Lebreton sagt mir: ,Sie
dürfen ganz sicher sein, daß man schon Druckmittel an=
gewandt hat!' Vielleicht weiß Abbé Stock etwas mehr,
was er mir nicht zu sagen wagt? Ich muß alles befürch=
ten.

So endet diese seltsame Geschichte von der verweiger=
ten Unterschrift: Jean bleibt noch lange Monate im Ge=
fängnis und wird zu den Geiseln gerechnet. Um mit Abbé
Stock in Verbindung zu bleiben, bemühe ich mich, ihm
bei seinen wissenschaftlichen Arbeiten zu helfen, die
er mitten in diesen schrecklichen Stunden fortführt.

Wir haben einen Geheimschlüssel für das Telefon.
Wenn er mir sagt, daß er ,neue Dokumente gefunden
hat', weiß ich, daß er mir etwas sagen will und daß
ich ihn besuchen muß.

Die Nachforschungen, die ich für ihn in der National=
Bibliothek gemacht habe, die er aus Zeitmangel nicht
aufsuchen konnte, betrafen zuerst einen gewissen Abbé
Axinger, der im Jahre 1830 die erste deutsche Mission
in Paris gegründet hat.

Ich leihe ihm auch Bücher. Das Buch von M. de Falloux über Madame Swetchine und das über Msgr. Ollivier, Bischof von Evreux, das ich von Broglie besorgte.

Abbé Stock interessiert sich auch für das Leben von Msgr. de Quélen, das er gern schreiben möchte.

Als der Sohn des Grafen Robert d'Harcourt festgenommen wird und in Gefahr ist, erschossen zu werden, gehe ich auch für diesen Fall als Vermittler zu Abbé Stock. Abbé Stock wagt selber nicht, Robert d'Harcourt aufzusuchen, der sich verborgen hält und sehr gefährdet ist.

Nach und nach bin ich dazu gekommen, mich noch mit weiteren Angelegenheiten zu befassen. Deshalb besuche ich nun unter dem Vorwand wissenschaftlicher Arbeiten fast täglich Abbé Stock.

Einem Jesuitenpater, P. Valton, der verhaftet wurde, lasse ich durch Abbé Stock Wäsche und Lebensmittel zugehen.

Ich gebe Abbé Stock den Text des schönen Gebetes von Abbé Perreyve, den er nicht kennt, und leihe ihm auch seine Briefe. Abbé Stock läßt dieses Gebet von den Gefangenen, die der heiligen Messe beiwohnen, vorbeten.

Aber ich werde selbst verdächtigt und überwacht infolge einer Denunzierung von Professor Epting, den ich vor dem Kriege kennenlernte und der meine Einstellung dem Hitler=Regime gegenüber sehr wohl kannte.

Ich wage es nicht mehr, Abbé Stock zu besuchen, mein Gatte ist zur Festung Romainville gebracht worden. Dort kommt er heraus und wird ebenso wie ich befreit. Das ist fast wie ein Wunder. Wir haben es beide ohne Zögern dem Gebet Abbé Stocks zugeschrieben.

Franz Stock aber war angewidert von den immer unmenschlicher werdenden Polizeimethoden seines Landes; in seiner Sorge, allen Opfern des Nazi=Terrors wirksam zu helfen, ging er immer weiter, selbst so weit, daß er hart an der Grenze war aufzufallen, wie Joseph Folliet schrieb.

Er wartet in Zukunft nicht mehr lange ab, wie man am besten helfen kann, sondern packt sofort alle Gelegenheiten beim Schopf, die die göttliche Vorsehung anbietet, ohne jedoch jemals die notwendige Klugheit und Vorsicht außer acht zu lassen, die für den Erfolg seiner Unternehmungen nötig sind.

Sein Amt als Rektor der deutschen Gemeinde von Paris erleichtert ihm diese Aufgabe wesentlich; denn obwohl seine Tage in den Gefängnissen schon reichlich ausgefüllt sind, führt er seine seelsorgliche Arbeit in der Gemeinde weiter.

Da sind zunächst die Sonntagsmessen in der Heimkapelle Rue Lhomond und ab 1942 in St. Joseph, Avenue Hoche. Stock macht dabei sehr schnell die Bekanntschaft zahlreicher deutscher Offiziere, die überzeugte Katholiken sind, zur Kommunion gehen und ihm manchmal die Messe dienen.

Fräulein Berlinghof berichtet:

„Die Wehrmachtsangehörigen — es waren auch einige zivile Verwaltungsangestellte darunter — trafen sich jeden Donnerstag in der Rue Lhomond. Der Abend begann mit einer kurzen Andacht in der Heimkapelle, daran anschließend war ein Vortrag im Saal, zwanglose Unterhaltung usw. — An den Sonntagen machten wir öfters Ausflüge in die nähere Umgebung von Paris, oder wir besichtigten die Sehenswürdigkeiten von Paris, wie Louvre, Katakomben, Kirchen etc. Ausflüge und Besichtigungen wurden jeweils am Donnerstag zuvor bekanntgegeben. Ab 1944 wurden Ausflüge und Besichtigungen eingestellt, da es infolge der Häufung von Attentaten nicht ratsam war, in Gruppen auszugehen."

Nach und nach, im Laufe der Unterhaltungen, bei den vertraulichen Mitteilungen, die er empfängt, schließt Stock Freundschaft mit manchen Soldaten, Offizieren oder Angehörigen der Besatzungsbehörde. Schon bald kennt er ihre politische Einstellung. Er wendet sich immer wieder, sobald es notwendig ist, an diese seine Vertrauten, wobei er aber stets gewissenhaft aufpaßt, daß er sie nicht in Gefahr bringt und ihnen damit schadet. So erhält er gute Ratschläge für die Gefangenen, wird manchmal über die Absichten des Gerichtes im Hinblick auf diesen oder jenen frühzeitig informiert, so daß er die Betreffenden rechtzeitig warnen kann.

Niemand kann sagen, wie viele dramatische Ereig=nisse Abbé Stock mit Hilfe seiner Freunde abgewendet hat, niemand kann die unzähligen kleinen Dienste, die er ganzen Familien geleistet hat, aufzählen und ange=ben, wie viele neue Verhaftungen er verhindert hat. Viele Nutznießer seiner Tätigkeit, die heute noch leben, ahnten es damals nicht einmal und werden es niemals erfahren, da Franz Stock mit größter Verschwiegenheit und Klugheit handeln mußte.

Manchmal, wenn er sich der Personen, an die er sich wandte, ganz sicher war, ging er offener vor und zog sie sogar in sein Vertrauen.

Das war der Fall bei Roger Bertrand, der dem Ver=fasser dieses Buches selbst seine Begegnung mit Abbé Stock erzählt hat:

„Seit dem 23. Januar 1941 war ich im Gefängnis von Cherche=Midi. Einige Tage nach meiner Verhaftung, ich war in strenger Einzelhaft, brachte mir der erste Besuch von Abbé Stock nach den harten nervenaufrei=benden Verhören die erste angenehme Ablenkung. Einige Augenblicke stand ich noch zögernd vor diesem Priester, der ja auch ein Deutscher war; aber ich spürte instinktiv sehr bald in seiner Haltung das ganze Mit=

gefühl, das er mir, dem Gefangenen, entgegenbrachte. Daraufhin habe ich mich ihm voll und ganz anvertraut, zumal als er auf meine Bitte, mir die Beichte abzuneh= men, bemerkte, daß ich nicht von jenen Taten zu spre= chen brauche, die zu meiner Verhaftung geführt hätten.

Von da an besuchte mich Abbé Stock regelmäßig. Seine Worte voll Hoffnung und Trost, die Nachrichten von meiner Frau, die Pakete mit Nahrungsmitteln und Büchern, die er mit all den Risiken, die für ihn damit verbunden waren, zu mir hereinschmuggelte, gaben mir die notwendige Kraft, dem seelischen und physischen Druck standzuhalten, dem ich ausgesetzt war.

Als ich in der entscheidenden Gerichtsverhandlung vor dem Kriegsgericht stand, ließ Abbé Stock einen sei= ner Freunde, den Pfarrer Hofer, der von seiner Dienst= stellung her in dauerndem Kontakt mit dem General= stab und General von Stülpnagel stand, für mich inter= venieren.

Die Vermittlungsversuche von Abbé Stock und Pfar= rer Hofer waren von Erfolg gekrönt, und schließlich wurde die für mich beantragte Todesstrafe auf zehn Jahre Zwangsarbeit herabgesetzt.

Mein ganzes Leben lang werde ich die Erinnerung an Abbé Stock, diesen verschwiegenen, mutigen Mann, der vor allem Priester war, bewahren. Ohne jemals von sich aus den Gefangenen religiösen Beistand unmittel= bar anzutragen, war er indessen sofort bereit, ihn zu ge= währen, sobald nur der leiseste Wunsch geäußert wurde; er hat auf diese Weise viele Gefangene zu Gott zurückgeführt, die sich in ihrem Leben von ihm ent= fernt hatten. Die schreckliche Einsamkeit ihrer Gefäng= niszellen und manchmal auch die Nähe des Todes tru= gen dazu bei, daß sich die Gefangenen und Verurteilten wieder dem Glauben ihrer Kindheit zuwandten.

Wahrscheinlich hat Abbé Stock auch d'Estienne

d'Orves mit Pfarrer Hofer bekannt gemacht, denn in seinem letzten Brief an seinen Seelsorger bittet der Verurteilte, auch jenem seine Grüße auszurichten. Pfarrer Hofer war Österreicher von Geburt und hatte im Franziskanerkloster von Erzeroum seine Ausbildung bekommen. Nach der Priesterweihe war er lange in Rom im Dienste des Vatikans, dann war er Militärpfarrer in der österreichischen Armee geworden. Nach dem Anschluß Österreichs ans Reich hatte er seine Tätigkeit in der Militärseelsorge auch bei der deutschen Wehrmacht beibehalten; nach dem Waffenstillstand von 1940 wurde er zum obersten Pfarrer der Besatzungstruppen in Frankreich ernannt.

Durch seine Tätigkeit hatte Pfarrer Hofer Verbindungen zu Offizieren höchster Dienstgrade. Die Eindrücke und Kenntnisse, die ihm diese Kontakte vermittelten, und die Nachrichten, die er von den verschiedensten ihm unterstehenden Militärpfarrern erhielt, enthüllten ihm, der, genau wie Franz Stock, vor allem Priester war, bald den satanischen Charakter jenes Regimes, das sein Heimatland, Deutschland und einen großen Teil Europas unterdrückte. So wurde auch Pfarrer Hofer Mitglied einer österreichischen Widerstandsbewegung, die gegen die Nazis kämpfte.

Er hatte weniger Glück als Abbé Stock, der sein Amt bis zum Ende der deutschen Besatzung durchführen konnte. Pfarrer Hofer wurde Anfang 1944 seines Amtes enthoben und nach Danzig strafversetzt."

In der Zeit, als es Abbé Stock und Pfarrer Hofer gelang, durch ihre Vermittlung Roger Bertrand das Leben zu retten, herrschte in den Pariser Gefängnissen ein ausgesprochenes Schreckensregiment. Jean de Pange hat in seinem Buche: „Meine Gefängniszeit — Tagebuchblätter" über die Ereignisse des Oktober 1941 berichtet. Abbé Stock war es, der Blatt für Blatt die Seiten dieses Tagebuches aus dem Gefängnis geschmuggelt und Frau de Pange anvertraut hat.

„Mittwoch, 22. Oktober.

Meine Ahnungen haben mich nicht getäuscht. Als Lütger heute morgen vor meiner Zelle seinen Wagen mit den Wasserkrügen anhielt und meinen Krug herunternahm, sagte er: ,Wissen Sie das Neueste? Der Standortkommandant von Nantes ist gestern ermordet worden, und wenn man bis morgen abend nicht die Schuldigen gefunden hat, werden hundert Geiseln erschossen.' Als ich zum Friseur Guinsburg runterkam, um mir die Haare schneiden zu lassen, bestätigte er mir diese Nachricht.

Bald darauf wurde ich gerufen, um ein Paket Lebensmittel und Zeitungen zu empfangen. Letztere wurden mir aber von einem Unteroffizier wieder abgenommen mit der Bemerkung, heute dürfe niemand Zeitung lesen. Ohne Zweifel wollte man den Gefangenen das drohende Unheil nicht enthüllen, das über ihnen schwebte.

Es gelang mir jedoch, einen kurzen Blick in die Zeitung zu werfen, bevor ich sie ihm herausrückte. Ich sah eine schwarz umrandete Bekanntmachung; der Befehl zur Erschießung von fünfzig Geiseln war bereits gegeben. Man würde noch weitere fünfzig erschießen, wenn bis morgen mitternacht die Schuldigen nicht gefunden seien. Diese Nachricht, die man uns offensichtlich durch das Zeitungs= und Besuchsverbot verheimlichen wollte, ging von Mund zu Mund. Leute, die Verbindungen zu den Schreibstuben der Divisionskommandeure und zur Gefängnisverwaltung haben, bringen weitere Nachrichten. Die ersten fünfzig Geiseln sollen bereits erschossen sein. Die nächsten fünfzig sollen übermorgen bestimmt werden. Man muß die Listen vorbereiten, und jeder Gefängniskommandant versucht, seine Gefangenen zu verteidigen.

Donnerstag, 23. Oktober.

Um 9.30 Uhr werde ich gerufen, um mich für die Kapelle fertig zu machen. Abbé Stock sagt mir, daß der Kommandant des Gefängnisses, Wilkie, hofft, keine Geiseln stellen zu müssen. Aber wenn man erst fünfzig für jeden ermordeten Deutschen nimmt — und dann droht, hundert zu nehmen — wird dann nicht jeder von uns drankommen?

Ich bete mit Sch. bei der Messe die Antworten. Er sagt mir beim Hinausgehen, welches Glück er darüber empfunden hat, daß er sich mitten in jener leidenden Kirche weiß, deren Schmerzen er alle teilen will. Mehrere Mitglieder der kommunistischen Jugend wohnen der Messe bei.

Kurz vor fünf Uhr steige ich die Treppen hinunter, um im Gefängnishof die Runden zu gehen. Hauptmann Muñoz sagt mir dabei, daß es während des spanischen Bürgerkrieges zwar Morde auf beiden Seiten gab, aber keine Geiselerschießungen. Er hätte es sonst gewußt, denn er war Chef der Sicherheitspolizei.

Einer der Kalfakter hat ,Paris=Midi' von heute mit der Liste der Geiseln, die gestern abend erschossen wurden. Unter ihnen sind fünf meiner Kameraden von Romainville. Der Tod ist in meine Gefängniszelle dort gekommen, wenige Tage, nachdem ich sie verlassen hatte.

Sie sind zum Mont Valérien gebracht worden. Der Festungskommandant hat ihnen den Befehl verlesen, in dem sie als Geiseln bezeichnet wurden. Er wollte sie anschließend sofort erschießen lassen, und Abbé Stock hat mit großer Mühe eine halbe Stunde Zeit erhalten, um sie auf den Tod vorzubereiten.

Sie haben sehr energisch protestiert. Aber nichts ist unerbittlicher als Militärs, die den Auftrag haben, einen Befehl auszuführen.

Abbé Stock hat sie in die kleine nicht mehr benutzte

Kapelle geführt, die am Anfang des Wäldchens liegt, und dort ihre letzten Wünsche entgegengenommen. Um ihnen die Möglichkeit zu geben, ihren Familien zu schreiben, hat er von seinem Notizblock ein Blatt ab= gerissen. Darauf haben sie der Reihe nach ihre Ab= schiedsgrüße niedergeschrieben. Die meines Zellen= gefährten Caldecott sind mit fester Hand geschrieben: ‚Liebe Eltern! Das ist mein letzter Brief! Ich werde in wenigen Minuten als Geisel erschossen werden; ich habe Euch noch nie so sehr geliebt wie jetzt, und ich denke an Euren Schmerz. Ich war unschuldig. Ich um= arme Euch ein letztes Mal von ganzem Herzen. Es lebe Frankreich!

Helft der Frau von Hévin, ihr Kind zu erziehen! Danke. Adieu!'

‚Ich war unschuldig . . .' Waren sie es nicht alle? Ist ihre Erschießung nicht deshalb so grausig, weil sie wegen nichts angeklagt waren? Nach altem heidnischem Brauch mußte man Gefangene opfern, damit sie dem toten Häuptling ins Grab folgten.

Das ist bezeichnend für die Partei. Die Gestapo allein ist verantwortlich für diese Verbrechen.

Freitag, 24. Oktober.

Ich gehe in den Hof, wo sich mir Sch. einen Augen= blick später anschließt. Vorsichtig zeigt er mir den ‚Matin' von heute. Er enthält eine neue Bekannt= machung des Militärbefehlshabers. Darin wird mit= geteilt, daß im Morgengrauen des 21. Oktober, am Tage nach dem Verbrechen von Nantes, ‚feige Mörder, die im Solde Englands und Moskaus stehen', einen Offizier in Bordeaux getötet haben.

‚Als erste Gegenmaßnahme habe ich nochmals die Er= schießung von fünfzig Geiseln angeordnet. Wenn die Mörder nicht bis Mitternacht des 26. Oktober ergriffen sind, werden weitere fünfzig Geiseln erschossen.' Diese

Massaker verdoppeln die von Nantes. Man ist daran, einen Märtyrerkult geradezu herauszufordern.

Man spürt in diesem dramatischen Geschehen die ganze Unerbittlichkeit des Schicksals. Aber ist das wirklich noch ein Offizier, der kaltblütig diese Schlächterei befohlen hat?

Nach meiner Entlassung aus dem Gefängnis habe ich nicht aufgehört, nach genaueren Angaben zu suchen. Ich habe den Beweis dafür erhalten, daß der Befehl, hundert Geiseln zu erschießen, dem General von Stülpnagel um 10 Uhr abends zugegangen war. Obwohl Protestant, schickte er sofort zum katholischen Militärpfarrer (Hofer), einem Mann, dem er seine Gewissenskonflikte anvertrauen konnte. Er hat ihn bis morgens 2 Uhr bei sich behalten. Er wollte Offizier, Edelmann sein und nicht ein Mörder. Aber der Befehl kam von der Partei, vermutlich von Hitler selbst . . .[25]."

Abbé Stock wurde sehr schnell in den Gefängnissen bekannt. Die Gefangenen erzählten sich von Zelle zu Zelle die Hilfen, die er leistete, und berichteten einander von der seelischen Stärkung, die er ihnen brachte. Immer häufiger forderten sie seinen Besuch.

Jedoch der Haß gegen den Deutschen war in manchem Herzen so tief, besonders dann, wenn er sich mit dem Haß gegen den Priester verband, daß er manchmal auch Franz Stock entgegenschlug und ihn in seiner sehr empfindlichen Seele tief verletzte. Abbé Jean Pihan, der in Fresnes eingesperrt war, erzählte: „Er (Stock) mußte, wenn er die Gefangenen ansprach, sich zunächst von ihnen verzeihen lassen, daß er Deutscher war, und er durfte dies nicht einmal aussprechen. Unglaubliche Geschichten vom Bruch des Beichtgeheimnisses kursierten in den Zellen, und mehr als einmal wurde er brutal, aber verständlicherweise mit den Worten abgewiesen: Niemals werde ich einem Boche beichten."

Wegen dieses Mißtrauens, das er als Deutscher erregte und das ihm von den ersten Gefängnisbesuchen an entgegenschlug, versuchte Abbé Stock niemals den Gefangenen vertrauliche Mitteilungen über die Gründe ihrer Verhaftung zu entlocken. Selbst bei der Entgegennahme des Sündenbekenntnisses war er in diesem Punkte äußerst zurückhaltend, obwohl dieses eigentlich doch schon durch das unverletzliche Beichtsiegel geschützt war.

Roger Bertrand lieferte uns bereits in dem bisher Berichteten einen Beweis dafür, ein anderer Gefangener von Cherche=Midi und Fresnes, Jean Poutiers, genannt „Jacky", gibt uns ein weiteres ergreifendes Beispiel.

„Am 28. März 1941 verhaftet, wurde ich ins Gefängnis Cherche=Midi gebracht, wo die Verhöre unmittelbar begannen, um zehn abscheuliche Tage hindurch anzuhalten.

Ich war in einer Zelle der zweiten Etage (49 oder 50), in einer Ecke des Gebäudes, an der Hofseite.

Sobald mein linker Zellennachbar (eine besonders finstere Zelle) mit mir Kontakt aufnehmen konnte, tat er es, um ,Bekanntschaft zu machen'. Dieser Nachbar war kein anderer als Honoré d'Estienne d'Orves, genannt Jean=Pierre.

Sehr schnell, das heißt nach wenigen Tagen, fragte er mich, ob ich die Hilfe des Pfarrers wünsche. Als ich es ablehnte, einen deutschen Priester zu sehen, versicherte er mir, daß dieser Priester zwar ein Deutscher, aber vor allem ein außerordentlicher Mensch sei und daß ich stets um seinen Besuch bitten könne.

Nach der anstrengenden Periode der Verhöre fühlte ich mich ein wenig entspannter. Ich sprach dem wachhabenden deutschen Feldwebel gegenüber die Bitte nach dem ,Pfarrer' aus.

Auf diese Art und Weise habe ich die Bekanntschaft

von Abbé Stock gemacht, und damit begann eine Freundschaft über alle menschlichen und zeitlichen Grenzen hinweg.

Unsere erste Begegnung dauerte nur eine Viertel=stunde und war lediglich eine einfache Unterredung zwischen zwei Männern. Der eine war Gefangener, der andere ein Mann in Soutane und nicht in Uniform, was mir von vornherein außerordentlich angenehm war. Das ist die einzige Erinnerung, die ich an jene erste Begeg=nung habe.

Zwei oder drei Wochen später kam Abbé Stock, mich in meiner Einsamkeit zu besuchen. Wir haben mit=einander geplaudert, ohne daß Stock mir die Hilfen der Religion, Beichte und Kommunion anbot. Dann sagte er mir, daß er vom Gericht die Erlaubnis erhalten habe, mir ein Buch für 14 Tage zu leihen!... Welche Freude, endlich auch eine geistige Nahrung zu bekom=men, und was für ein Buch!: Die Geschichte der Bekeh=rung Huysmans... Ich habe dieses Werk gelesen, wieder gelesen und überdacht, und als Stock kam, um es wieder abzuholen, haben wir lange darüber ge=sprochen.

Bei einem der nächsten Besuche bat ich um die Kom=munion. Aber es war mir außerordentlich peinlich, in der Beichte einige Dinge zu bekennen, die dem Militär=gericht unbekannt waren und mit meiner Verhaftung zusammenhingen. Doch Abbé Stock sagte mir von sich aus:

‚Es ist möglich, daß Sie einige Dinge als Gefangener nicht sagen möchten, die unmittelbar Ihr Verfahren betreffen. Denken Sie daran, ohne mir ein Wort davon zu sagen. Ich bin sicher, daß Gott Sie hören und Ihnen auch diese Sünden verzeihen wird.'

Welches Feingefühl! Welches überlegene Verständnis menschlicher Probleme!

Ich galt in dieser Zeit als ‚Terrorist', mit drei roten Kreuzen auf der Zellentür als ‚besonders gefährlich'. Ich hatte darum auch kein Recht auf Besuch, Pakete, Lektüre usw. . . . Nur die Erlaubnis zu rauchen war mir zugebilligt, aber ich hatte damals nur wenig Geld! Um die Zeit totzuschlagen, machte ich mir wenigstens mit den Fingern etwas zu tun: ich machte mit Hilfe einer Nadel Gebilde aus abgebrannten Streichhölzern. Ich habe so zahlreiche Leidensgefährten mit kleinen Kreu= zen versorgt. Auf meinem Tisch hatte ich ein größeres, das Abbé Stock gesegnet hat.

Vor diesem Kreuz hat unser Pfarrer mit seinem Altarstein für mich allein in der Zelle eine Messe mit Kommunion gefeiert. Ich konnte dieser Messe in dem Meßbuch der christlichen Arbeiterjugend folgen. Der Pfarrer hatte die Erlaubnis, es mir zu geben. Diese Meßfeier war gewiß die ergreifendste meines Lebens und hat mich tief beeindruckt.

Obwohl ich, wie ich schon gesagt habe, keine Bücher (selbst nicht die aus der Gefängnisbücherei!) empfan= gen durfte, erhielt ich doch von Abbé Stock eine voll= ständige deutsche Grammatik: ‚Ich habe dem Gericht gesagt', erzählte er mir, ‚wenn Sie die deutsche Sprache lernen würden, würden Sie auch Deutschland besser kennenlernen und dann nicht mehr gegen dieses Land zu kämpfen versuchen.'

Diese unglaubliche Bitte wurde angenommen, und der Pfarrer fügte hinzu: ‚Jedenfalls ist es eine Beschäfti= gung für Sie, und Sie dürfen dies Buch behalten, das ich Ihnen schenke.'

(Ich muß hinzufügen, daß augenblicklich zwei von meinen Kindern, die Deutsch lernen, die Grammatik aus diesem Buch lernen, das Abbé Stock mir gab.)

Abbé Stock hat mir auch vielleicht dadurch, daß er mir dieses Buch besorgte, das Leben gerettet. Denn für die

Mitglieder des Kriegsgerichtes, das mich am 13. August 1941 zum Tode verurteilte, verstand und begriff ich kein deutsches Wort. Also war auch die Übersetzung durch einen Dolmetscher unerläßlich.

Durch diesen Umstand war ich in der Lage — da ich ja die Frage, die in deutscher Sprache gestellt war, verstand — in den Sekunden, die die Übersetzung dauerte, meine Antwort vorzubereiten und für den Dolmetscher sofort so zu formulieren, daß sie einen Akzent der Aufrichtigkeit und Wahrheit erhielt, die das Gericht beeindruckte.

Abbé Stock besuchte mich ungefähr zweimal im Monat, manchmal noch öfter, und unsere Unterhaltungen erstreckten sich auf alle Gebiete, sowohl religiöser wie philosophischer als auch militärischer Natur (es handelte sich um die Neuigkeiten, die wir für unser ‚Radio Cherche-Midi' brauchten.)

Er war ein Mann, der das Gespräch über jeden Gegenstand aufnahm, da er der Meinung war, daß sein Apostolat bei den Gefangenen vor allem darin bestand, sie in ihren Leiden zu trösten, besonders in dem seelischen Leid, gegen das auch der stärkste Mann völlig wehrlos ist.

Manchmal öffnete auch er, der gewöhnlich so zurückhaltend war, sein Herz. Dann konnte man die Tiefe seines Leides ermessen, das er angesichts des ganzen Elendes empfand, dessen Zeuge er täglich war.

Im Dezember 1941 (gegen den 10. oder 11.) wurde eine Gruppe von ungefähr zwölf Bretonen erschossen, und Abbé Stock stand ihnen bis zum letzten Augenblick bei.

Am folgenden Morgen besuchte er mich. Er setzte sich auf meinen Hocker, nahm seinen Kopf in die Hände und sagte mir, vollkommen niedergeschlagen: ‚Mein Gott, wie entsetzlich sind die Menschen! Wie schlecht sind die Menschen! . . . Wie weit geht die Grausamkeit? . . .

Gestern wurden zwölf Menschen erschossen, einer nach dem anderen. Sie mußten der Hinrichtung ihrer Kameraden beiwohnen, und der letzte, der sie alle fallen sah, war der Jüngste von ihnen. Er war 17 Jahre alt . . . wunderbar in seinem Mut, ich habe den Widerschein des Himmels in seinem Blick gesehen . . . Wie furchtbar war das!'

Von Cherche=Midi wurde ich nach Fresnes verlegt. Nachdem ich zum Tode verurteilt worden war, brachte man mich 1942 zum Zuchthaus Rheinbach bei Bonn. Ich war hier seit ungefähr sechs Monaten, vollkommen von Frankreich abgeschnitten, immer noch zum Tode verurteilt und, was weit schlimmer war, als ,Wehr=machtgeisel' gehalten, als um Weihnachten herum ein Oberwachtmeister in meine Zelle kam, um mir Besuch anzukündigen: eine unglaubwürdige Sache, und außer=dem war das noch keinem Franzosen in diesem Gebäude geschehen. Es war Abbé Stock, der vom zuständigen Gefängnispfarrer begleitet war.

Als wir einen Augenblick allein waren, flüsterte mir Franz Stock hastig zu: ,Vorsicht vor diesem Pfarrer, er ist ein Funktionär der deutschen Behörden. Sagen Sie ihm niemals etwas, auch nicht unter dem Siegel der Verschwiegenheit; und verständigen Sie Ihre Freunde.'

Ich habe begriffen, wie furchtbar schwer für ihn die=ses Geständnis war, daß ein anderer Priester uns ver=raten könnte, das er mir, einem Franzosen und über=dies einem Laien, machen mußte . . .

Ich muß gestehen, wie sehr die teilnahmsvolle Nähe unseres Pfarrers Stock mir Halt und unerschöpfliche Quelle der Stärkung und Hoffnung gewesen ist. Es strahlte richtig etwas aus von seiner Heiligkeit, und sein Lächeln flößte den verängstigten Herzen Ruhe ein . . ."

Der Besuch des Pfarrers wurde mehr und mehr von den Gefangenen verlangt ... und immer weniger konnte er diesem Wunsch entsprechen, denn alle Tage füllten sich die Gefängnisse mit neuen Gefangenen und die Todesurteile folgten aufeinander.

Hitler hoffte, indem er in Frankreich ein Schreckens= regiment aufrichtete, den Widerstand zu brechen, den ihm die Franzosen erbittert entgegensetzten. Aber er bewirkte das Gegenteil. Die Verhaftungen und Er= schießungen vermochten die Bevölkerung nicht einzu= schüchtern, sondern führten der Widerstandsbewegung immer zahlreichere und entschlossenere Männer und Frauen zu. Das hatte zur Folge, daß Hitler in einem Wutanfall am 16. September 1941 den deutschen Be= satzungsbehörden in Paris den Befehl gab, daß jeder von den Besatzungsmächten verhaftete Franzose fort= an als Geisel betrachtet und darum auf der Stelle ohne jeden Gerichtsprozeß erschossen werden konnte.

Viele Deutsche, höhere Offiziere wie Zivilisten, ver= standen nicht mehr, wohin das führen sollte. In ihrem Gewissen konnten sie derartige Kriegsmethoden nicht billigen. Aber die Gestapo und die SS gaben scharf Obacht, jedermann wußte das, und der ruchlose Befehl Hitlers blieb leider kein toter Buchstabe.

Um diese Zeit, im September 1941, wurde die Tätig= keit Stocks in den Gefängnissen dank dem Einfluß von Militärpfarrer Hofer auf General von Stülp= nagel offiziell durch einen Befehl des zuständigen Be= fehlshabers in Paris anerkannt. Franz Stock wurde zugleich mit Wehrmachtpfarrer Loevenich zum „Stand= ortpfarrer im Nebenamt" ernannt. Er erhielt den Auf= trag, insbesondere die Gefängnisseelsorge in den Pariser Gefängnissen einschließlich der Vorbereitung der zum Tode Verurteilten zu übernehmen.

Pfarrer Loevenich war damals noch ein junger Prie=

ster voller Vitalität, ein „Süddeutscher", wie er sich noch heute selbst charakterisiert.

Anfang Oktober berichtet Jean de Pange, der zuerst in Romainville als Geisel festgehalten und später nach La Santé gebracht wurde, in seinem Tagebuch:

„Bei der heiligen Messe sehe ich mit Freuden Abbé Stock in seinem schwarzen Rock und mit der grün= gestreiften Rotkreuzbinde. Aber er kündigt uns an, daß es sein letzter Besuch bei uns sein wird. In Zukunft wird er nur noch die beiden Gefängnisse Cherche=Midi und Fresnes betreuen, deren Pfarrer er geworden ist. An seiner Seite befindet sich ein Offizier, den er als seinen Nachfolger vorstellt: Abbé Loevenich von Köln. Dieser liest die Messe; seine Soldatenstiefel gucken unter dem Meßgewand hervor. Er hat einen deutschen Soldaten mitgebracht, der ihm die Messe dient...[26]"

Die Stiefel des Pfarrers Loevenich, seine feldgraue Uniform verletzten die Empfindlichkeit der Gefan= genen. „Ich hatte mir nichts dabei gedacht", erzählte dieser dem Schreiber des Tagebuches, „man hätte mir das vorher sagen sollen... Ich war jung und stolz auf die schöne Uniform, die ich als Militärpfarrer tragen mußte; aber wenn ich gewußt hätte, was meinen fran= zösischen Gefangenen diese Soldatenstiefel bedeuteten, dann hätte ich sie nie bei den Gefängnisbesuchen an= gezogen... Immerhin waren sie so schön, meine Stiefel aus geschmeidigem Leder!..."

Die soldatische Haltung und die etwas joviale Freundlichkeit des Pfarrers Loevenich standen im Gegen= satz zu Stocks Bedächtigkeit und Zurückhaltung: „Er sprach immer mit leiser Stimme, als ob er flüstere, und wir sagten ihm oft: ‚Franz, sprich lauter, man versteht dich nicht!' Er sprach die Gefangenen in einer sanften Art an, eine Ruhe, deren ich nicht fähig bin, strömte von ihm aus; er hörte ihnen zu, sprach mit ihnen, und

während ich sechzig Gefangene besuchte, hatte er höch=
stens zwölf gesprochen. Während dieser Zeit warteten
aber noch andere auf unseren Besuch ..."

Nach und nach entdeckten die Gefangenen unter der
Uniform Loevenichs, trotz der Stiefel, das Priesterherz.
Seine Art war gewiß von der Franz Stocks grundver=
schieden, aber er hatte dieselbe Liebe im Herzen und
versuchte alles, um den Gefangenen zu helfen.

Das bezeugt Jean de Pange in seinem Tagebuch, als
er die Geschichte von René Baudet erzählte. Auch Pfar=
rer Loevenich kann noch nach 22 Jahren, wenn er davon
spricht, seine Bewegung nicht verbergen. „René Bau=
det, 36 Jahre alt, ist Monteur bei der Firma Comp=
teurs in Villejuif", so erzählt Jean de Pange. „Dort
hat er sich ein Haus gebaut. Vor fünf Jahren hat er
von einem siebzigjährigen Nachbarn Lukas ein Jagd=
gewehr und eine Gartenflinte gekauft, um Ratten zu
schießen. Lukas wurde der französischen Polizei als Be=
sitzer von Jagdgewehren angezeigt. Sie ist zu ihm ge=
kommen, hat einige bei ihm gefunden und ihn dann
hierhergebracht, wo er in eine Zelle eingesperrt wurde,
die unter meiner liegt. Dort hat er sich aufgehängt.
Erstes Opfer! Aber da die Haussuchung nicht alle Ge=
wehre zum Vorschein brachte, die von dem Denun=
zianten angegeben worden waren, hatte die französische
Polizei Lukas verhört; er hatte den Verkauf der Ge=
wehre an Baudet zugegeben. Die Inspektoren der Ge=
richtspolizei sind zu diesem gegangen und haben in
der Scheune ein Gewehr und einen Karabiner gefunden.
Sie haben ihn verhaftet und den Deutschen übergeben.
Er erhielt eine Gefängnisstrafe von zehn Jahren. In
Berlin aber schien diese Strafe zu gering, und man
stellte ihn vor ein Schwurgericht, das nur Todesurteile
aussprach. Heute morgen wurde er verurteilt. So wird
er dafür sterben müssen, daß er sein Jagdgewehr ver=

borgen hatte. Er hat dem Kriegsgericht erklärt, daß das keine Waffe sei.

Man hat ihm geantwortet, daß sein Jagdgewehr für den Straßenkampf genauso gefährlich sei wie ein anderes. Nun macht er sich Vorwürfe, keinen Rechtsanwalt genommen zu haben. Er hatte nicht an eine derartige Härte geglaubt. Horn, der uns überwacht, will wissen, wovon er zu mir spricht. Ich berichte ihm kurz von den Äußerungen Baudets, und er antwortet: ‚Ja, das ist der Krieg!' Aber Baudet antwortet: ‚Nein, das ist nicht der Krieg, und so etwas wird auf keinen Fall eine Zusammenarbeit vorbereiten.'

Ich frage Horn, ob Baudet nicht ein Gnadengesuch einreichen kann. Nein, der Schreiber des Kriegsgerichtes, begleitet vom Dolmetscher, ist bereits angekommen, um sofort, um 7 Uhr, das Urteil zu verlesen, nachdem alle wieder eingesperrt waren — ohne Zweifel um sich den Ärger zu sparen, morgen früh schon vor 6 Uhr kommen zu müssen. Da nun das Urteil verlesen ist, ist die Angelegenheit ja geregelt. Horn sitzt auf dem Balkon vor der Tür, schaukelt auf dem Stuhl und raucht. Ihn stört das Los jenes Unglücklichen weniger als mich. Er sagt, Baudet hätte auch sein Jagdgewehr abgeben müssen, die deutschen Soldaten könnten nicht mehr ruhig durch die Straßen von Paris gehen usw. Aber man holt Baudet. Er darf ein letztes Mal seine Familie sehen, die der Militärpfarrer von Villejuif mit seinem Wagen holen will. Horn läßt mich wieder in die Zelle gehen und schließt mich dort ein.

Nach einiger Zeit kommt Horn mit seinem Gefangenen zurück und öffnet meine Tür. Das letzte Wiedersehen Baudets mit seiner Familie auf der Wache war herzzerreißend. Selbst die Soldaten weinten, der Unteroffizier war krank davon. Selbst Horn ist jetzt angeschlagen. Als die Uhr schlägt, sagt er mir: ‚Nichts muß für ihn jetzt schrecklicher sein, als die Uhr schlagen zu hören, die anzeigt, wie die Stunden dahinfliehen. Man müßte ihm helfen, nur noch an das Jenseits zu denken.' Baudet hoffte, Pfarrer Loevenich wiederzusehen, aber Horn erklärt, daß der Geistliche, nachdem er die Familie nach Villejuif zurückgebracht habe, Ruhe brauche. Sonst würde dieser wenig kräftige Mann von seinem schweren Dienst einfach erdrückt. Ich werde also gebeten, ihn zu vertreten.

Ich stelle mich also Baudet zur Verfügung. Er wollte seine Gebete sprechen, aber er konnte sich nur noch an Teile davon erinnern. Ich habe ihm die Gebete deshalb aufgeschrieben. Er war getauft, ging zur ersten heiligen Kommunion, aber seitdem hat er nicht mehr praktiziert. Der Pfarrer hat ihm die Evangelien dagelassen. Ich lese ihm den Bericht von der Todesangst des Herrn am Ölberg vor.

,Als er sich niedergekniet hatte, betete er: Vater, wenn du willst, laß diesen Kelch an mir vorübergehn! Jedoch nicht mein Wille, sondern der deine geschehe. Da erschien ein Engel des Himmels und stärkte ihn. Da die Todesangst ihn überfiel, betete er noch inständiger, und sein Schweiß wurde wie Blutstropfen, die zur Erde tropften.'

Wenn Christus selbst die Todesangst vor seinem Verrate durchlitt, dann braucht Baudet sich ihrer nicht zu schämen.

Er beschäftigt sich vor allem mit seiner Familie, seinem Sohn, seinen Töchtern und ganz besonders seiner Frau, von der er fürchtet, sie würde verzweifeln. Ich verspreche ihm, daß meine Frau sie besuchen wird, sobald sie meinen Brief durch den Pfarrer, den ich bei Horn abgebe, erhalten hat. Was kann ich für ihn tun? Er möchte gern ein Grab auf dem Friedhof von Villejuif. Ich verspreche ihm, seiner Frau zu helfen, damit er es be=

kommt. Dies Versprechen scheint ihn zu beruhigen. Dann will er die letzte Verfügung über sein Haus und seinen kleinen Wagen treffen, den er in der Gironde ge= lassen hat. In der Nähe des Todes nehmen diese kleinen Dinge ein tragisches Gewicht an. Dabei verläßt uns der Gedanke an den Tod keinen Augenblick. Da er noch im= mer auf den Füßen ist, rate ich ihm, sich doch etwas hin= zusetzen. Er aber antwortet: ‚Ich werde nicht mehr lange müde sein.' Er sagt mir ein rührendes Wort: ‚Man spricht mir vom Glück in der anderen Welt, aber ich hatte es bereits hier auf Erden.'

Um 1 Uhr endigt die Wache von Horn, und da er für meine Person verantwortlich ist, sperrt er mich wie= der in meine Zelle ein, bevor er fortgeht. An seiner Stelle kommt ein anderer Unteroffizier, Seiffert, dem sich als Dolmetscher Sch., ein Lothringer, beigesellt, der in der Aufnahme tätig ist. Ich kann natürlich in meiner Zelle nicht schlafen. Meine Gedanken können den Un= glücklichen nicht verlassen, von dem ich nur durch eine dünne Wand getrennt bin und der in jeder Minute die Zeit zählen kann, die ihm noch zu leben bleibt. Nach 5 Uhr öffnet Seiffert meine Tür; Baudet will mir die Abschiedsbriefe zeigen, die er an seine Frau, seine Kin= der und an seine Mutter geschrieben hat. Er spricht von Sch. und von mir und schließt: ‚Ich kann ruhig als Katholik sterben!' Auf einem besonderen Blatt Papier steht sein Sterbegebet, das er vom Pfarrer erhalten hat und am Erschießungspfahl immer wiederholt: ‚Herz Jesu! Steh mir bei in meiner letzten Todesnot!'

Um 6 Uhr kommt Pfarrer Loevenich, immer in dieser deutschen Offiziersuniform, die in einem solchen Ge= gensatz zu seinem Dienst steht. Er läßt sich mit dem Todeskandidaten zur Beichte in der Zelle einschließen. Als er herauskommt, fragt er mich, ob ich nicht der letzten Messe des Verurteilten beiwohnen wolle. Ich glaubte, daß sie in einer Zelle des Erdgeschosses, wie bei den vor einem Monat erschossenen Geiseln, gefeiert würde, aber er führt uns neben den Eingang in das Büro des Feldwebels. Dort hat er im Hinter= grund einen kleinen Tisch aufgestellt, auf dem sich der Meßkelch und die beiden Kännchen für Wein und Was= ser befinden, die er aus seinem Koffer nimmt. Er legt seine Meßgewänder an, während Baudet und ich uns an der Epistelseite niederknien. Dem Eingang gegenüber ist ein Büro, wo Seiffert beim Telefon sitzt, der Bau= det seit heute morgen 1 Uhr bewacht hat. Er folgt dem Gottesdienst neugierig und unbeteiligt. Ich bete mit halblauter Stimme in französischer Sprache die Meßgebete und die Gebete für die Kommunion, die trotz der Fremdheit des Milieus in einer Atmosphäre der Geborgenheit und Sammlung ausgeteilt wird. Nach= dem die Messe beendet ist, legt der Pfarrer eine Stola um den Hals, die ein wenig die Uniform verdeckt und damit vergessen läßt, was uns so unsympathisch ist. Er gibt die Generalabsolution, die er in Todesgefahr spenden darf. Der trostvolle Satz, der die ewigen Freu= den des Paradieses verheißt, enthüllt seine ganze Tiefe. Dann sagt der Pfarrer voller Glauben und auf eine überzeugende Art: ‚Jetzt ist Ihre Seele ganz weiß und rein, bereit, vor Gott zu erscheinen.'

So wurden die letzten Sakramente diesem Manne noch im vollen Leben gespendet. Von nun an spricht man von ihm wie von einem Toten, und er selbst scheint schon nicht mehr von dieser Welt zu sein. Man bringt ihm den Kaffee, aber er lehnt es ab, ihn zu trinken. Ich gebe dem Pfarrer meine Adresse; meine Frau wird Baudets Frau besuchen. Seiffert kommt lächelnd näher und teilt dem Pfarrer mit, daß der Wagen vorgefahren ist. Er wird um 8 Uhr fahren können. Man zählt nun die Minuten, und der seelische Druck wird immer schwerer.

Das Übel kann man nicht ununterbrochen betrachten. Aus Gewohnheit schließen wir die Augen oder wen= den sie ab, um es nicht zu sehen. Aber hier erdrückt es uns durch seine ungeheure Wucht. Im ersten Weltkrieg habe ich Szenen erlebt, die an und für sich noch schreck= licher waren. Aber damals war unsere Aufmerksam= keit durch das Krachen der Granaten ganz gefesselt und abgelenkt. Und wir waren keine Mitschuldigen. Hier dagegen stehen wir schweigend um diesen Unschul= digen herum, und selbst unsere innere Ablehnung scheint uns noch an dem Verbrechen teilhaben zu las= sen, dessen Opfer er wird. Endlich nimmt dieses un= erträgliche Warten ein Ende. Wir umarmen uns, und dann steigt er mit dem Pfarrer in den Wagen. Horn hat auf dem Beifahrersitz Platz genommen. Ich gehe in den Rundgang, der vor den Zellen ist.

Sch . . . sucht mich auf.

Wie oft beurteilt man die Menschen falsch, einfach nach ihren täglichen Beschäftigungen. Ich stellte mir den Sch... als einen Juristen vor, der sich nur um seine zu= ständigen Sachen kümmerte, der nichts kannte als Soll und Haben! Jetzt erscheint er mir als eine Apostelseele. Ist das der alte lothringische Grund, der an die Ober= fläche kommt? Er hatte beredte Worte gefunden, um Baudet zu überzeugen, daß sein wahres Leben jetzt erst beginnen würde, daß er ohne Furcht diesen menschlichen Körper ablegen solle, der ja letztlich nur eine Quelle der Sünden sei, für ihn selbst wie für alle; darum solle er auch nicht wegen seiner Verurteilung hadern, denn sie sei offensichtlich von Gott gewollt, um seine Erlö= sung sicherzustellen; seine befreite Seele werde seinen Leib überleben und in Zukunft für seine Angehörigen tätig sein, auch wenn er das nicht spüren werde. Wie an= steckend ist doch der Glaube! Er hat dem Verurteil= ten ein solches Vertrauen eingeflößt, daß er danach mit gutem Appetit gegessen hat, während er vorher noch abgelehnt hatte, was ich ihm anbot. Er hat ihm noch gesagt, daß er nur auf Christus schauen dürfe, sich ihm ganz zuwenden müsse, und je mehr er das tun würde, um so weniger habe er etwas zu fürchten. Als der Pfar= rer kam, empfahl er ihm auch, die Hände Baudets vorn zusammenbinden zu lassen, damit er, vor dem Erschie= ßungspfahl stehend, den Rosenkranz in Händen, bis zum letzten Augenblick das Bild des gekreuzigten Chri= stus vor Augen habe.

Um 4 Uhr nachmittags besucht uns Pfarrer Loeve= nich, immer in Uniform, die Pistolentasche an seinem Koppel. Er entschuldigt sich wegen dieser Dinge wie für eine Sache, die ihm auferlegt ist, und sicher denkt auch niemand daran, ihm daraus einen Vorwurf zu machen, wenn man seine innere Haltung kennt. Er er= zählt mir, wie Baudet seine letzte Fahrt im Wagen neben ihm gemacht hat, mit gefesselten Händen, wäh= rend Horn vorn beim Chauffeur saß. Um 9 Uhr sind sie auf dem Mont Valérien angekommen, wo das Erschießungskommando sie erwartete. Baudet wollte nicht die Augen verbunden haben. Er wurde an den Pfahl gebunden. Seine letzten Worte waren: ‚Heiligstes Herz Jesu!'

Der Beauftragte des Kriegsgerichtes, der der Erschie= ßung beiwohnte, hatte Tränen in den Augen. Jeder spürte, daß man einen Unschuldigen geopfert hatte, und suchte seine Hände in Unschuld zu waschen. Man schob der französischen Polizei die Schuld zu, die ihren Landsmann hätte schützen müssen, anstatt ihn aus= zuliefern, so wie sie die meisten von denen, die hier eingesperrt sind, ausgeliefert hat.

Der Pfarrer sagt: ‚Wir haben in ihm im Himmel einen Freund, der an unserem Leben teilnimmt.' Von diesem ewigen Leben spricht er mit den Versen des

Johannesevangeliums: ‚Wer mein Fleisch ißt und mein Blut trinkt, der bleibt in mir und ich in ihm!' Hat man, um das zu empfinden, wie der Hauptmann von Kapharnaum, Zeichen und Wunder nötig? Wie verbindet man sich mit dem mystischen Leibe Christi? ‚Ich spüre es an der Kraft meines Gebetes', sagt er, und man sieht auf seinem Gesicht den Glauben, der ihn beseelt. Man darf an nichts anderes denken. ‚Sie sind nicht hier, um Bücher zu schreiben', schließt er, ‚sondern um sich dem Willen Gottes zu unterwerfen [27].'"

Fortan sollte Pfarrer Loevenich das Leben Abbé Stocks teilen, das dieser bereits über ein Jahr führte. In einem Heft, das er sorgfältig hütet, hat er einige Tatsachen dieses Lebens notiert. „Mit diesem Leben", so meinte er dem Verfasser gegenüber, „hat er (Stock) sich allein schon den Himmel verdient." Beim Durchblättern dieses Tagebuches hält Pfarrer Loevenich beim Datum des 14. Dezember 1941 an: „An diesem Sonntag war ich bei Franz Stock, als man mir vom Kriegsgericht telefonisch mitteilte: ‚Morgen um halb vier Uhr Sportfest.' (Das war das geheime Stichwort, mit dem die Deutschen interessierten Personen Erschießungen mitteilten.) Am Nachmittag holten wir genauere Erkundigungen ein und erfuhren, daß hundert Geiseln aus dem Gefängnis Cherche=Midi erschossen werden sollten. Hundert Geiseln! Diese Zahl war bisher noch nie erreicht worden. Franz und ich erbitten unmittelbar darauf eine Unterredung mit Kardinal Suhard. Unterstützt von ihm, erreichen wir die Begnadigung von zwanzig Verurteilten. Danach gehen wir zum Gefängnis zurück, um die restlichen achtzig unglücklichen Opfer dieser Schlächterei nacheinander zu besuchen.

Unter ihnen befinden sich auch achtzehn Juden. Als ein brutaler Unteroffizier mir förmlich verbietet, sie zu besuchen, begebe ich mich auf der Stelle mitten in der

Nacht zum Hotel Meurice, um bei General von Stülp=
nagel Protest einzulegen. Es war gegen Mitternacht.
Der General schlief bereits. Man willigte ein, ihn zu
wecken, und telefonisch unterrichte ich ihn über das,
was geschah. Da man mich nicht zu den Verurteilten
lassen wollte, bat ich den General, ihnen einen Rab=
biner zu schicken: ‚Wo soll ich jetzt einen Rabbiner fin=
den?! Als Christ und Priester sind Sie da, um allen zu
helfen!'

Bis zum frühen Morgen habe ich mit Franz Stock
Beichte gehört, die heilige Kommunion gereicht, ge=
tauft ... Dann hat man sie sofort auf dem Mont Valérien
in Gruppen zu fünf erschossen ... Es war entsetz=
lich."

Zusammenfassend fährt Pfarrer Loevenich im Bericht
über seinen Dienst an den Verurteilten fort: Fast alle
Erschießungen wurden auf dem Mont Valérien durch=
geführt. Die Gefangenen wurden mit Lastwagen dort=
hin gefahren, die Hände waren auf dem Rücken gefes=
selt, bewacht von Soldaten mit Karabinern und Ma=
schinenpistolen. Besonders im Winter war es erbar=
mungswürdig, den Aufstieg zum Erschießungsort mit=
anzusehen: Viele rutschten auf dem vereisten und ver=
schneiten Wege aus und fielen hin, wir mußten ihnen
beim Aufstehen helfen. Der lange Weg von 18 km
wurde mit Gebeten und kleinen Hilfeleistungen zurück=
gelegt: Oft weinten die Männer, wir trockneten ihnen
die Tränen mit einem Taschentuch ab, wir steckten
ihnen eine Zigarette an.

Weil die Soldaten in der Regel zu rauh waren, ban=
den wir selbst die Verurteilten am Erschießungspfahl
an und verbanden ihnen die Augen. Sie vertrauten uns
dabei die letzten Gedanken an ihre Lieben an, umarm=
ten uns.

Nach der Erschießung mußten wir auf den verschie=

denen Pariser Friedhöfen ihren Beerdigungen beiwoh=
nen.

Ich weiß aus eigener Erfahrung, wie sehr Franz Stock
unter dieser Qual gelitten hat. Und das muß in der
Folge noch viel schlimmer geworden sein, als ich ihn
am 4. Juli 1942 verließ, weil ich an die russische Front
strafversetzt war.

Unter den Geiseln, die an diesem Montag, dem
15. Dezember 1941, erschossen wurden, befanden sich
außer den von Pfarrer Loevenich erwähnten Juden zahl=
reiche Kommunisten, unter ihnen auch Gabriel Péri.

Gabriel Péri war 1902 geboren und katholisch erzo=
gen. Er hatte eine mystische Seele. Noch ganz jung, gab
er im Laufe des ersten Weltkrieges mit seinen Schul=
kameraden ein pazifistisches Manifest heraus. Zweifels=
ohne enttäuscht darüber, in dem zeitgenössischen Katho=
lizismus keine Antwort auf sein tiefes Verlangen nach
Frieden und Völkerverständigung zu finden, wandte er
sich dem internationalen Marxismus zu.

1920 wurde er einer der Begründer der kommunisti=
schen Partei in Frankreich und Sekretär der kommu=
nistischen Jugend; schließlich wurde er 1924 als Mit=
arbeiter an die Zeitung „L'Humanité" berufen. In der
Nachkriegszeit erfaßte ihn die Begeisterung der Jugend=
bewegung. Er versuchte, wie viele seiner Zeitgenossen,
alles, was in seiner Macht stand, um eine deutsch=fran=
zösische Verständigung herbeizuführen. Als guter Red=
ner und ausgezeichneter Schriftsteller verfocht Gabriel
Péri sein Ideal bis zu dem Augenblick, da die kommu=
nistische Partei am Vorabend des zweiten Weltkrieges
durch die französische Regierung verboten wurde.
Dann ging er in den Untergrund. Von einem Lands=
mann verraten, wurde er zusammen mit seiner Frau
durch die Vichy=Polizei verhaftet, den Deutschen aus=

geliefert und in La Santé eingesperrt. Das deutsche Kriegsgericht verurteilte ihn zu sechs Jahren Festung.

Man erzählt, daß Pierre Pucheu dann von Vichy nach Paris gereist sei, um General von Stülpnagel aufzusuchen und von ihm die Erschießung Gabriel Péris zu erreichen. (Die Unterredung zwischen Pucheu und Stülpnagel ist durch den deutschen Dolmetscher berichtet worden, der in Wahrheit ein Agent des Geheimdienstes gewesen sein soll.)

In La Santé begegnete Abbé Stock Gabriel Péri. Wir wissen nichts von ihren Gesprächen. Wir wissen nur, daß Abbé Stock Gabriel Péri hohe Achtung entgegenbrachte und daß diese ohne Zweifel erwidert wurde. Die beiden Männer waren fast gleichaltrig. Gleiche Ideale hatten ihre Herzen erfüllt; der eine versuchte ihre Verwirklichung auf marxistischem, der andere auf christlichem Wege. Stock war nicht der Mann, mit seiner Meinung hinter dem Berge zu halten — ebensowenig wie Gabriel Péri —, von daher rührt ihre gegenseitige Wertschätzung.

Oberst Gourut, der Kommandant des Kriegsgefangenenlagers von Chartres werden sollte, wo Franz Stock bekanntlich das Gefangenen=Seminar als Regens leitete, berichtet folgende bezeichnende Tatsache: „Eines Tages empfing ich zwei Herren, die Abbé Stock zu sprechen wünschten. Ich empfing sie in meinem Büro, und Franz Stock kam hinzu. Diese Herren gehörten der KP an und stellten Nachforschungen über den Tod Gabriel Péris an. Letzterer war erschossen worden, und Abbé Stock hatte ihn zur Hinrichtung begleitet. Diese Männer behaupteten, in Franz Stock einen Mitschuldigen an der Erschießung gefunden zu haben. Während der ganzen Unterredung schien der Abbé wie geistesabwesend zu sein. Schließlich sagte er einfach: ‚Wenn ich an der Stelle Gabriel Péris gewesen wäre, ich weiß nicht, ob ich so gestorben wäre, wie er.'"

Am 14. Dezember 1941 war Gabriel Péri abends von La Santé nach Cherche=Midi gebracht wor= den, wo man die hundert Geiseln zusammenstellte, die für die Erschießung am nächsten Morgen ausgewählt worden waren. Durch die Intervention der beiden Kriegspfarrer war, wie Pfarrer Loevenich berichtet hat, diese Zahl auf achtzig gesenkt worden. Gabriel Péri kannte den Grund seiner Verlegung nach Cherche=Midi nicht. Franz Stock war es, der ihm die schicksals= schwere Nachricht brachte. Gabriel Péri beauftragte Abbé Stock, seinen Trauring zu seiner Frau zu bringen und schrieb seinen letzten Brief: „Meine Freunde mö= gen wissen, daß ich meinem Lebensideal treu geblie= ben bin; meine Landsleute mögen wissen, daß ich sterbe, damit Frankreich lebe. Ich halte zum letzten Mal Gewissenserforschung. Sie fällt positiv aus. Ich würde denselben Weg noch einmal gehen, wenn ich mein Le= ben von vorn zu beginnen hätte. Ich glaube noch immer in dieser Nacht, daß mein Freund Paul Vaillant= Couturier zu Recht behauptete, daß ‚der Kommunismus die Jugend der Welt ist und daß er eine frohe Zukunft vorbereitet'. Auch ich werde sofort jene frohe Zukunft vorbereiten. Ich fühle mich stark genug, dem Tod ins Auge zu sehen. Adieu, und es lebe Frankreich!"

* * *

Gabriel Péri und d'Estienne d'Orves, zwei Namen, zwei Männer, die zu lebendigen Symbolen des Wider= standes der Franzosen gegen die nationalsozialistische Unterdrückung geworden sind, zwei Namen, die man in fast allen Städten Frankreichs findet, zwei Namen, die in die Geschichte eingegangen sind. Zwei so grund= verschiedene Männer, die beide ihrem gemeinsamen

Vaterlande dienen wollten, wurden auf ihrem letzten Weg von demselben deutschen Priester begleitet, der sie geliebt und geschätzt hat.

Ergänzend teilt Fräulein Berlinghof mit:

„Nach der Versetzung von Pfarrer Loevenich entlastete Kriegspfarrer Steinert Franz Stock sehr. Pfarrer Steinert übernahm das Gefängnis La Santé, Cherche-Midi und die Seelsorge der sämtlichen inhaftierten Frauen. Besonders 1943, als Franz Stock an ernsten Kreislaufstörungen litt und er einige Zeit aussetzen mußte, hat Pfarrer Steinert ihn vertreten und die ganze Arbeit gemacht. Auch in der Folgezeit ließ sich Franz Stock wegen seines angegriffenen Gesundheitszustandes manchmal durch Oberpfarrer Hofer und Kriegspfarrer Steinert bei Exekutionen vertreten. Vor längerer Zeit habe ich zufällig im katholischen Reader's Digest einen Artikel über Kriegspfarrer Steinert gelesen. Die Überschrift lautete: ‚Der Franziskus von Fresnes.' Der Verfasser war, glaube ich, ein Franzose."

7. KAPITEL

Ein erschütterndes Tagebuch!

Von Januar 1942 an hat Franz Stock abends jedesmal nach seinem erdrückenden Tagewerk, bevor er sich zum Gebet für jene sammelte, die er „zum Tor des Him=mels" begleitet hatte, wie er sich gern ausdrückte, Namen, Alter, Ort des Begräbnisses, Abteilung, Reihe und Nummer des Grabes in ein großes Schreibheft ein=getragen. Manchmal berichtet er kurz eine Einzelheit, die ihn besonders bewegt, erbaut oder verwirrt hat. Diese nach der Erinnerung hastig niedergeschriebenen Zeilen sind fast ausschließlich den zum Tode Verurteil=ten gewidmet. Nur wenn es Schwierigkeiten gab, be=richtet er von einem einfachen Gefangenen, nennt er einen bekannten Namen oder erwähnt er ein beson=deres Ereignis. Offensichtlich vermeidet es Stock, von Lebenden zu sprechen. Er fürchtet wahrscheinlich, seine Notizen könnten in die Hände der Gestapo fal=len, die ihn unauffällig, aber sehr aufmerksam über=wachte.

Später berichtet Stock auch von anderen Ereignissen aus seinem Priesterleben, zumal von seiner Tätigkeit in der deutschen Gemeinde, deren Rektor er ja bleibt und für die er eifrig tätig ist. Er erwähnt einige Fami=lienereignisse: Feiern, Geburtstage, Besuche, Reisen und Trauerfälle.

Das Tagebuch sagt natürlich längst nicht alles. Es ge=
stattet uns nur einen bestimmten Blick auf das Leben
Stocks, und zwar nur von außen. Stock verrät von
sich selbst kaum etwas in diesen Zeilen, vor allem
nichts von seiner vielfältigen Tätigkeit, die er bewußt
ganz im Verborgenen läßt. Er nennt niemals Personen,
denen er begegnet oder hilft. Nur nach und nach kann
man von Zeugen, die heute noch leben, erfahren, welche
Rolle z. B. Militärpfarrer Hofer gespielt hat, welche
Unterstützung Franz Stock von Otto Abetz zuteil
wurde, welche geheime Nachrichten er auch von be=
stimmten österreichischen Offizieren, die zum Kriegs=
gericht gehörten, erhielt, welche Hilfe ihm Franzosen
leisteten, welche Unterstützung er durch Abbé Rodhain,
den für alle Kriegsgefangenen verantwortlichen Pfarrer,
erfuhr, wie er auf die liebenswürdige, verschworene
Hilfe eines Abbé Guérin oder eines Abbé Huet, des
ehemaligen Gefängnispfarrers von La Santé, vertrauen
konnte.

Vollständig aber ist jene Seite seiner Tätigkeit, die
ihn täglich der Gefahr der Verhaftung oder gar des
Todes aussetzte, in dem Tagebuch verschwiegen. Dieser
Teil seiner Lebensgeschichte, der Bericht von einer Liebe,
die ganz im Verborgenen, im Dunkel wirkte, wird zwei=
fellos nie erzählt werden. Obendrein trug auch noch sein
schweigsames, verschlossenes Temperament dazu bei,
daß sehr vieles Geheimnis bleiben muß. Die Zeilen, die
Stock in die Kladde mit dem braunen Einband gekritzelt
hat, sind nach seiner Vorstellung gewiß nicht für die
Nachwelt bestimmt. Er hat sie zur eigenen Erinnerung
notiert, um den Familien Auskünfte über die Gräber der
Erschossenen machen oder ihnen von den letzten Augen=
blicken eines lieben Angehörigen berichten zu können.
Franz Stock hat dieses ganz persönliche Tagebuch nie=
mandem gezeigt. Das wäre gefährlich gewesen, und

zudem widerstrebte es seinem feinen Empfinden, vor den Augen irgendeines Unbekannten das Leid und die Schande, die auf allen Seiten aufgezeichnet waren, aus= zubreiten.

Jahre sind dahingegangen. Auch Franz Stock ist tot. Sein Tagebuch, das die Plünderung in der Rue Lho= mond, dem deutschen Pfarrhaus in Paris, bei der Be= freiung der Stadt überstanden hat, ist heute für uns eine Urkunde von hohem Wert. Wir nehmen es in die Hand als ein Dokument aus diesen furchtbaren Kriegs= jahren, das ebenso Zeugnis gibt von vergossenem Blut wie von den Wundern des Herrn, von den Wundern seiner Liebe, die stärker als der Haß ist. Franz Stock war täglich das von der Vorsehung erwählte Werkzeug dieser Liebe, war ihr erleuchteter und dankbarer Zeuge.

Von Zeit zu Zeit verschwand Franz Stock aus den Gefängnissen, nachdem er zuvor für eine Vertretung durch einen Mitbruder gesorgt hatte. Allenthalben aber verlangt man nach ihm. Er ist nicht da. Nach ein oder zwei Wochen taucht er dann plötzlich wieder auf.

Diese Zeiten der Abwesenheit sind berechtigt; er be= darf mehr und mehr der Ruhe. Alle erkennen, daß er nicht mehr lange durchhalten wird, wenn er sich weiter= hin derartig verausgabt. Stock verschwindet nur dann, wenn er die Gefahr einer möglichen Verhaftung oder der Abstellung nach Rußland auf sich zukommen sieht. Wenn er feststellt, daß seine Tätigkeit zu scharf über= wacht wird, nimmt er Urlaub, genau so lange, wie er es für notwendig hält, um die Aufmerksamkeit von sich abzulenken und den Argwohn zu zerstreuen.

Nach der Rückkehr aus einem solchen „Urlaub" aus Deutschland begann Franz Stock damit, seine Erlebnisse niederzuschreiben. „Ich frage mich, wie er das noch tun konnte, wie er noch täglich aufs sorgfältigste diese Hefte mit der Liste der Gefangenen, die er besuchte, auf dem laufenden halten konnte, als wir so schon völlig überlastet waren", berichtet Pfarrer Loevenich.

Die Erben Franz Stocks haben den Verfasser bevoll= mächtigt, Auszüge aus diesem Tagebuch zu veröffent= lichen. Er ist ihnen deshalb sehr zu Dank verpflichtet, denn diese Zeilen vermögen besser als alle Kommen= tare das Leben und die Seele dessen zu offenbaren, den Joseph Folliet als erster „den Erzengel in der Hölle" genannt hat *.

Donnerstag, 29. 1. 42

Claude B . . ., Fresnes. War Monate im Gefängnis. Öfter geb. und komm. Am letzten Tag geb. und komm. in d. Stille. Gt. fromm gestorben. Wollte nicht d. Augen verbunden haben, nicht gefesselt. Starb betend, als ich ihm den letzten Segen ge= geben hatte. Hatte Briefe an s. beiden kleinen Brü= der geschrieben, an s. Eltern, Vater, Generaldirektor in einem Büro, place St. Sulpice. Dachte nur an d. Kummer seiner Eltern, ihm machte es nichts. — Der Kommandeur sagte mir ‚Sagen Sie den Eltern, daß ihr Sohn mutig gestorben ist', habe es dem Vater noch am gleichen Abend gesagt. Bitteres Leid beim Va= ter. — Dankte den Eltern. „Merci de ces paroles de con= solation". [Dank für diese Worte des Trostes.] In Ivry begraben.

Montag, 2. 2. 1942

Religionsunterricht in d. dt. Oberschule wieder be= gonnen. 3 Stunden Dienstbesprechung beim Oberpfar= rer. Nachmittags mit Kriegspfarrer Loewenich z. Floh= markt. B. Rückkehr Anruf von der Kommandantur: Erschießungen: 6 morgen, 4 in Fresnes, 2 in La Santé.

---

* Die Auszüge aus dem Tagebuch werden im folgenden unver= ändert, mit allen Abkürzungen usw., so wie sie in der Eile von Franz Stock niedergeschrieben wurden, wiedergegeben. Erklä= rende Ergänzungen des Herausgebers sind durch [. . .] gekenn= zeichnet.

Mittwoch, 4. 2. 1942

Nachmittags zusammen mit Kriegspfarrer Loevenich 2 Erwachsenentaufen (Frauen) in La Santé. Die eine war die Geliebte eines dt. Soldaten, dem sie zur Fah= nenflucht verholfen hat; er z. Tode verurteilt. Sie war in einem Bordell u. er lernte sie dort kennen, verspra= chen sich, dann geschnappt, sie 1 Jahr verurteilt. Eine Mithäftin (Lehrerin) hat die beiden Frauen vorbereitet; eine feierliche Zeremonie; ich habe die frz. Erklärun= gen gegeben, Loevenich nahm die Taufhandlung vor.

Freitag, 6. 2. 1942

2 Erschießungen. — Morgens in Fresnes, Nachricht, per Telegramm, daß Heinz vermißt ist. — In Fresnes viele Besuche, viele Komm. und Beichten. Dann zu Pitié, wo ein Todeskandidat liegt, wollte v. Cherche= Midi entfliehen; sein Sohn hatte im Koffer eine Feile hineingeschmuggelt, die Stäbe durchgefeilt, stürzte aber ab und brach sich das Bein, in Gipsverband, wurde zum Fort Mont Valérien transportiert, konnte nicht stehen; vorher gebeichtet und kommuniziert. Dann nach Cherche=Midi, den 2. vorbereitet, wollte nichts von mir wissen, doch zwei Minuten vor s. Tode bat er um meinen Segen, Generalabsolution am Pfahl. Beide in Ivry beerdigt; abends viele Besuche.

Samstag, 14. 2. 1942

Um ½ 9 Uhr nach Cherche=Midi, 4 Geiseln warteten auf Verkündigung des Urteils. Militärbefehlshaber hatte diese bestimmt, da Attentat kürzlich auf einen dt. Wachposten verübt.

1. Henri P., Colombes; 2. Emile G., Levallois; 3. Abel B., Ivry; 4. Lucien B. Drei von ihnen waren lebensläng= lich begnadigt [zum Tode verurteilt, dann zu lebens= länglicher Haft begnadigt]. 1 zehn Jahre — hielten sich sehr schwer. Der letzte, Lucien B., hatte schon am 8. XI. einen Bruder verloren, mit dem er zum Tode ver=

urteilt war, vor Gericht Melun, dort erschossen; er wurde lebenslänglich begnadigt, sollte heute früh als Geisel erschossen werden.

Ich setzte mich mit dem Kommandanten von Groß=Paris in Verbindung, mit Major D . ., den ich von d. damaligen Geiselverhandlung kannte, gab telefonisch den Bestand durch, bitte um Begnadigung, da sein Bru=der schon erschossen sei, und nur noch jüngere Ge=schwister da sind; die Sache wurde dem Kommandan=ten vorgetragen und, gerade waren wir dabei abzufah=ren, die Handschellen waren schon angelegt, da kam Nachricht, daß die Vollstreckung des Todesurteils an Lucien B. nicht stattfinden sollte. Welche Freude für mich und für ihn. Er war Schuhmacher von Beruf, ein Holzbein, guter Bauerntyp, wegen Flugblättern ver=urteilt.

Von den anderen drei war Potelette der beste, bat sogleich um Beichte und war auch sehr gefaßt, betete mit, am Pfahl sagte er noch ‚Ich brauche keine Angst zu haben, im anderen Leben lebe ich weiter', schüttelte mir herzlich die Hand zum Abschied, starb als letzter.

Freitag, 20. 2. 42

¹/₄9 Uhr in Cherche=Midi: Roger L., geboren 24. 2. 1914, soll um 3 Uhr erschossen werden. Letzten Di. z. Tode verurteilt. Um 9 Uhr Abfahrt n. Fresnes, dort mehrere Konversionen, Mitteilung, daß ich einige nicht sehen darf.

12 ½ schnell nach Haus, gegessen, dann nach Cher=che=Midi. Roger L. war noch nicht getauft, ziv. ge=traut, 16 Monate altes Töchterchen. Ich taufte ihn, nach=dem ich ihm einen kurzen Unterricht erteilte, beteten gemeinsam die Gebete, ohne Paten; war sehr gesam=melt und gut disponiert, hatte allen Mut verloren, durch mich bekam er Zuversicht. Nach Generalkonfession die erste hl. Kommunion, mit rührender Andacht empfan=

gen. Ein Opfer seines Milieus, Eltern haben sich nie um die religiöse Erziehung gekümmert. Ich durfte ihn nicht verlassen, beteten oben auf d. Fort gemeinsam die Sterbegebete. Hatte nur eine Bitte, Gott möge ihm seine Fehler verzeihen. Sein letztes Wort am Pfahl war: Seigneur, ayez pitié de moi! [Herr, hab Erbarmen mit mir!] Starb mit gläubigem Herzen. Beerdigung an= schließend auf dem Friedhof in Ivry. Teilte in seinem letzten Brief an seine Frau seine Conversion mit, wünschte, seine Frau möge s. schnell wie möglich das Kind taufen lassen und eine christliche Erziehung sichern. Am Abend erfuhr ich, daß morgen, Samstag, in der Frühe 14 Geiseln erschossen werden sollen. Am Nachmittag viele Besuche.

　　Samstag, 21. 2. 42

　　Um 8 Uhr abgeholt nach Cherche=Midi, 14 Geiseln sollen um 11 Uhr erschossen werden: 13 Juden, deutsch=poln. Ursprungs, aus dem Lager in Drancy; 1 Franzose aus der Santé: Kommunist, getauft, auch 1. Kommunion, aber ganz abständig, trotz allen Bemü= hens kam er nicht zum Glauben zurück. Am Schluß, d. h. im Lastwagen, wirkte ich noch auf ihn ein: er glaube an Gott, auch an Christus, denn er sei der erste Kommunist, wollte aber nichts von der Kirche wissen. Ich verbrachte die ganze Zeit im Arrestsaal, half ihnen die Briefe schreiben, verteilte Zigaretten usw. Auf d. Fort Mont Valérien jedes Mal 5 erschossen, ein jäm= merliches Bild. Der Franzose, den ich noch am Arm hielt und bis unten begleitete, blieb trotz meines Versuches, ihn zu bekehren, hart wie Stein; er rief in das Knallen der Gewehrschüsse: ‚Es lebe die Sowjet=Union, es lebe die kommunistische Partei'. Seine Frau tritt unter einem fremden Namen in einem Nachtkabarett als Sängerin auf, wo viele dt. Offiziere verkehren. Niemand weiß, daß sie verheiratet ist.

Ein junger Jude sagte mir, uns können sie töten, aber andere werden wieder erstehen, die jüdische Rasse sei nicht auszurotten. Einige Juden waren fromm, beteten Psalmen.

Montag, 23. 2. 42.

Wir fuhren zusammen um $^1/_4$4 Uhr von Fresnes ab, Glatteis, kalt. Die Stimmung der 7 war gut, viel Humor, freuten sich alle, daß ich mit ihnen fuhr, bedankten sich für alles, was ich für sie getan. Auch der junge Senechal, 19 Jahre alt, war tapfer. Andrien, Kriegsverletzter 100%ig, bat, die Augen nicht verbunden zu haben, was auch gewährt wurde. „Sagen Sie meiner Frau und meinen Kindern, daß ich dem Tod direkt ins Auge geschaut habe". Ich reichte ihm noch einmal die Photographie, auf der seine Tochter und sein Sohn waren. Er küßte sie, machte das Kreuzzeichen, und fertig. Alle sind gestorben, nachdem sie gebeichtet und kommuniziert hatten.

Freitag, 27. 2. 42.

In Fresnes um 11 Uhr Nachricht, daß am Nachmittag drei erschossen werden sollen. Wurde beauftragt, es ihnen zu sagen: Jacques T., Pierre V. und Jean Claude C.

Jacques T. hatte vorher noch die Kommunion empfangen. Wollte Priester werden (Spätberuf), wurde verhaftet als er die Messe diente. Frommer Junge, 21 Jahre alt.

Pierre V. konnte es gar nicht fassen, dachte an seine Mutter bis in den Tod.

Alle 3 haben vorher die hl. Sakramente empfangen. Unterwegs war gute Stimmung. Jacques T. betete am Schluß den Rosenkranz. Dann betete ich die Sterbegebete. Pierre V. betete laut für seine Mutter. Jacques T. behielt seinen Rosenkranz in der Hand. Beerdigt in Ivry.

Montag, 9. 3. 42

Franziska kommt morgens von zuhause zurück, hat gute Nachrichten mitgebracht. Namenstag Franziska. Morgens Dienstbesprechung. Mitteilung vom Gericht, daß heute 7 von der Santé und 2 von Cherche=Midi er= schossen werden sollen. Pfarrer Loewenich, der gerade aus dem Urlaub zurückgekommen ist, übernimmt alle 9.

Von 11 bis 13 Uhr Religionsunterricht in der Schule. Nachmittags, gegen Abend Namenstagsgäste; neues Möbelstück für das Wohnzimmer bekommen.

Dienstag, 10. 3. 42

Besuch in Cherche=Midi. Mehrere Kommunionen. Einer will sich taufen lassen, ein anderer hat nicht ein= mal die 1. Kommunion empfangen. Ein anderer lebt mit einer anderen Frau zusammen, Kind 4 Jahre, noch nicht getauft; ein anderer läßt 5 kleine Kinder mit kranker Frau zurück. Ein anderer ist in Sorgen, ob seine Familie, Frau und 2 Kinder, noch leben, da sie in Boulogne woh= nen und das Viertel von den Engländern bombardiert wurde etc.

Montag, 16. 3. 42

Von St. Cloud Nachricht, daß um 4.30 Uhr Albert P. erschossen werden soll. Älterer Mann, wegen Waffen= besitz festgenommen. Ganz trostlos, seine Frau soll ihn denunziert haben. Praktizierte nicht mehr, seine Ehe ist nicht in Ordnung. Kleines Kind, das er noch nicht gesehen hat. Hatte Totenzettel von seinem verstorbe= nen Sohn (20 Jahre) bei sich. All meine Versuche, ihn zu den Sakramenten zu bewegen, schlugen fehl. Glaubte an keinen Gott und an kein Jenseits, bat mich aber doch, ihn zum Pfahl zu begleiten. Ich betete öfter zu seinem toten Sohn, daß er uns helfe. Auf dem Wege zum Pfahl bat ich ihn nochmals, an seine Seele zu den= ken, vergebens. Angebunden, Augen nicht verbunden, da rief er nach mir, fragte: „Haben Sie ein Kruzifix?"

Ich sagte: „Wollen wir beten", betete ein Reugebet, das er reumütig mitbetete, die Hände gefalten, gab ihm d. Generalabsolution. Dann bat er nochmals um das Bild seines Sohnes, das er küßte. Auf dem Friedhof Ivry begraben.

Ostern, 5. 4. 42

Vor 10 Jahren 1. hl. Meßopfer. In der Madeleine habe ich das feierliche Levitenamt gelesen. Die Kirche war bis auf den letzten Platz mit Soldaten und Wehr=machtsgefolge besetzt. Am Nachmittag mehrere Oster=gäste da. Am Abend Mitteilung von St. Cloud, daß morgen Erschießungen.

Mittwoch, 15. 4. 42.

Soll Miete bezahlen für das kommende ¼ Jahr, habe kein Geld, nicht einmal mein Gehalt ist am 1. 4. ge=kommen. Bitte beim Hauseigentümer um Stundung. Dann zur Santé, Besuch der 25 Todeskandidaten. Stelle fest, daß nur einige getauft sind, andere die erste hl. Kommunion nicht empfangen haben, andere nach der 1. hl. Kommunion keine Verbindung mit der Kir=che. Alle lehnen mich ab, glauben nichts mehr, kirchl. Beistand erübrigt sich. Vielleicht sind die Italiener noch zu gewinnen und der ältere Mann. L. Gott stehe ihnen bei.

Freitag, 17. 4. 42

21 Erschießungen. Unter den Verurteilten war ein Ein=ziger, Maurice, 21 Jahre, christlich. Er wurde mit dem Sanitätswagen herausgefahren. Hat vorher gebeichtet und kommuniziert. Ich stieg in den Krankenwagen — er hatte nämlich Fluchtversuch unternommen und war von der Mauer gefallen, Bein gebrochen und Wirbel=säule, lag im Gipsverband. Eine kindliche Seele, verlor trotz der Schmerzen das Lächeln nicht, hatte Sabotage an Wehrmachtswagen verursacht. Ich bete mit ihm im Wagen, dann trug man ihn zum Pfahl. Er verbiß den

Schmerz, kein Laut des Schmerzes! Er wurde als letzter allein erschossen. Als das Urteil verlesen wurde, sagte er: „C'est juste!" Dann ging ich noch einmal zu ihm, legte die Stola um und gab ihm den letzten Segen, adieu! Dann drückte er dem Wachtposten „Ernst", der ihn alle Tage auf der Bahre in dem Gerichtssaal getra=gen hatte, und dem er sehr zugetan war, die Hand recht kräftig und sagte „Merci, Ernest, au revoir". Die anderen vor ihm spöttelten vielfach, einer bezeichnete mich sogar als Mannequin, einer hielt die geballte Faust in die Höhe, während des Urteils und noch nach dem Schuß. Einer rief: „Es lebe die Freiheit, es lebe l'U.R.S.S., vive la force, libre et forte! Nieder mit dem Faschis=mus!"

Dienstag, 30. 6. 42

Morgens Besuch in Cherche=Midi. Dort den Film=schauspieler Harry Baur angetroffen. Bat um einen Rosenkranz und 1 Gebetbuch, las Les Provinciales von Pascal, gefaßt. Dann einen jungen, gestern geweihten Priester, der noch nicht seine Primiz gehalten hat.

Donnerstag, 2. 7. 42

Abends Andacht, anschließend Heimabend. Thema: Die Tragik im Leben von van Gogh mit Lichtbildern.

Sonntag, 5. 7. 42

Kriegspfarrer Loevenich hat Paris verlassen, soll ihn vorläufig in La Pitié vertreten.

Freitag, 24. 7. 42

Gegen 10 Uhr Nachricht, daß einer erschossen wer=den soll: Joseph Le B., Bretone, Le B. hat reumütig ge=beichtet, kommuniziert, gut, zeigte außerordentlichen Mut und festes Gottvertrauen, auch auf dem Wege so fest. Verabschiedete sich von den Soldaten: „Ich bitte Gott, daß ihr alle bald wieder gesund nach Hause kommt zu euren Kindern und Frauen." Letztes andäch=tiges Gebet. Wollte die Augen nicht verbunden haben.

Als das Verdikt verlesen wurde, sagte er „Merci!"
Verabschiedete sich von seinem Abteilungsunteroffi=
zier, und dann war es aus. Als die Schüsse krachten,
rief er noch: „Je ne suis pas mort." [Ich bin nicht tot.]
Obschon 5 Herzschüsse, starke Nerven.

Freitag, 11. 9. 42

Besuche in Fresnes. Viele Kommunisten. Größte
Freude: Brachte dem Blinden M. ein Buch in Blinden=
schrift mit, „Die hl. Messe", welche Freude!

Samstag, 19. 9. 42

8.30 Uhr Erschießung von G. L., Luxemburger,
tolles Abenteurerleben geführt; H. H. gebürtig aus
Dortmund, und E. C. von Seine et Oise. Ein überzeug=
ter Kommunist, Mystiker, war so von seiner Sache über=
zeugt, war nicht getauft, glaubte an das Ideal und die
Zukunft des Weltkommunismus, wollte doch ein Pa=
triot sein: „Pour la France libre et indépendante, pour
l'avenir du communisme, vive notre grand et cher
Stalin." [Für ein freies und unabhängiges Frankreich,
für die Zukunft des Kommunismus, es lebe unser
großer und teurer Stalin!] waren seine letzten Worte.
Handgeballt, so starb er, ohne die Augen verbunden.
Über 1 Stunde mit ihm diskutiert über den Kom=
munismus.

Samstag, 26. 9. 42

Besuche in Fresnes, mehrere Kommunionen, neue
Todesverurteilte. Dem Blinden, dem ich ein Gebetbuch
in Blindenschrift gebracht hatte, wurde es vom Unter=
offizier wieder abgenommen: Er habe kein Recht, Be=
suche zu empfangen und zu lesen. Grausam! Und wie
freute er sich, als ich ihm das Buch brachte. Wer kann
einen Blinden weinen sehen?!
[Am Rande vom Verfasser vermerkt]: Tiefste Erschüt=
terung.

Dienstag, 29. 9. 42

Auf Grund zahlreicher Attentate den ganzen Tag Ausnahmezustand in Paris. Niemand hat das Recht, auf die Straße zu gehen. Dadurch habe ich endlich einen Nachmittag für mich. Ich male Blumen, kein Be= such, alles ist ruhig.

Am darauffolgenden Tag Erschießung von 46 Gei= seln. Als sie zum Pfahl gingen, sangen sie die Mar= seillaise und die Internationale. Nach ihrer Erschießung auf dem Mont Valérien wurden sie alle eingeäschert.

Dienstag, 27. 10. 42

6 Exekutionen. Darunter Jean V. von Soissons. Er war nicht getauft. Habe ihn getauft, gut, ehrlich. Paten waren die zwei mit ihm Verurteilten T. und L., beide aus Soissons, er sollte mit ihnen hingerichtet werden. Beteten gemeinsam, angekommen an Ort und Stelle, knieten alle nieder und beteten gemeinsam das Gebet der Sterbenden. Alle umarmten mich, bevor sie starben in der Macht des Glaubens. In Ivry beerdigt gegen $4^{1}/_{2}$ Uhr. Erfahre nach Rückkehr, daß morgen ebenfalls 6 erschossen werden sollen.

In dieser Tagebuchnotiz wird, wenn man weiterliest, der Name Louis erwähnt, der einer der Paten von Jean V. ist. Louis war der Vater eines ehemaligen Gefährten des heiligen Franz, Jacques Louys. Von einem Jugendfreund, Léon Pierriau, befragt, hat er uns folgendes Zeugnis ge= geben: „Du fragst mich nach persönlichen Erinnerungen an Franz Stock für eine Lebensbeschreibung? Zwei Daten, zwischen denen über zehn Jahre liegen, haften in mei= nem Gedächtnis. 1931. Als Mitglied der Gefährten des heiligen Franz, einer Gruppe junger Franzosen, die lei= denschaftlich nach der Verwirklichung des internatio= nalen Friedens suchten, nehme ich an einer Pilgerfahrt zum Rheinland und nach Luxemburg teil.

Dabei begegnen wir zwei jungen deutschen Katho=

liken, die von Trier bis Echternach mit uns einen leb=
haften Gedankenaustausch hielten und mit uns die
Beschwernisse der Wanderung und die dürftigen Mahl=
zeiten teilten, die hastig eingenommen wurden, um
recht viel Zeit für die Diskussion zu erübrigen.

Unter ihnen war ein junger Diakon, ruhig und zurück=
haltend, mit einem klaren und ein wenig traurigen
Blick: Franz Stock, der gerade in Paderborn geweiht
worden war und seine jungen Landsleute begleitete.

1942. Unsere Jugendträume sind unter dem Rasen
der Erwachsenen und den Machtträumen eines Sadisten,
der ein großes Volk regiert, zerplatzt.

Mein Vater, Kriegsteilnehmer von 1914—1918, ging
im Oktober 1940 in den Widerstand, wurde von der
Gestapo verhaftet, in Fresnes ins Gefängnis gesperrt,
gerichtet und zum Tode verurteilt, am 27. Oktober 1942
in der Kaserne Balard erschossen.

Ich bemühe mich, seine letzten Worte von dem deut=
schen Pfarrer zu erfahren, der für die politischen Gefan=
genen zuständig ist und ihm bis zum letzten Augen=
blick beigestanden hat.

Und ich stehe plötzlich Franz Stock von Angesicht zu
Angesicht gegenüber — eine tragische Begegnung; er
versucht mich zu trösten durch den ergreifenden Bericht
von den letzten Lebensstunden meines Vaters, der als
großer Franzose und vollkommener Christ in den Tod
gegangen ist!"

Weitere Eintragungen im Tagebuch von Franz Stock
lauten:

Montag, 30. 11. 42

*9 Exekutionen, nach Fresnes gerufen, Schulstunden
nicht gehalten. Alle haben gebeichtet und kommuni=
ziert, prächtige Schar. A. B. hatte Namenstag und sang
immerzu Kirchenlieder. Er wollte singend sterben, sang
am Pfahl mit klarer melodischer Stimme gerade das*

Ave Maria, als das Kommando „Feuer" kam. „Mourir en chantant" *[Singend sterben]* war seine Devise.

Samstag, 6. 2. 43

Erschießung von R. B. in Fresnes. Verurteilt wegen Spionage. War im Seminar in Chartres groß geworden, doch überzeugter Kommunist. Idealist, glaubte bis zu=letzt an den Sieg der roten Internationale. Mit einem anderen Verurteilten habe ich sie bis zum Ende beglei=tet. Sie waren sehr dankbar für diese Geste.

Mittwoch, 17. 3. 43

Mittags nach Fresnes gefahren. Henri J. beigestan=den, vor 10 Tagen zum Tode verurteilt, wegen Frei=schärlerei. Ein Idealist, beschäftigte sich viel mit Pascal, praktizierte nicht, doch gläubig, betete sein Reuegebet und zusammen das Vaterunser. Er sei catholique, doch „un peu laique" [ein wenig verweltlicht]. Bis zu den Sakramenten kam er nicht. Mußte ihn umarmen im Namen seiner Mutter, an die er viel gedacht hat. Gab mir sein Halstuch und seinen Schal und Brille. Hatte keine Angst vorm Sterben. Sein Gewissen war erleich=tert. Im Fort Balard um 16 Uhr erschossen. In Ivry beerdigt.

Mittwoch, 2. 6. 43

Nachmittags Besuch der Ausstellung der „Nabis", ein Bild von Verkade dort, das erste, das ich je von ihm sah.

Dienstag, 13. 7. 43

Besuche in Cherche=Midi. Nachmittags Erschießung eines englischen Hauptmanns (Spion). Zeigte wunder=bare Ruhe; als ihm das Urteil in der Zelle angekündigt wurde, ließ er den Coiffeur bitten, wusch sich ganz, machte sich sauber bis zu den Fußnägeln, seine Kleider für die Kameraden. Nur eine Armbanduhr die sollte später durch das Rote Kreuz an seine Eltern geschickt werden. Dachte viel an seine Eltern. Ihm machte das

Sterben nichts. „Man kann keine Angst haben vor etwas, das viel größer ist als man selbst", antwortete er, als ich ihn fragte, ob er Angst vor dem Tode habe. Bewahrte in der linken Tasche oben das Neue Testament und starb damit.

Dienstag, 10. 8. 43
Nicht zum Friedhof gefahren, sondern nach Suresnes ins Lazarett auf Raten des Stabsarztes von St. Cloud. Dort Herzaufnahme, Elektrokardiogramm gemacht, schon klapperich.

Montag, 16. 8. 43
Zum Arzt, der den Befund von Suresnes inzwischen erhalten hatte, Dr. R., Oberarzt, war sehr nett, Ruhe!

Freitag, 20. 8. 43
Morgens war ich in Fresnes. Arzt verordnete mir vollkommene Ruhe wegen meines Herzens. Vetter Christian Stock als Uffz. im Osten gefallen.

Sonntag, 22. 8. 43
9 Uhr hl. Messe in St. Josef; Predigt: „Der Mensch, das Ebenbild Gottes, der paradiesische Mensch".

Vollkommene Ruhe hatte ihm der Chefarzt verord=net. Dieser kluge Rat kam zu spät. Stock wollte und konnte vor seiner Aufgabe nicht mehr zurückweichen. Niemand könnte ihn in dieser Hölle ersetzen, er weiß es zu gut. Die Erschießungen folgen nun in einem wahnsinnigen Tempo aufeinander. Völlig allein steht Stock diesem Haß gegenüber, der unter den Menschen immer noch wilder wird. Am 20. August 1943 hat der Arzt von Fresnes ihm vollkommene Ruhe verordnet. Aber an den nächsten Tagen berichtet Franz Stock in seinem Tagebuch die gleichen Schrecken, die gleichen Wunder der Liebe. Sein Tagebuch schließt erst am 13. August 1944. Ein Jahr nach der ärztlichen Warnung, die auch für ihn das Urteil bedeutete.

Donnerstag, 2. Dezember 43

Marcel C., tot mit 11 Kameraden, Hände gefaltet und Rosenkranz. Max L.: „Je pardonne à tous mes ennemis sans exception" [Ich verzeihe allen meinen Feinden ohne Ausnahme]. Diente die hl. Messe, betete die Gebete laut vor, abwechselnd mit C. Arthur L., 22 ans, hat die Hälfte seines Erbteils Mme. L. gegeben, deren Mann 4 Kinder zurückläßt. Jean H.: „Je suis mort courageusement sans haine pour personne" [Ich sterbe tapfer ohne Haß gegen jemanden]. Starben alle wacker, ruhig im Gebet.

Montag, 7. 2. 44

5 Erschießungen. Unter ihnen A. H. von Paris: „Er war wie ein Heiliger", betete bis in den Tod, wollte das Kreuz nochmal küssen, betete kniend mit mir im Wagen. Gab mir ein Photo für seine Frau, die ein Kind erwartete und schrieb darauf: „Celui qui t'aimera tou= jours, Jean. Ton sourire, ma chérie, je l'emporterai dans ma tombe. Adieu. Aime=moi toujours!" [Der Dich immer lieben wird, Jean. Dein Lächeln, meine Liebe, werde ich bis ins Grab mitnehmen. Adieu. Liebe mich immer!]

Mit ihm starb Simon D. aus Etampes, ebenfalls sehr fromm. Beteten gemeinsam und verabschiedeten sich mit den Worten: „A bientôt!" [Auf baldiges Wieder= sehen].

Freitag, 25. 2. 44

A. D., noch ganz jung. Wollte nicht die Augen ver= bunden haben; man tat es doch. Riß im letzten Augen= blick die Binde ab und lächelte. Ich betete mit ihm, dann sagte er: „Vous êtes un chic type" [Sie sind ein feiner Kerl], und wollte mich umarmen. Lachend schaute er dem Tod ins Auge.

8. KAPITEL

Die abenteuerliche Flucht des Abbé Le Meur

Am 17. März 1944 kam in Fresnes ein Gefangener an, den Abbé Stock bereits kannte. Da er nicht ahnte, welchen Platz dieser Gefangene eines Tages in seinem Leben einnehmen würde, hat Abbé Stock natürlich in seinem Tagebuch nichts davon erwähnt.

Es handelte sich um den französischen Priester Georges Le Meur, Vikar in Alfort. Am 5. April 1906 in Sousse in Tunesien geboren, war er 1933 in Saint=Sulpice zum Priester geweiht und bald darauf zum Vikar an St. Agnes in Alfort ernannt worden. 1939 wurde er zum Militär einberufen und war bei der französischen Nie= derlage in die Schweiz ausgewichen; dort war er von Juni 1940 bis Februar 1941 interniert. Er nahm seine Tätigkeit in Alfort vom 10. Juni desselben Jahres wieder auf, wurde aber bald darauf von der deutschen Polizei verhaftet und in die Santé „wegen feindseliger Tätig= keiten gegen die Sicherheit der Besatzungstruppen" ein= geliefert. In La Santé begegnete ihm Abbé Stock zum ersten Male.

Abbé Stock hat auf den ersten Blick offensichtlich keine große Sympathie für Abbé Le Meur gehabt. Er war kein „Patriot" und hatte keine heldische Natur. Er hatte eine andere Vorstellung vom Priestertum und ver=

stand jene französischen Priester nicht, die wegen ihrer Beteiligung am Widerstand eingesperrt wurden.

Abbé Le Meur wurde mangels hinreichender Beweise am 20. Juli freigelassen. Nachdem er seinen Dienst in Alfort wiederaufgenommen hatte, nahm er ebenso auch seine Tätigkeit für die Widerstandsbewegung wie= der auf: Herstellung gefälschter Papiere, die junge Franzosen benötigten, die der Zwangsarbeit in Deutsch= land entgehen wollten, Anfertigung gefälschter Papiere für Franzosen in Deutschland, die für die Flucht und geheime Reisen gebraucht wurden. Er trat auch in Ver= bindung mit einem Maquis von „Eure et Loir" und mit dem Widerstandsnetz „Eisen".

Anfang 1944 wurde sich Abbé Le Meur klar, daß der neue Küster von St. Agnes ihm Lebensmittelkarten und Papiere stahl, die für junge Leute bestimmt waren, die sich verborgen hielten, um zur S. T. O. zu flüchten; aber er bemerkte es zu spät, der Küster hatte ihn be= reits bei der Besatzungsbehörde angezeigt, um eine „Prämie" zu erhalten.

Am 17. März 1944 erschien um 10 Uhr morgens bei Abbé Le Meur die Gestapo und befahl ihm, für 14 Tage Wäsche einzupacken; dann mußte er in einen der beiden Wehrmachtwagen steigen, die vor der Türe warteten. Die Fahrzeuge schlugen sofort die Richtung nach der Kirche von C. ein. Abbé Le Meur wurde in dem einen Wagen von zwei deutschen Polizisten be= wacht, während andere Beamte zu Abbé D., einem Mit= verschworenen von Le Meur, hinaufstiegen; D. gelang es nichtsdestoweniger noch im letzten Augenblick, sich mit einem Sprung aus dem Fenster des ersten Stock= werkes zu retten und dann über mehrere Mauern hin= weg zu flüchten. Die verärgerten Polizisten verhafteten einen anderen Vikar.

Abbé Le Meur wurde in Fresnes inhaftiert, zweimal

in der Rue des Saussaies verhört, wo er dem verräteri=
schen Küster von St. Agnes gegenübergestellt wurde.
Le Meur bewies, daß der Küster ein Dieb war. Die
Deutschen antworteten: „Ja, er ist ein Dieb, aber Sie
produzieren Papiere!" Er wurde geohrfeigt und von
einem deutschen Offizier mit dem Revolver bedroht,
weil er ihm entgegengehalten hatte, „daß Deutschland
diesen Krieg bereits verloren habe".

„Seine Familie hatte", wie eine seiner Schwestern
berichtete, „die Erlaubnis, ihm ins Gefängnis von Fres=
nes Pakete zu bringen. Diese wurden sofort in die Zellen
gebracht, und alle Umhüllungen, Einschlagpapier usw.
wurden der Familie gleich zurückgegeben. Die Gefan=
genen ‚halfen' dabei, die Umhüllungen in die Koffer
zu verpacken, und so fanden wir kleinste Botschaften,
zum Beispiel in einen Marmelade=Karton hinein=
geschmuggelt, und darin setzte er uns in Kenntnis von
seinen Fluchtplänen."

Am 17. Mai 1944 wurde der Gefangene nach Com=
piègne gebracht. Dort fiel er sofort durch seine Wei=
gerung auf, einfache deutsche Soldaten zu grüßen; er
berief sich darauf, französischer Offizier zu sein. Viele
Gefangene faßten daraufhin Zutrauen zu ihm und
kamen ihm mit der Bitte, ihre Flucht zu organisieren.
Aus Compiègne zu fliehen war eine schwierige, wenn
nicht unmögliche Sache. Doch Le Meur dachte an den
Zug, der sie in ein Konzentrationslager nach Deutsch=
land bringen würde.

Lassen wir Abbé Le Meur selbst nun sein Aben=
teuer erzählen: „Drei Männer waren vor allem an der
Vorbereitung und Durchführung dieser Operation be=
teiligt: M. Jean Martin, ein Garageninhaber, kümmerte
sich um den technischen Teil und hatte den Waggon zu
öffnen; M. Jean Biaggi, Dr. jur., hatte schon mehrere
Fluchtversuche in Compiègne vorbereitet und konnte

uns das notwendige Werkzeug liefern, schließlich ich selbst, der ich durch meine entschlossene persönliche Haltung und gewisse Umstände zum Chef des ganzen Unternehmens und Organisator des Fluchtversuches bestimmt wurde.

Im Verlauf einer langen, vorsichtigen und gefährlichen Vorbereitung von 10 bis 12 Tagen in Compiègne hatten Biaggi und ich eine Verschwörung von 90 Anhängern gebildet. Sie waren unter den Widerstandskämpfern ausgewählt worden, die unserem Lande im Augenblick der Invasion besonders nützlich sein könnten. Die Invasion stand damals unmittelbar bevor.

Die Deutschen wandten alle klassischen Methoden an, die gewöhnlich wirksam sind, um jeden Fluchtversuch unmöglich zu machen und alle Verschwörungen zu unterbinden. So wurde ich z. B. wegen meiner Haltung im Lager bei den öffentlichen Kontrollen ('dem Filzen') fast ganz ausgezogen. Aber die Metallsägen waren woanders. Wie man beim Bridge die Karten immer wieder mischt, so wurde unsere Verschwörergruppe in mehrere Bruchstücke auseinandergerissen. Um uns drei hielt sich schließlich eine Gruppe von 25 bis 30 Mitgliedern.

Als wir in die Waggons stiegen, wurden wir noch einmal wieder von einem Teil dieser Gruppe getrennt. 80 Gefangene kamen in einen Waggon. Sie kennen diese Fahrten: Durst (8 Stunden ohne einen Tropfen Wasser, bis 80 Personen in einem Waggon bei glühender Sonne) — dabei wird wenigstens einer im Waggon bestimmt verrückt und tobt mehr oder weniger usw.

Am 4. Juni mußten wir um 8 Uhr in Compiègne in den Zug einsteigen, um 21 Uhr sind wir noch in Lagny.

Nach einigen Stunden haben sich die ersten Verschwörer wieder gesammelt, haben sogar einige von den anderen für unseren Fluchtplan gewonnen; da=

neben gibt es auch eine sture Gruppe von 15 Unbekehr=
baren. Diese fürchten Repressalien gegen die übrigen
Gefangenen, ihre Familien, gegen andere, ja gegen
Frankreich. Die deutschen Erpressungsmethoden be=
drücken sie so sehr, daß sie erklären, sie würden sich
mit Gewalt der Verwirklichung unseres Planes wider=
setzen.

Es gibt eine harte, leidenschaftliche und sehr laute
Diskussion in dem Waggon mit den dünnen Bretter=
wänden, der mit einem SS=Posten vor der plom=
bierten Türe über 3 Stunden auf dem Bahngeleise in
Lagny steht. Wir beendigen dieses Palaver: Wir wer=
den jedem die Fr ... zerschlagen, der es wagen wird,
etwas gegen unser Unternehmen auszurichten.

Einer von meinen Kameraden schlägt mir unter dem
Eindruck dieser Umstände vor, den Rosenkranz zu be=
ten. Ich dämpfe diesen Eifer, und wir beten nur ein Ge=
setz mit zehn ‚Ave'. Aber welche Wirkung mußte dieses
Gebetsgemurmel auf die braven Reisenden von Lagny
haben, die vielleicht noch daran glaubten, die SS würde
nur ‚Terroristen' und ‚Banditen' wegführen, wie Radio
Paris behauptete!

Die Stunde des Handelns war gekommen. Während
sich Martin, sobald der Zug rollt, mit den Waggon=
brettern befaßt, mache ich die Startliste für die Flucht
fertig. Es geht darum, nach einer genau festgelegten
Reihenfolge auszubrechen, und zwar in kleinen Grup=
pen von drei bis vier Personen, damit sie nicht wie eine
große Bande leicht bemerkt werden können und doch
stark genug sind, um den Verwundeten zu helfen.

Denn es würde sicherlich Verwundete und Tote dabei
geben. Wir werden wahrscheinlich 10 % unserer Leute
verlieren (innerlich rechnete ich mit noch mehr). Wir
müssen bei voller Zuggeschwindigkeit, zwischen 70 bis
80 km, abspringen; es ist immerhin besser, irgend=

welche Verletzungen in Kauf zu nehmen, als von den gut gezielten Kugeln des Wachtpostens, der hoch auf dem Bremserhäuschen unseres Waggons sitzt, getroffen zu werden. Außerdem konnten die Wachmannschaften von der Plattform eines Waggons aus, der 10 Meter hinter unserem Waggon fuhr und mit zwei Scheinwerfern ausgerüstet war, den ganzen Zug beobachten.

Die Liste aufzustellen war schwierig. Würden die Wachen nach den ersten Absprüngen schießen? War die geplante Methode des Absprungs richtig? Würden die letzten auf der Liste überhaupt noch abspringen können? Die Reihenfolge war nach der Dauer der Zugehörigkeit und entsprechend der Aktivität in der Verschwörung festgelegt; es waren 60 Freiwillige in 16 Gruppen.

Die Methode des Absprunges wurde ausführlich, lang und breit wiederholt, erklärt und kommentiert. Man mußte sich auf das Trittbrett des Waggons, und zwar auf die rechte Seite, legen, die Füße nach vorn. Beim Springen galt es dann, sich ungefähr in einer Vierteldrehung vom Waggon (den man links hatte) abzustoßen, so daß man mit vorgestreckten Füßen möglichst auf den Rücken fiel. Wie viele Fragen gab das! Wieviel Unverständnis! Und welche Überredungskunst gehörte dazu, um jeden zu überzeugen, daß es „die" Methode sei, um seine Haut mit dem geringsten Risiko zu retten.

Unterdessen nahm die Attacke auf die Bodenbretter des Waggons eine wahnsinnige Zeit in Anspruch; schon war es 2 Uhr morgens, und noch war nichts erreicht. Man entschließt sich, nach einem zweiten Plan vorzugehen; eine Seitenplanke des Waggons soll in der Höhe des plombierten Türriegels entfernt werden. Aber welche Gefahr droht da, welche Geschicklichkeit ist er=

forderlich, um nicht gesehen zu werden! Bei jedem noch so kurzen Halt des Zuges steigt unser Wachtposten von seinem Beobachtungsstand herunter; weitere 80 SS=Männer leuchten mit ihren elektrischen Taschenlampen die Waggons von allen Seiten ab und kontrollieren sie. Endlich gelingt es Martin, ein Seitenbrett und die Schrauben durchzusägen, ohne daß man von draußen etwas merkt. Er sägt schrägkantig, und der äußere Schnitt bleibt unter den Winkeleisen verborgen.

Während dieser Arbeiten hält der Zug auf jedem größeren Bahnhof an. Das ist für unsere Arbeit ver=lorene Zeit, denn der Wachtposten steht einen Meter von der Waggontür entfernt und lauscht.

Vor Epernay hält der Zug in einer Kurve auf einem zerstörten und notdürftig wieder reparierten Geleise. Die Lok hat nicht genügend Druck und rutscht. Die Zeit enteilt. 3 Uhr bereits! Bald wird der 5. Juni anbrechen! Der Vollmond steht bereits mit einem schrecklich hellen Licht am Himmel. Man kann mehr als 200 Meter weit sehen. Der erste wird abspringen, wird davonkommen, aber schon der zweite wird viel=leicht von den Kugeln aus der Maschinenpistole des SS=Mannes aus dem 3.=Klasse=Wagen getroffen, und das Maschinengewehr am Ende des Zuges (der natürlich längst hält) wird die Arbeit vollenden! ...

Endlich fährt der Zug wieder an. Das Brett ist durch=gesägt, entfernt, und jetzt sind wir in Châlons! Man muß es wieder an seine Stelle bringen! Wenn nur der Deutsche nichts von der Arbeit merkt!

Der Zug läuft in den Bahnhof ein, verlangsamt sein Tempo . . . aber er fährt doch weiter, ohne anzuhalten. Gott sei Dank! Kaum ist die letzte Weiche vorüber, wird das Brett wieder fortgenommen und an dem Ver=schluß gesägt, der von außen den Waggon verriegelt. Fünf Minuten fieberhafter Arbeit, Martin beeilt sich,

ich habe die Hand am Drücker. Plötzlich gibt dieser nach, ich öffne die Waggontüre.

Eindrucksvolles Schweigen im Waggon. 60 Männer, die abspringen wollen, müssen jetzt handeln. Die zwan= zig anderen können es auch, wenn sie wollen. Aber alles auf Befehl.

Dieser Befehl lautet: Gruppe Nr. 1 an die Waggon= tür.

Gruppe Nr. 2 bereitet sich vor.

Hauptmann Morhange, Chef der Gruppe Nr. 10, hier ist die Liste. Sie leiten die Sprungfolge, bis Sie selber an der Reihe sind.

Ich lasse den Platz Nr. 1 Martin; er hat ihn ver= dient; er war geschickt, willig und hatte eine auf= reibende Arbeit.

Durch einen Scheinwerferstrahl und durch das Er= scheinen eines Kopfes im Bremserhäuschen irritiert, ver= gißt Martin die Belehrung über den Sprung und springt schlecht, er springt aufrecht. Durch die Geschwindigkeit des Zuges von 60 bis 70 km werden ihm die Beine hochgetrieben, und er fliegt mit dem Kopf zuerst in den Dreck. Schlecht! Wird er wieder aufstehen?

Das beste ist, nachzuschauen. Und außerdem ist jetzt keine Zeit, darüber nachzugrübeln.

Kaum ist Martin am Boden, werfe ich meine Soutane hinaus (sie darf beim Absprung nicht zerrissen werden, weil ich sie morgen noch brauche). Ich bin auf dem Tritt= brett, liege auf der rechten Seite, mache eine Viertel= wende (man schaut mir genau zu, um die richtige Me= thode zu sehen). Fünf Sekunden nach Martin bin ich in einem tollen Ruck auch am Boden, und ich bleibe auf der Böschung, nur wenige Zentimeter von den Rädern entfernt, liegen, die über die Schienenstöße springen, tack=tack . . . tack=tack . . . Der Zug hält nicht, die Ma= schinengewehre schießen nicht, die SS=Leute sind vor=

beigerollt. Aber der Zug ist lang. Wir sind 2552, nein, wir waren es . . ., denn jetzt rollt er nur noch mit 2550 Deportierten den Gefängnissen entgegen. Endlich kommt der Beobachtungsstand mit dem Maschinen= gewehr und den beiden Wachtposten, die sich mehr und mehr im Mondlicht entfernen und in der Kurve ver= schwinden.

Gott sei Dank! Frei! Frei!

Schnell auf, nichts gebrochen, die beiden Hände etwas verstaucht, die Haut geschrammt (ich bin in Hemdsärmeln abgesprungen). Ich setze mich nach den Anweisungen, die jeder Gruppe gegeben waren, nach hinten ab. Martin ist am Kopf hart getroffen, er blutet überall. Ich schleppe ihn unter einen Baum in der Nähe der Marne und suche dann die andern. Sind sie verwun= det? Ich treffe bald darauf alle drei. Die Hände in den Hosentaschen, kommen sie an. Ihnen ist nichts passiert.

Biaggi kommt als erster, er hat erst kürzlich das Krankenhaus nach einer Bauchoperation, die infolge seiner Verwundungen von 1940 nötig war, verlassen. Die Operationswunde war kaum verheilt. Er hat nichts abbekommen. Georges ist ebenso unverletzt. Das schlimmste ist, daß seine Hose davongeflogen ist!

Und nun? Ein Bauernhof wird angegangen, der uns nicht öffnen will. Man tut, als ob man uns nicht höre. Es ist 3.30 Uhr. Wir suchen dichtes Gebüsch auf, legen 20 km in einem ermüdenden Marsch zurück, die Furcht vor dem Erkanntwerden zwingt uns immer wieder zu Umwegen. Aufklärungsflugzeuge überfliegen uns stän= dig und zwingen uns, in den Wäldern zu bleiben. Ein Bürgermeister hat Angst, uns aufzunehmen, und bittet uns, weiterzugehen. Endlich treffen wir einen Pfarrer, den jungen Pfarrer von Coole, der uns großartig auf= nimmt, ohne ängstliches Abwägen, ohne Zögern; er bie= tet uns Essen und Schlafgelegenheit an, fotografiert uns (für unsere falschen Pässe) und arbeitet die ganze Nacht in seinem Labor.

Am nächsten Morgen ist alles fertig. Aber man sagt, in der Umgebung seien in dieser Nacht französische Fallschirmjäger abgesprungen. Vier davon sollen auf einem Bauernhof sein, zwei Kilometer von Coole entfernt. Drei weitere sind in den Wäldern von Vitry=le= François gesehen worden.

Jetzt sind wir nur einfache Wanderer, ein Geist= licher und vier Pfadfinderführer, die einen Zeltplatz suchen. Wen täuschen wir? Weder die Bäuerin, die mir 15 Trinkeier verkauft und Weißbrot ‚besonders für Wanderer', noch den Arzt, der uns mit unserem Ver= wundeten, dessen Kopf schlimmer als der einer Mumie verbunden ist, gern in seinem Wagen transportiert.

Was würde es uns nach alldem schon ausmachen, wenn wir wiedergeschnappt würden. Wir haben ihnen ein solch herrliches Schnippchen geschlagen! Wir sind einige Zeit frei in der wunderschönen Landschaft Frank= reichs herumgestreunt! Und dann gibt es da noch die „Fallschirmjäger" auf dem Bauernhof. Das sind die Un= seren, wir spüren es. Sie verdanken uns ihre Freiheit. Sie werden auch nicht alle wieder eingefangen werden.

Eine einzige Frage nur quält uns, aber niemand wagt, sie auszusprechen. Biaggi und ich vor allem denken an die sechzig Freiwilligen in dem Waggon, an die offene Tür. Wie viele von ihnen hatten Zeit genug, um ab= zuspringen? Wie weit waren sie auf ihrer Absprung= liste, als das Maschinengewehr die Reihenfolge der Flucht gestoppt hat?

Angst und die Gewissensfrage: Hätten wir nicht als letzte abspringen sollen? Und doch mußten wir allen ein mutiges Beispiel geben, denn wir hätten ja die ersten sein können, die man abknallte.

Nun, an diesem Morgen des 6. Juni erreicht uns eine

große Neuigkeit; am frühen Morgen hat in der Nor=
mandie die Landung begonnen. Jetzt gilt es also, sich
nützlich zu machen, so schnell wie möglich in den
Befreiungskampf einzugreifen, und unsere Vereini=
gung verdoppelt nun unsere Mittel und unsere Bezie=
hungen. Schnell mit dem Zug nach Paris! In Châlons
geben uns ein Generalvikar und ein Präfekt Unter=
kunft, Geld, Kleidung und Ausweispapiere.

Der Sohn des Präfekten, ‚Milizsoldat‘, bringt uns
selbst zum Zug, überwacht die deutsche Polizei, be=
schützt uns und macht uns die größte Freude bei die=
sem Abenteuer, eine Freude, die noch größer ist als die
über unsere Freiheit, er berichtet uns, daß unser Unter=
nehmen ein voller Erfolg war; denn die Deutschen
haben an alle Polizeiposten die Suchmeldung nach 45
Franzosen durchgegeben, die zwischen Châlons und
Bar=le=Duc entflohen sind. Nur 45? Das ist gewiß eine
Falschmeldung, dessen bin ich sicher! Denn wenn sie
zwischen Châlons und Bar=le=Duc Zeit zum Absprung
hatten, sind nicht nur 45, sondern alle 60, vielleicht
sogar 80, alle Insassen des Waggons, entkommen.

Doch ich habe die Zahl später feststellen können.
Viele haben mich später in meiner Dienststelle bei der
Militär=Seelsorge besucht, und ich mußte mich leider
überzeugen, daß nur 45 Mitgefangene den Sprung ge=
wagt und die Angst vor der Geschwindigkeit und dem
Sturz überwunden hatten. Von den 60 Freiwilligen hat=
ten 15 Angst bekommen; unter ihnen waren wirklich
tapfere Männer, die schon von Anfang an als Frei=
willige zu uns gehörten. Einen davon kannte ich beson=
ders gut, er starb in Bergen.

In Bar=le=Duc hatte die SS die offene Waggontür ent=
deckt und die 35, welche die Flucht nicht gewagt hatten.
Was ist daraufhin geschehen? Ich war zwar nicht dabei,
aber ich weiß genau darüber Bescheid, da einige Män=

ner von jenem Transport später zurückgekehrt sind. Es sind nur wenige! Von den 2500 habe ich nur drei wie= dergesehen.

Die Deutschen waren wütend. Sie haben alle Fran= zosen, wo in den Waggons Spuren eines Werkzeuges entdeckt wurden, gezwungen, sich ganz auszuziehen. Sie haben sie dann zusätzlich noch in die anderen Wag= gons mit hineingepfropft.

Aber die Kameraden aus unserem Waggon bleiben von Strafe verschont, zur Belohnung für ihre Einsicht und Klugheit. Von uns haben sie nur Leutnant Mauges wieder ergriffen, der in Châlons von einem französi= schen Gendarmen verraten worden war. Von den 44 anderen wurde einigen die gefährliche Ehre zuteil, in die Fahndungsliste der Gestapo zu kommen mit dem Vermerk ‚gefährlich — zu erschießen, verantwortlich für Flucht‘.

Diese Liste entriß Hauptmann Morhange (Gruppe Nr. 10) der SS während der Kämpfe um Paris. Der Vermerk auf dieser Liste erfüllt uns mit mehr Genug= tuung als das Kreuz der Ehrenlegion oder das Kreuz für die Befreiung." — — —

Nach der Befreiung wird Abbé Le Meur Seelsorger für die aus politischen Gründen Deportierten und wird Abbé Rodhain für die Seelsorgestelle der deutschen Kriegsgefangenen in Frankreich beigegeben.

In dieser Eigenschaft erinnert sich Abbé Le Meur an seinen ehemaligen deutschen Gefängnispfarrer in La Santé und Fresnes, Abbé Stock. Und mit ihm zusam= men organisiert er das Gefangenen=Seminar von Morancez (Le Coudray) bei Chartres und legt damit den ersten Grundstein einer Aussöhnung der beiden verfeindeten Völker.

9. KAPITEL

Ein Kreuzweg geht zu Ende

Doch bevor wir über die Zusammenarbeit von Stock und Le Meur weiter berichten, müssen wir noch ein= mal zur Tätigkeit Franz Stocks in den Pariser Gefäng= nissen zurückkehren. Während Abbé Le Meur sich mit den deutschen Gerichten herumschlägt und seine ver= wegene Flucht vorbereitet, trägt Franz Stock, mehr und mehr erschöpft und geschwächt, sein schweres Kreuz des priesterlichen Dienstes in den Gefängnissen weiter.

Getreu, aber viel kürzer als im Anfang, fährt er fort, in sein Tagebuch die wichtigen Ereignisse des Tages einzutragen.

Dienstag, den 28. März 1944.

Sechs Erschießungen: de Jongh Friedrich, ein Belgier. Hat immer für seinen Glauben gekämpft. Bis zum Ende hat er oft mit seinem Freund Aylé kommuniziert. Ein tiefer Mensch.

Robert Aylé ist so friedlich und so fromm, wie man es nur selten findet. Er hat sehr oft kommuniziert. „Wollte niemals Ungelegenheiten schaffen." Er war in katholischen Kreisen sehr bekannt: „Temps Présents" usw. Seine Frau ist drei Jahre lang in Fresnes gewesen.

Am übernächsten Tag mußte ich Frau Aylé die Er= schießung ihres Mannes mitteilen. Sehr schmerzlich!

„Sehr schmerzlich" . . . hatte Franz Stock in sein

Tagebuch eingetragen. Frau Aylé erinnert sich genau an den Besuch von Franz Stock. „Diese erste Begeg= nung, die ich mit ihm hatte, war nicht sehr glücklich, das muß ich gestehen, denn als er mir diese furchtbare Nachricht ausrichtete, schien er selbst noch ganz von der Freude über dieses gute Sterben erfüllt zu sein, dessen Zeuge er gewesen war.

Ich stelle mir noch genau vor, wie ich ihn frage: ‚Wie ist er gestorben?' Und er antwortet mir darauf: ‚Fünf Minuten, bevor ihn die Kugeln trafen, war er bereits ganz beim Herrn! . . .'; schließlich als er dies sagte, war sein Gesicht wie von innen erleuchtet, strahlend, und ich, ich stand da vor ihm mit meinem Schmerz.

Nach meiner Rückkehr aus der Deportation hatte ich mehrere Male Gelegenheit, Franz Stock wiederzusehen. Das war dann ganz anders für mich: ich habe ihn sehr geliebt, und ich habe auch begriffen, welch großen Wert ein solches Sterben in seinen Augen als Priester hat.

Mein Mann hatte mir in der Nacht vor seiner Hin= richtung einen Abschiedsbrief geschrieben, ‚einen sehr langen Brief', wie mir Abbé Stock berichtete. Diesen Brief habe ich leider nie erhalten. Die Hoffnung, ihn nach meiner Heimkehr aus der Deportation noch zu be= kommen, hielt mich in den Lagern hoch . . . Glücklicher= weise konnte ich durch einen Brief von Abbé Stock doch einige Einzelheiten erfahren. Ich erfuhr zum Beispiel, daß der Gefängnispfarrer die Nacht vom 27. auf den 28. März in der Zelle der zum Tode Verurteilten ver= brachte und dort auch die Messe feierte, in der sie kom= munizierten. Der Brief Stocks schloß: ‚Wer so gut ster= ben kann wie Ihr Mann, der ist da droben. Seine Vor= bereitung auf den Tod war vollkommen, und von allen, die auf dem Mont Valérien erschossen worden sind, werde ich einen nicht vergessen, das war Ihr Gemahl. Ein wahrer Heiliger, Vorbild eines französischen Ka=

tholiken, überzeugender Typ der Katholischen Aktion. Er wird in meinem Gedächtnis einen guten Platz haben, so wie er ihn bei Ihnen gehabt hat. Er wird auch an uns hier auf der Erde denken, wie er es mir im letzten Augenblick versprochen hat, als ich von ihm die Gunst erbat, er möge im Himmel droben an alle die denken, die noch auf dieser Erde bleiben. Er sagte: ‚Ja, ich werde es tun.' Welche Frömmigkeit und Glaubensstärke! Das sind unsere großen modernen Heiligen — Fürsprecher bei Christus —, und ich will Ihnen gern gestehen, daß ich oft an die Erschossenen von Mont Valérien und Place Balard denke. Wenn ich da oben bei Gott Fürsprache brauche, erinnere ich sie an das, was sie mir im letzten Augenblick versprochen haben, nämlich gern an uns zu denken! Und ich bin so oft erhört worden. Ich habe großes Vertrauen! Zeigen wir uns ihrer würdig."

„Das sind unsere großen modernen Heiligen."

Franz Stock täuscht sich nicht. Er hat diese Männer mit eigenen Augen gesehen, er hat uns aufbewahrt, was sie ihm anvertrauten, und ist dem Weg der Gnade in ihrer Seele gefolgt; so zum Beispiel bei de Jongh, der drei Tage vor seiner Verhaftung, als er auf dem Tisch der Familie Aylé ein Buch über Christus liegen sah, erklärte: „Nein! Nein! — Gott — ja! Aber euer Christus — nein!" Und doch hat Frau Aylé ihrem Manne anvertraut: „Aus dem Ton, wie er mir dies sagte, spürte man trotzdem heraus, wie nahe ihm die Gnade war."

Vor dem deutschen Militärgericht, welches das Urteil über die Mitglieder der Widerstandsbewegung zu sprechen hatte, konnte de Jongh Frau Aylé ins Ohr flüstern: „Ich kann Ihnen eine frohe Nachricht mitteilen, die Ihnen Freude bereiten wird. Ich glaube, Abbé Stock hat mir viel geholfen, er hat mir Bücher besorgt."

So reift Heiligkeit und wächst noch mehr im Schmelztiegel der Leiden im Gefängnis, in der Erwartung des nahen Todes; Robert Aylé ist dafür ein Beispiel. Seine ganz von Reinheit und Liebe erfüllte Persönlichkeit versucht ein Artikel in der ersten Nummer von „Temps Présents" nachzuzeichnen, der kurz nach der Befreiung erschienen ist: „Ich sehe noch immer unseren Freund Robert Aylé, wie er an einem hellen Sommermorgen 1941 in mein Büro tritt, mir mit einer Schlichtheit, die jede Phrasendrescherei ausschließt, erklärt: ‚Ich schätze, daß ein Christ sich in diesem Augenblick engagieren muß. Es gibt keine Meinungsfreiheit mehr. Darum muß man durch geheime Zeitungen sagen, was notwendig ist, und so den Kampf gegen die antichristliche, nazisti=sche Weltanschauung, die durch alle Poren in uns ein=dringt, führen.'

Einige Monate später kam er wieder: ‚Man muß noch mehr tun. Es gibt einen dringenden, patriotischen Dienst, man muß der Widerstandsbewegung helfen; man hat mir vorgeschlagen, in eine Organisation ein=zutreten, die alliierte Flieger, die bei einem Flug über Frankreich und Belgien zum Landen gezwungen sind, beherbergt und ihnen hilft, nach Spanien zu kommen. Ich habe mich entschlossen, dabei mitzumachen.'—‚Wis=sen Sie, daß Sie Ihren Kopf riskieren?' — ‚Ja, aber ich bin aus der Klasse 19, ich habe den Krieg nicht mit=gemacht, weil ich bei der Musterung für untauglich er=klärt wurde. Jetzt sehe ich hier meine Aufgabe. Und dann habe ich keine Kinder. Es ist also ganz natürlich, daß ich mich einsetze.'

Er ‚arbeitete' so zwei Jahre lang, nahm englische Flie=ger bei sich auf, beherbergte sie wochenlang — genau so lange, wie es notwendig war, um die Fahrten nach Spa=nien vorzubereiten, wobei er jedesmal in aller Ruhe die damit verbundene Todesgefahr auf sich nahm. Dies hinderte ihn andererseits keineswegs, im Sinne seines Apostolates tätig zu sein, immer treu die monatlichen

173

Gemeinschaftsmessen in Notre=Dame zu besuchen, wel= che die Freunde von ‚Temps Présents' organisierten. Er selbst veranstaltete ‚Tage der Christenheit', war immer liebenswürdig, einfach und voll Hingabe. Er war ein vorbildliches Mitglied des Dritten Ordens des hl. Dominikus, ein Krankenhelfer in Lourdes, der seine Hilfsbereitschaft oft unter Beweis gestellt hat. Sein Blick war klar und tief wie seine Seele. Er war schon immer ein Freund der Armen gewesen und hatte bereits vor dem Kriege den A. S. A., das heißt ‚Accueil aux Sans Abri', ein Heim für Clochards, gegründet . . . Mit seinen Freunden schlief er auch reihum in dem Heim bei den Clochards. Er wollte ihnen nicht nur materielle, sondern auch geistige Hilfe zukommen lassen.

Dieser Mann, dessen Leben ganz den Unglücklichen, den einfachen Leuten gehörte, wollte sich auch für seine Heimat opfern. Mit seiner Frau im Juni 1943 verhaftet, wurde er in Fresnes eingesperrt, wo er, wie üblich, Bru= talitäten, erschöpfende Verhöre und gefährliche Gegen= überstellungen über sich ergehen lassen mußte. Im März 1944, nach zehn qualvollen Monaten, wurde er zum Tode und seine Frau zu drei Jahren Zuchthaus in Deutschland verurteilt.

Er war bis zum Schluß ruhig und voller Mut. Die beiden letzten Wochen seiner Haft verbrachte er damit, einen seiner Mitgefangenen, einen prächtigen Burschen, de Jongh, im christlichen Glauben zu unterweisen. Dieser hatte in zehnmonatiger Einzelhaft ganz allein zu Gott zurückgefunden. Robert Aylé vollendete seine Vorbereitung; seine letzte Freude bestand darin, daß beide am Erschießungsmorgen Seite an Seite, Märtyrer für die gleiche Sache, in der heiligen Kommunion den Leib dessen empfingen, der gesagt hat: ‚Wer sein Leben verlieren will, wird es retten.' Er wurde auf dem Mont Valérien erschossen."

Das Zeugnis von Frau Aylé, das wir weiter oben an=
führten, könnte den Eindruck erwecken, daß Abbé
Stock gegenüber der Summe der Leiden, die jeder To=
desfall einschloß, dessen Zeuge er wurde, unempfind=
lich geworden wäre und daß dieser Priester nur noch von
der Größe solchen Sterbens beeindruckt gewesen wäre.
So war es aber nicht. Der Dichter Reinhold Schneider
hat in seinem Buch „Verhüllter Tag" von seiner Begeg=
nung mit Franz Stock geschrieben:

„An einem dunklen Winterabend erzählte Pfarrer
Stock aus den Pariser Gefängnissen; wir hatten uns
vor dem Kriege kennengelernt, nun hatte sich ein Lei=
den auf ihn gehäuft, vergleichbar dem, was Spee unter
den Schlägen des Hexenhammers zu tragen hatte. Er
suchte zu retten, zu helfen; er tröstete vor dem Ende,
hörte die Flüche der unter den Schüssen Zusammen=
brechenden auf den Verderber, verwahrte die letzten
Habseligkeiten und Andenken und übermittelte sie den
Hinterbliebenen: Tag für Tag und Stunde für Stunde,
Nacht für Nacht einem Leid gegenübergestellt, das nur
aus der Kraft des Sakramentes zu tragen war. Aber die
Kraft des menschlichen Herzens mußte einmal versagen."

Nur wenige eingeweihte Freunde haben um das Leid
gewußt, das er schweigend und in äußerer Unbeweg=
lichkeit trug, das ihn zugrunde richtete. Oft hat man
ihn bei der Feier der Messe weinen sehen.

Einem Freund gestand er eines Tages: „Manchmal
kann ich nicht mehr. Ich bleibe oft ganze Nächte wach,
ohne Schlaf zu finden . . ."

Eines Tages, als er sehr niedergeschlagen war, ge=
stand er einem Freund: „Ich habe so vielen Hinrichtun=
gen und nicht bloß solchen durch Erschießung beiwoh=
nen müssen — wie schrecklich können doch die Men=
schen sein."

In bezug auf die Zahl der Gefangenen, die Franz

Stock zur Richtstätte begleitet hat, weichen die verschiedenen Vermutungen stark voneinander ab. Franz Stock hat sich selber später auch nicht klar darüber geäußert. Genaue Unterlagen hatte er damals nicht mehr zur Hand. „Es ist eine vierstellige Zahl und nicht die kleinste" — diese Äußerung hat er in Chartres getan, wie einer seiner Seminaristen, der jetzige Armeepfarrer Raimund Winklhofer, uns wissen läßt. Fräulein Berlinghof berichtet, daß er in Rastatt später, gelegentlich eines Urlaubs von Chartres aus, ihr gegenüber von „so gegen 800" gesprochen habe.

Der Kreuzweg Franz Stocks ging am 19. August 1944 zu Ende. An diesem Tage mußte er der letzten Erschie=ßung beiwohnen, der des P. M., eines jungen Mannes von 18 Jahren. Es war ein deutscher Kaufmann, der bereits vor neun Monaten zum Tode verurteilt worden war. Er lag in der Krankenabteilung von Fresnes.

Am 13. August schloß Abbé Stock sein Tagebuch mit den Worten: „*Gottesdienst in Notre=Dame des Champs. Danach zum Kommandanten, für Franziska und Fräulein Berlinghof Marschbefehle. Morgen verlassen sie Paris. Ich wohne seit heute im Hotel Palais d'Orsay, Zimmer 37.*"

Wie im Jahre 1939, vor Beginn des Krieges, verlassen seine Schwester Franziska und seine Sekretärin, Fräu=lein Berlinghof, überstürzt Paris. Er selbst bleibt dieses Mal. Was wird er tun, was wird aus ihm werden? Er weiß es nicht. Und er wählt auch nicht.

Seit Beginn der Invasion am 6. Juni 1944 hatten die alliierten Truppen sich unaufhaltsam der Stadt Paris genähert. Hitler hatte dem Stadtkommandanten, General von Choltitz, der nach dem mißglückten Versuch der deutschen Widerstandsbewegung am 20. Juli, Hitler und sein Regime zu beseitigen, an die Stelle von General von Stülpnagel getreten war, den Befehl gegeben, die Stadt vor dem Abzug der deutschen Truppen zu zerstören. General von Choltitz hatte den Befehl nicht ausgeführt.

Beim Herannahen der alliierten Truppen kam es in der Stadt zu Streiks und zu einem Aufstand der französischen Widerstandsbewegung. Barrikaden wurden errichtet, es gab Schießereien und Straßenkämpfe. Am 24. August erreichten die ersten französischen Truppen die Porte d'Italie und drangen bis zum Rathaus vor. Am 25. unterzeichnete General von Choltitz die Kapitulation der deutschen Truppen, am 26. zog General de Gaulle über die Champs-Elysées in Paris ein.

Abbé Stock blieb in diesen kritischen und schwierigen Tagen natürlich nicht untätig in dem Hotel, wohin er sich zurückgezogen hatte. Ohne zu warten, eilte er an die Stätten der Schießereien, um den Verwundeten und Sterbenden beizustehen. Als er dann erfuhr, daß die verwundeten und nicht transportfähigen deutschen Soldaten im Hospital La Pitié bleiben mußten und nur ein deutscher Arzt und zwei Schwestern bereit waren, für sie zu sorgen und bei ihnen auszuharren, ging er ohne Zögern zu ihnen und stellte sich ihnen Tag und Nacht zur Verfügung. Er fand in diesen Tagen weder Schlaf, noch kam er überhaupt aus den Kleidern. Bald fiel das Hospital in die Hände der Befreiungsformation der F. F. J.; ein Hauptmann ging zum deutschen Arzt und forderte auf der Stelle die Auslieferung mehrerer Geiseln, die er erschießen lassen wollte, um die Grausamkeiten der Gestapo und SS zu rächen. Der Arzt ließ eilig Abbé Stock rufen, der gerade beim Krankendienst war. Als Franz Stock kam, war der Hauptmann einen Augenblick starr und stotterte dann: „Oh! Monsieur l'Abbé!" Der Offizier war in Fresnes im Gefängnis gewesen und erkannte in dem Priester seinen früheren Seelsorger. Das Spiel war sofort gewonnen.

„Als Sie in Fresnes waren", sagte ihm Abbé Stock, „habe ich Ihnen geholfen. Jetzt ist es an Ihnen, mir zu helfen!" Der völlig verwirrte Offizier fertigte ein Schriftstück aus und unterzeichnete es. Es wurde am Portal des Hospitals angeschlagen. Das Lazarett wurde unter den Schutz der Résistance gestellt und alle Insassen vor jeglichen Vergeltungsmaßnahmen gesichert. Als am 25. August 1944 alles vorbei war und in den Straßen der Weltstadt das große Fest der Befreiung begann, wußte Franz Stock, daß nun seine französischen Freunde seiner nicht mehr bedurften. Er dachte sofort an seine unglücklichen Landsleute, an jene, die nun die Rechnung für die Verbrechen seines Landes würden bezahlen müssen, die Kriegsgefangenen. Für sie wurde er nun seinerseits freiwillig Gefangener.

„Christus wird immer irgendwo in der Welt gefangen sein", sagt er bald den deutschen Seminaristen im Kriegsgefangenenlager von Chartres . . . Er weiß dies sehr genau und hat es ganz tief erlebt. Ist er nicht alle Tage dem gefangenen Christus in Fresnes, Cherche-Midi, La Santé begegnet! Tausendmal hat er seiner Demütigung, seinem Todeskampf und seiner Hinrichtung beigewohnt . . .

10. KAPITEL

Selber ein Gefangener
Von Cherbourg bis Chartres

„Ich habe Ihr Lob nicht verdient. Ich habe nur meine Pflicht als Priester erfüllt, sonst nichts. Wenn ich in die=sen vier Jahren das Los von einigen Verhafteten etwas erleichtern konnte, so sehe ich darin keinen Grund, mir etwas einzubilden. Ich bin auch jetzt noch bereit, denen zu helfen, die in Elend und in Not sind. Darum habe ich auch freiwillig die Gefangenschaft auf mich genommen. Ich möchte helfen, daß die Liebe unter den Menschen Wirklichkeit wird. Dafür will ich arbeiten . . ."

Diese Zeilen schrieb Abbé Stock aus Chartres am 19. Juli 1946 an Graf de Pange.

Faktisch beginnt Stocks freiwillige Kriegsgefangen=schaft September 1944 in einem amerikanischen Lager in Cherbourg. In diesem Lager befanden sich deutsche Soldaten, daneben gab es dort auch noch zahlreiche Zi=vilisten aus allen Ländern: Holländer, Belgier, Elsässer, Polen, Luxemburger, Tschechen. Sie waren von den Deutschen dienstverpflichtet und mit ihnen gefangen=genommen worden.

Cherbourg mit der ganzen Umgegend war durch Bombardements und Kämpfe hart mitgenommen. Jeg=licher Verkehr war zusammengebrochen. Die Gefange=

nen machten schwere Tage mit. Das Lager bestand aus Militärzelten. Man watete im Schlamm, war Wind und Regen ausgesetzt. Die Verpflegung war mehr als unzulänglich. Alle waren erschöpft, apathisch, ohne jede Spannkraft.

Abbé Stock entdeckte nun eine ganz andere Art von Kriegselend: die überfüllten Gefangenenlager, in denen es am Allernotwendigsten fehlte. Hier mußten sich die Menschen damit abfinden, ein namenloses Stück Vieh zu sein und nur durch eine Nummer voneinander unterschieden zu werden.

Aber unverzüglich, in der bedrückendsten Not und Armseligkeit, begann Franz Stock wieder mit der Ausübung seines priesterlichen Dienstes. Ein amerikanischer Feldgeistlicher, Pater Necker, half ihm dabei. („Er war mir ein wahrer Vater", so notierte er in einem Heft.) Zwei kriegsgefangene deutsche Priester standen ihm zur Seite.

Sehr bald wurde er sich darüber klar, daß man unter diesen Verhältnissen unmöglich weitermachen konnte. Er erinnerte sich an Abbé Rodhain, der sich in so bewundernswerter Weise um die französischen Kriegsgefangenen in Deutschland gekümmert und ihm auch heimlich oft bei seiner Seelsorgetätigkeit in den Pariser Gefängnissen beigestanden hatte. Warum sollte er sich nicht an ihn wenden? Das beste würde sein, nach Paris zu fahren, um dort für die gefangenen Kameraden einzutreten.

Stock verfaßte unverzüglich eine Bittschrift und sorgte dafür, daß sie Kardinal Suhard zu Händen kam. Einige Tage später kam schon ein Passierschein für ihn in Cherbourg an, und am 4. Oktober, dem Fest des heiligen Franz, brachte ihn Pater Necker in seinem eigenen Wagen nach Paris.

In der Hauptstadt wurde er festlich empfangen.

Überall war man glücklich, ihn wiederzusehen. Ein alter Freund, Abbé Guérin, beherbergte ihn. Auch Kardinal Suhard empfing ihn und dankte ihm in aller Namen für seinen opfervollen Einsatz zugunsten der französischen Gefangenen.

Anschließend ging Abbé Stock zum Seelsorgeamt für die Kriegsgefangenen. Dort wollte er Abbé Rodhain treffen und mit ihm überlegen, was man machen könnte ... Aber es erwartete ihn eine Überraschung. Er traf Abbé Rodhain nicht an, der gerade nicht in Paris war, aber dafür Abbé Le Meur. Dieser war unterdessen Stellvertreter des obersten Kriegsgefangenen-Seelsorgers geworden. Zum dritten Male fügte es die Vorsehung, daß sich die Wege der beiden Priester kreuzten — und dieses Treffen sollte entscheidend für das weitere Leben Abbé Stocks sein und ihn nach Orléans und dann nach Chartres führen.

Bevor Franz Stock von Paris wieder abfuhr, ging er auch in seine alte Wohnung in der Rue Lhomond. Er konnte einige Dinge zurückerhalten, die er für seinen Lagerdienst dringend benötigte: einen Meßkoffer, Gebetbücher, Meßbücher, Altarwäsche und auch einige theologische Bücher.

Am 7. Oktober verließ er Paris, wieder in Begleitung von Pater Necker. Die Geistlichen unterbrachen ihre Fahrt in Lisieux. Dort zelebrierten sie die heilige Messe vor dem Reliquienschrein der heiligen Theresia vom Kinde Jesu. Am Abend waren sie wieder im Lager.

Nach und nach fingen sich auch die Gefangenen innerlich wieder. So wurde der Dienst für Abbé Stock einerseits leichter, nahm ihn zugleich aber auch viel intensiver in Anspruch.

Am 12. November wurde das Kapellenzelt eingeweiht. Es gab einen Rekordbesuch bei der Messe, die Stock zelebrierte. Aber je mehr Kontakt er mit den Gefangenen bekam, desto mehr spürte er, wie ihm die allernotwendigsten Dinge fehlten. So schrieb er am 15. November an Abbé Rodhain einen neuen Alarm=brief.

„Lieber Herr Abbé, ich habe es lebhaft bedauert, daß ich Sie vor einigen Wochen in Paris nicht angetroffen habe. Aber ich habe Herrn Abbé Le Meur hinterlassen, was ich Ihnen sagen wollte.

Wochen sind nun vergangen. Für mich hat sich nichts geändert. Die Behörden hier wissen nicht, ob sie mich als Kriegsgefangenen oder Internierten betrachten sol=len. Trotz aller unternommenen Schritte ist keine Ant=wort gekommen. Ich weiß nicht, wie lange ich hier noch bleibe. Aber unterdessen habe ich viel Arbeit. Hier ist viel Volk. Unter meinen Pfarrkindern habe ich einige, die nur Französisch sprechen und auch Franzosen sind. Von Zeit zu Zeit halte ich ihnen eine kleine Predigt. Sie singen tapfer ihre religiösen Lieder und beten eifrig. Was aus ihnen werden soll, weiß ich nicht. In einem Lager nebenan ist noch eine solche Gruppe.

Es ist wirklich notwendig, daß sich das Kriegsgefan=genenseelsorgeamt auch um die Gefangenen in Cher=bourg und Umgegend kümmert. Es wäre wohl nötig, jemanden hierherzuschicken, damit man sich eine Vorstellung über die Situation in den verschiedenen Lagern machen kann. Ich wohne im Lager 10, Flügel 2. Nichts ist geschehen, damit wir Meßbücher bekommen, kleine religiöse Broschüren usw. Es ist bedauernswert, daß sich die amerikanischen Behörden nicht rühren.

Ich denke oft an Ihre Organisation und an all das, was Sie damals für Ihre Gefangenen getan haben, um ihnen in ihrer Einsamkeit und Bitternis beizustehen. Wir haben hier gar nichts. Tausende und aber Tausende betteln um ein kleines Meßbuch, ein Gebetbuch, um die Bibel in ihrer Muttersprache, um Rosenkränze usw.

Herr Abbé, Sie verstehen gewiß ein wenig meine Sorgen. Ich denke auch an meine Mission in Paris, die ich aufgegeben habe. Ich besitze über sie keine Nach= richt. Ich möchte so sehr wünschen, daß das Haus Nr. 21 in Schutz genommen wird und alles dort am Platz ver= bleibt, bei Nr. 23 ebenso. Wenn der Eigentümer die Miete fordert, so bitte ich, die vorgesehene Summe bei Herrn Abbé Portier abzuheben. Ich rechne auch mit Ihrer Hilfe. Ich weiß nicht, wann ich wieder nach Paris zurückkommen kann. Doch ich hoffe, wenigstens noch vor Weihnachten."

Während er auf eine Antwort von Abbé Rodhain wartet, nimmt Abbé Stock mit dem Klerus von Cher= bourg Kontakt auf und erbittet seinen Beistand. Er tritt auch in Verbindung mit der ungefähr 20 km von der Stadt entfernten Trappistenabtei von Bricquebec.

Es wurde Weihnachten. Dank der Hilfe dieser Abtei konnte er die Kapelle ausschmücken, eine Krippe auf= bauen und einige Weihnachtsbäume aufstellen, mit einem Wort: etwas weihnachtliche Atmosphäre schaf= fen. Alle Messen waren stark besucht. Franz Stock war sehr bewegt, als die Männer ihre alten heimat= lichen Lieder sangen. Die Weihnachtslieder kündeten die Freude über die Geburt des Erlösers, und sie hatten doch alle das Herz so schwer von Leid und Pein. „Ich habe noch niemals so innig Weihnachten gefeiert", schrieb er einem Freund.

Das erste Weihnachtsfest in der Gefangenschaft war tatsächlich ein Höhepunkt und zugleich ein neuer Start. Immer zahlreicher wandten sich die Kriegsgefangenen an Stock. Er hörte unaufhörlich Beichte, hielt kleine Vorträge, hatte Gespräche mit kleinen Gruppen oder einzelnen. Wenn er etwas freie Zeit hatte, meldeten sich wieder seine alten, vom Vater ererbten Neigungen; er bastelte und verfertigte diesen oder jenen Ge=

brauchsgegenstand. Noch lieber nahm er wieder die Palette in die Hand und malte.

Aber an gewissen Tagen überkam ihn doch völlige Erschöpfung, die schlechte Ernährung machte sich bemerkbar, Schwermut überfiel ihn. Erdrückend lastete die jüngste Vergangenheit auf ihm. Er trug so schwere Geheimnisse mit sich, wie sie wohl kaum jemals ein Priester tragen mußte. Er dachte auch an die Seinen zu Haus, an Vater und Mutter, Brüder und Schwestern. Keine Nachricht erreichte ihn. Was war aus ihnen beim Zusammenbruch geworden? Was würde aus seinem Heimatland werden? Aus den Nachrichten, die er bekam, erfuhr er nur von dem unsinnigen Widerstand, den die deutschen Truppen den Alliierten entgegensetzten, und von der Bombardierung und systematischen Zerstörung der deutschen Städte. Langsam sickerten auch genauere Nachrichten von den Greueln, durch, die in den Todeslagern begangen worden waren. Zuerst wollte man das alles überhaupt nicht glauben und meinte, diese Nachrichten wären unter der Bevölkerung nur verbreitet worden, um Haß gegen die Deutschen zu schüren. Aber der Verdacht, daß diese schrecklichen Nachrichten stimmen könnten, quälte ihn, bis einige Zeit später aus den Gerüchten Gewißheit wurde. Als Abbé Stock genauere Nachrichten über die grauenhaften Zustände in den Konzentrationslagern und über die Massenvernichtung von Millionen unschuldiger Menschen erhielt, konnte er in sein Tagebuch nur noch diesen einen Satz schreiben: „Armes Deutschland! Culpa gravissima ... Das ist eine Sünde, die nicht vergeben wird."

Trotz allem, was Stock wußte und selber erlebt hatte, hatte er sich doch niemals eine Vorstellung von dem tatsächlichen Ausmaß des Terrors und den Vernichtungsaktionen in den Lagern machen können. Während der Kriegsjahre hatte er in seiner Eigenschaft als Rektor der deutschen Gemeinde außer mit den französischen Gefangenen doch auch mit den deutschen Staatsangehörigen zu tun gehabt, die in Paris militärisch eingesetzt waren, und kannte er sehr viele Soldaten und Offiziere der Wehrmacht. Fast alle litten selber leiblich und seelisch zutiefst unter den gegebenen Verhältnissen. Vielfach waren unter den Soldaten noch sehr junge Menschen, fast noch Kinder. Sie hatten nichts gemein mit Mördern, sondern mußten ebenfalls ihren Rücken unter einem eisernen Regiment beugen. Wie viele von ihnen sind ebenfalls hingerichtet worden, oft welche, die nur geringer Verfehlungen schuldig waren!

So konnte Franz Stock nach der Befreiung auch nicht begreifen, daß eine Woge des Hasses über die deutschen Kriegsgefangenen, die nun selber erniedrigt, entmachtet und unglücklich waren, hinwegbrandete. In seinen Augen schien es der französischen Bevölkerung an Würde und innerer Größe zu fehlen. Sie bot ihm nun ein so völlig anderes Bild als jene Männer, die er auf dem Mont Valérien hatte sterben sehen. Diese hatten ihr Leben für ihr Land dahingegeben und dabei doch zugleich seinem Land verziehen.

Mußte man nicht an den Menschen überhaupt verzweifeln? Konnte es denn wirklich soviel Haß und Gemeinheit in Menschenherzen geben? Wie fern war das dem Evangelium und seinem Gesetz der Liebe! Würde überhaupt noch einmal Friede werden? War das wirklich noch möglich? Konnte in dieser Hölle, in diesem Chaos, Christus, der Herr, überhaupt noch von neuem seine Stimme vernehmbar machen und die Menschen einladen, einer für den andern wieder Mensch zu sein, aufzuhören, einander wie Tiere sich gegenseitig zu zerreißen und zu verschlingen?

Mit solchen Fragen quälte sich Abbé Stock herum. Und er bekam durch einen seiner priesterlichen Freunde, Abbé Huet, seinen Mitarbeiter aus den Jahren 1940 bis 1944, eine Antwort. Huet hatte nach der Befreiung seine Arbeit als Seelsorger für das Gefängnis La Santé wiederaufgenommen.

Abbé Huet überbrachte Franz Stock einen Brief von Abbé Le Meur folgenden Inhalts: „Ich möchte Sie heute offiziell um Ihre Einwilligung bitten, unter noch viel schwierigeren äußeren Bedingungen, als es die sind, in denen Sie augenblicklich leben, die geistliche Bildung der deutschen kriegsgefangenen Seminaristen zu über= nehmen. Wir wollen ihnen die Vergünstigung gewäh= ren, daß sie sich jetzt schon wieder auf den Weg zum Priestertum machen können. Damit können sie nach so vielen Jahren der Unterbrechung ihres Studiums un= verzüglich zu einem Element der Erneuerung des Ka= tholizismus in ihrem Lande werden. Wir wünschen, daß deutsche Priester ihre Bildung in die Hand nehmen, weil es sich hier um einen Klerus für Deutschland handelt . . ."

Abbé Stock strahlte über sein ganzes abgemagertes Gesicht. Die Antwort, die Gott ihm nun auf sein bit= teres Fragen und Beten gab, ging über alles hinaus, was er hatte erhoffen können . . . In diesen Zeilen von Abbé Le Meur fand er das wahre Gesicht Frankreichs wieder, das er geliebt, das ihn einmal als jungen Menschen so angezogen hatte.

Gewiß, die angebotene Aufgabe war schwer, die Verantwortung groß. Aber nicht geringer war auch das Vertrauen, das ihm Abbé Le Meur und die französischen Behörden erwiesen. Er begriff das sofort. Ohne Zögern beauftragte er Abbé Huet, Abbé Le Meur die volle und bedingungslose Annahme seines Vorschlages mitzu= teilen. Dieser antwortete sofort, sprach ihm seinen

Dank aus und schrieb das prophetische Wort: „Ich bin überzeugt, daß das Werk, was wir unternehmen, großen und dauernden Einfluß auf die Versöhnung und Ver= ständigung unserer beiden Völker haben wird. Es wird auch der Kirche, die wir so innig lieben, neue Strah= lungskraft geben."

Ohne noch weiter abzuwarten, kam Abbé Le Meur dann selbst im Wagen nach Cherbourg und nahm noch am gleichen Abend Abbé Stock mit. Die beiden mach= ten Station in der Abtei Bricquebec, wo sie mit den Mönchen am Chorgebet teilnahmen und übernachteten. Am anderen Morgen konnte Abbé Stock zu seiner Freude die heilige Messe in einem Meßgewand feiern, das Charles de Foucauld gehört hatte. Im Morgen= dämmern fuhren sie nach Paris weiter, wo sie abends ankamen.

Franz Stock war glücklich, ein Paris voller Leben wiederzufinden, das ein wenig dem Paris der Vorkriegs= zeit ähnlich war. Die beiden Reisenden begaben sich unmittelbar zu Abbé Rodhain. Abbé Stock wurde mit großer Herzlichkeit aufgenommen.

Der nächste Tag gehörte offiziellen Besuchen. Kar= dinal Suhard schloß Franz Stock in seine Arme und segnete das Werk, das er beginnen wollte. General Boisseau, Generalinspekteur für die Kriegsgefangenen der Achsenmächte, empfing sie ebenfalls. Er war für die großmütige Initiative von Abbé Le Meur völlig gewon= nen und versprach ihm noch einmal, sein möglichstes zu tun, um die Dinge zu erleichtern.

Schließlich hatten die beiden Priester noch eine Au= dienz beim Apostolischen Nuntius, Msgr. Roncalli. Zwei Stunden waren sie bei ihm. Der Nuntius ver= sicherte, er würde das Werk, das man gründen wollte, unter seinen Schutz nehmen. Er verpflichtete sich auch, alle notwendige Unterstützung in Rom durchzusetzen.

Die ersten Schritte waren getan. Abbé Stock fuhr nun von Paris zum Kriegsgefangenenlager Nr. 51 nach Orléans. Die Militärbehörde wollte dort das Experi= ment einer Zusammenführung der deutschen Semi= naristen machen. Leiter dieses Lagers war Kommandant Laurent Gourut, ein Offizier, der gerade selbst aus einem Kriegsgefangenenlager in Deutschland befreit worden war. Er war überzeugter Christ, ein Mann von Charakter, als Kommandant gerade der rechte Mann, um sich den Plan von Abbé Le Meur mit Herz und Verstand zu eigen zu machen und ihn zu einem guten Erfolg zu führen.

Gourut selbst erzählt: „Abbé Stock kam März 1945 nach Orléans. Abbé Le Meur brachte ihn her. Er sollte die Leitung der Seminaristen übernehmen, die sich in der dortigen Gegend befanden. Man hoffte, daß es möglich würde, die anderen anderswo auch zusammen= zuführen. Wir suchten übrigens geeignete Besitzungen oder freie Gebäude außerhalb der Lager, um unsere Pläne durchzuführen. — Abbé Stock war in Orléans in Soutane. Er durfte mit Genehmigung des Komman= danten in die Stadt gehen. Er sollte versuchen, sich dort zu beschaffen, was er für den Beginn seines Lehr= betriebes benötigte. Diese Erlaubnis mißbrauchte er nicht. Wenn er auch in seiner Aktentasche einige Liebes= gaben mitbrachte, war sie davon nicht besonders schwer. Wir hatten ihm Räume in einem Kasernenbau zugewiesen. Ein ganzes Stockwerk wurde ihm zur Ver= fügung gestellt, ein großes Zimmer zum Vorlesungs= saal hergerichtet, ein anderes diente als Schlafsaal mit ordentlichen Betten. Er selbst bekam eine Unteroffi= ziersstube, wie es sie in jeder Kaserne gibt. Sie war sehr bescheiden möbliert, aber sauber, hell und geheizt wie die übrigen, den Mitteln entsprechend, die man im Augenblick zur Verfügung hatte."

Die Zahl der in Orléans zusammengeführten Semi=
naristen stieg bald von zwanzig auf mehr als fünfzig.
Aber es fehlte an allem, um die jungen Leute sinnvoll
zu beschäftigen. Wenn die Unterbringung des Semi=
nars in der Kaserne natürlich auch gewisse materielle
Vorteile bot, so brachte die Zusammenfassung der
Seminaristen zu einer besonderen Gruppe mitten unter
den übrigen Kriegsgefangenen doch sehr bald auch
recht schwierige Fragen mit sich.

So hatte Abbé Le Meur für die Seminaristen z. B. die
Befreiung von jeder größeren körperlichen Arbeit er=
reicht. Diese Vergünstigung erschien bestimmten fran=
zösischen Offizieren wie auch den übrigen Kriegs=
gefangenen als Unrecht, wenngleich sie doch eine Vor=
bedingung für die Existenz des Seminars überhaupt
und somit auch für das Studium war, das hier von jun=
gen Leuten geleistet werden sollte.

Von Anfang an hatten die Seminaristen auch ihre
besondere Ordnung für den Tagesablauf, die nicht
durch die Militärbehörde festgelegt, sondern der Ini=
tiative Abbé Stocks überlassen war. Die Tagesord=
nung, ähnlich der jedes anderen Seminars, stellte sicher
höhere Anforderungen als jene Ordnung, der die
übrigen Kriegsgefangenen unterworfen waren. Doch
auch darüber herrschte helle Empörung. Und schließ=
lich zeigte sich die schlechte Stimmung gegenüber den
Seminaristen auch noch deutlich, als besondere Unter=
stützungen vom Internationalen Roten Kreuz in Orléans
für sie eintrafen.

In dieser wenig ansprechenden Umgebung nahm das
Werk, von dem Abbé Le Meur geträumt hatte, am
30. April 1945 seinen Anfang. Der Kurs wurde von
Abbé Stock eröffnet. Er übernahm die Vorlesungen in
Liturgie und Kirchengeschichte und gab einen Fran=
zösischkurs. Andere Vorlesungen wurden von einem

österreichischen Priester gehalten, der selbst Kriegs=
gefangener war. Das war alles und wenig. Aber es war
ja auch nur ein Anfang.

Das Seminar hatte kaum mit seiner Arbeit begonnen,
als die deutsche Kapitulation erfolgte. Der furchtbare
Krieg nahm offiziell am 7. Mai ein Ende. In einem
Schulzimmer in Reims wurde der Waffenstillstand
unterzeichnet. Ganz Frankreich vergaß für einen Augen=
blick seine Leiden und Toten und war außer sich vor
Freude. Die Kriegsgefangenen sahen aus ihren Fenstern
Orléans im Flaggenschmuck. Sie hörten die ganze Nacht
Musik, Singen und das Knallen des Feuerwerks, das
man in der Siegesfreude abbrannte. Und sie waren nun
hinter ihren Gefängnismauern mit tödlicher Trauer im
Herzen! Gewiß, diese Kapitulation bedeutete das Ende
eines Regimes, das ihrem Lande und der ganzen Welt
unendliches Leid zugefügt hatte. Sie konnten sich über
diesen Zusammenbruch eigentlich nur freuen, aber er
bedeutete zugleich auch die Niederlage und den Zu=
sammenbruch ihres Vaterlandes. Worauf sollte man
den morgigen Tag nun aufbauen? Was sollte aus ihnen
werden, und was war aus ihren Angehörigen geworden?

So viele Fragen sich jeder in seinem Inneren stellte,
so viele blieben auch ohne Antwort.

Franz Stock glaubte an die Mission, die ihm die Vor=
sehung anvertraute. Er glaubte daran trotz der Haßaus=
brüche, die den Waffenstillstand im Mai 1945 beglei=
teten. Erst in diesem Augenblick hatte ja die Welt die
ganze Tragweite der furchtbaren Verbrechen erkannt,
deren sich die Nazis schuldig gemacht hatten: die Aus=
rottung ganzer Völker unter scheußlichen, an Wahn=
sinn grenzenden Grausamkeiten. Niemals, auch nicht in
den finstersten Perioden der Menschheitsgeschichte,
hatte eine Barbarei von solchem Ausmaß so viele Leichen
aufgehäuft, so viele Schlachthöfe zurückgelassen. Das

ganze deutsche Volk wurde nun für dieses Verbrechen verantwortlich gemacht, das seine Führer begangen hatten. Die Last dieser Verbrechen, die damit verbundene Schmach, war erdrückend. Auch die kleine Gruppe deutscher kriegsgefangener Seminaristen in Orléans empfand diese Schmach tief und schmerzlich, ganz besonders ihr Oberer, der mehr als jeder andere unmittelbar Zeuge der Ereignisse gewesen war. Sie alle litten unter dieser Schmach. Aber es war auch eine große Empörung in ihnen: Sie wußten, daß sie ja auch selber Opfer eines schrecklichen Unrechts waren. Hatten sie doch ebensosehr, wenn auch auf eine andere Weise als die Franzosen, gelitten!

Und bald schon sollte die Welt die Wahrheit erfahren. In Deutschland war durch den Krieg kaum eine Familie vom Leid verschont geblieben, und die Zahl der in den von Hitler und seinen Henkersknechten eingerichteten Todeslagern gefolterten und verschwundenen Deutschen ging über die vieler anderer Länder Europas hinaus.

War der Haß auch noch so groß, mochten Not und Schmach auch noch so drücken, Abbé Stock und diese jungen Menschen trugen doch Hoffnung im Herzen: da war diese Gruppe von Seminaristen, die aufmerksame und einsatzbereite Liebe des Abbé Le Meur, die väterliche christliche Haltung des Kommandanten Gourut, die Hilfe, die Abbé Stock in der Stadt im Großen Seminar, im Franziskanerkloster, bei den Schwestern vom Heiligsten Herzen und bei einigen Familien in Orléans fand.

Es war kein Zweifel, die Liebe war am Werk in den Herzen der Menschen, in diesen Männern und Frauen, und sie würde allem zum Trotz zuletzt doch das Böse und den Haß besiegen: „Unser Gebet wird sicher einmal erhört werden", schrieb er in dieser Zeit. „Der

Monat Mai, der jetzt zu Ende geht, war schwer. Aber wir wollen zugeben, es stehen so viele Menschen Schlange an der Tür zum lieben Gott. Man muß lernen, Geduld zu haben."

Der Monat Juni war schon besser. Abbé Le Meur tauchte wieder einmal auf in Orléans mit einem jungen elsässischen Priester, Abbé Johner. Die Militärbehörde hatte ihn zum Verbindungsoffizier für das Seminar bestimmt. Er hatte den Auftrag, die Verbindung zwi= schen den militärischen Büros, der Generalseelsorge= stelle und dem Seminar selber sicherzustellen. Neben dem Lagerkommandanten und Abbé Stock sollte fort= an Abbé Johner eine besondere Rolle für die Organi= sation und das Funktionieren des Seminars spielen. Zwischenzeitlich war Abbé Stock einmal nach Paris zu= rückgekehrt. Er hatte dort eine lange Unterhaltung mit dem Apostolischen Nuntius, Msgr. Roncalli, gehabt, der seinen baldigen Besuch in Aussicht stellte. Am 19. Juni war Kommandant Gourut zum Kommandanten im Lager 501 von Chartres=Morancez ernannt worden. Dieses Kriegsgefangenenlager war bis dahin in ameri= kanischer Hand gewesen.

Gourut dachte sofort auch an seine Seminaristen in Orléans. Der Kommandant ließ Abbé Stock nach Char= tres kommen. Er wollte gemeinsam mit ihm prüfen, ob dieses Lager für Einrichtung und Entfaltung eines Seminars nicht geeigneter wäre. Die örtlichen Verhält= nisse ermöglichten hier eine Aufteilung des Lagers in Blocks, die verhältnismäßig unabhängig waren und es den Seminaristen ermöglichten, wirklich ein eigenes Leben zu führen. Diese Möglichkeiten ermutigten den Kommandanten Gourut, unverzüglich einen Besuch beim Bischof von Chartres zu machen. Er wurde mit großer Herzlichkeit von Bischof Harscouët aufgenommen, des= gleichen von seinem Privatsekretär, Domkapitular Pierre

André. Der Bischof versprach dem Kommandanten seine volle Unterstützung und stellte ihm sofort seinen Sekretär zur Verfügung, damit die notwendigen Schritte unternommen werden konnten.

Selbstverständlich wurde Abbé Le Meur über diese Erkundigungen und die schon unternommenen Schritte auf dem laufenden gehalten. Er selber kümmerte sich bei den Militärbehörden um die notwendigen Genehmigungen. Ohne einen Augenblick zu zögern, gab General Boisseau voll und ganz seine Zustimmung.

Auf diese Weise ermutigt, ging Gourut mit Unterstützung der Kriegsgefangenenseelsorge sofort an die Arbeit. Er sammelte zunächst die wenigen im Lager von Morancez verstreuten Theologen. Das Lager zählte nicht weniger als 38 000 Kriegsgefangene, 45 Seminaristen konnte er zusammenbringen. So erblickte Pfingsten 1945 das „Seminar hinter dem Stacheldraht" in Chartres das Licht der Welt.

Depot 501 lag auf der rechten Seite der Straße von Orléans nach Chartres, im Gebiet der Gemeinden Coudray und Morancez, in der südlichen Bannmeile der Stadt. Es bestand aus elf Blocks. Block I schien am besten geeignet, um ein Seminar darin einzurichten. Kommandant Gourut ließ ihn sofort evakuieren und mit Hilfe der 45 Seminaristen für seine neue Bestimmung herrichten.

Der Gegensatz zu Orléans sprang in die Augen, vor allem, was den vorhandenen Platz anging. Statt einiger Quadratmeter stand den Seminaristen nun eine Fläche von fast zwei Hektar zur Verfügung. Zwölf Gebäude verschiedener Größe mit ihren Wohnmöglichkeiten boten sich in Block I an. Am wichtigsten war eine große Halle aus Eisenbeton von 70 x 20 Metern, die durch eine Reihe von Doppelsäulen geteilt war. Während man sich in Chartres bemühte, diesen Block für das Seminar ein=

zurichten, lag Abbé Stock in Orléans, von Fieber und Rheumatismus gequält, zu Bett. Er sah so elend aus, daß ihm eine Kassiererin der Metro einige Tage vorher, als er nach Paris gefahren war, einen Fahrschein für Kriegs= versehrte hatte geben wollen.

Am 17. August konnte er indessen aufstehen und kam, von Kommandant Gourut begleitet, ein paar Stunden eher als seine Schüler aus Orléans nach Char= tres. Noch bevor Franz Stock die Magazine, Baracken und Militärzelte des Lagers zu Gesicht bekam und die ersten Häuser von Chartres erblickte, sah er, als der Wagen auf eine Biegung der Nationalstraße ein= schwenkte, die beiden Turmspitzen der Kathedrale vor sich aufsteigen.

Was mag da in ihm vorgegangen sein? Franz Stock war nicht gewohnt, seinen innersten Gefühlen sicht= baren Ausdruck zu geben. Ob er beim Anblick der bei= den Turmspitzen, die sich über der Ebene der Beauce abzeichneten, an die Pilger dachte, für die dieser Blick seit den Zeiten des Mittelalters das Ende eines letzten Tagesmarsches und das Ziel ihrer Pilgerfahrt bedeu= tete? Er wußte wie jene nach ihrer langen Pilgerreise, daß dort die heilige Jungfrau war, daß er in ihren Bannkreis eintrat ... Aber er konnte noch nicht wissen, daß auch ihm Chartres als Ziel des letzten Tages= marsches, als letzte Station seiner irdischen Pilgerfahrt zugedacht war, daß er dort zu Füßen Unserer Lieben Frau eines Tages seine letzte Ruhestatt finden würde. Tief im Innern seiner Seele sprach er wohl nur leise sein Pilgergebet. Péguy hat ihm eine unsterbliche Fas= sung gegeben. Eigens für ihn, so möchte es scheinen, hat Péguy geschrieben:

„Du Meeresstern,
sieh hier den weiten Mantel, auf den dein Blick nun fällt.

Schon ist es deine Stimme, die diese Ebene schwer
durchtönet.
Blick auf die Freunde hin, die nicht mit uns gekommen,
und sieh, wie unsere Herzen so verlassen sind.
Sieh unsere lange Reihe an: die Fäuste
sind entkrampft. Sieh unsere Mattigkeit,
sieh uns auch voll von Kraft!
Du Morgenstern, du Königin, Unnahbare.
Wohlan, wir treten hin an deinen erhabenen Hof.
Sieh an den weiten Plan voll unserer armen Liebe,
den Ozean voll unserer unermeßnen Pein."

Nicht nur der Priester richtete seinen Blick auf die
Kathedrale und seine Gedanken auf jene hohe Frau,
die sie von fern her zu grüßen schien. Auch der Kom=
mandant dachte an die außerordentliche Aufgabe und
Verantwortung, welche die Vorsehung ihm übertragen
hatte, und befahl seine Gefangenen Unserer Lieben
Frau. Als diese einige Stunden später ins Lager ein=
zogen, ließ er sie auf dem freien Platz von Block I an=
treten mit dem Blick auf die Kathedrale, die sich am
Horizont erhob. Er hieß sie kurz und knapp auf Sol=
datenart willkommen, aber mit einer Sprache des Herzens
voller Güte und Glaubenskraft: "Sie treffen hier Kame=
raden an, die das gleiche Ziel wie Sie haben. Die Mili=
tärbehörde hat sich entschlossen, Ihnen dieses Leben
in Gemeinschaft zu ermöglichen, damit Sie sich unver=
züglich wieder auf den Weg zum Priestertum machen
können. Wenn wir auch alle Anstrengungen machen
werden, Ihre Lebensbedingungen zu verbessern, so
werden diese doch schwierig bleiben. Ich empfehle Sie
alle in den mütterlichen Schutz Unserer Lieben Frau
von Chartres. Sie wird Ihnen helfen, Ihre Aufgabe zu
einem guten Ende zu bringen."
Auf einen solchen Empfang waren die Gefangenen

offensichtlich nicht gefaßt. Aber jedesmal, wenn in den folgenden Monaten neue Gruppen von Seminaristen im Lager ankamen, hatte der Kommandant den gleichen Empfang für sie bereit. „Ich kam aus den Kohlenberg=werken im Osten. Ich hatte dort die Gefangenen=arbeitslager mit ihrem unbeschreiblichen Elend ken=nengelernt", so hat einer von ihnen erzählt. „Als ich in Chartres ankam, den Kommandanten hörte und den Empfang sah, den man uns machte, glaubte ich, aus der Hölle in den Himmel zu kommen."

11. KAPITEL

Das Seminar hinter dem Stacheldraht

Tags darauf, am 18. August, kam der Bischof von Chartres, Msgr. Harscouët, von Domkapitular André begleitet, um die Neuankömmlinge zu begrüßen. Man hatte in Eile ein Lied zum Willkommen eingeübt. Der Bischof legte Wert darauf, daß ihm jeder einzelne vor= gestellt wurde, Lehrer wie Schüler. Vom ersten Augen= blick an eroberte auch er sich aller Herzen. Noch heute, nach 20 Jahren, erinnern sich die früheren Gefangenen, zum größten Teil jetzt Priester, gern daran, wie er sich an sie wandte. „Meine lieben Kinder", sagte er und legte in dieses Wort sein ganzes Herz hinein.

Als der Bischof eben fort war, nahm man die Her= richtung von Block I in Angriff. Man wollte aus ihm wenigstens in etwa das machen, was sich für ein Leben im Seminar gehörte. Und an diesem ersten Tage hatten alle den besten Mut, besonders die 119 aus Orléans gekommenen Seminaristen, die sich nun jenen an= schlossen, die schon durch die Vorsorge von Komman= dant Gourut im Lager zusammengezogen waren.

Trotz der Armseligkeit der vorhandenen Mittel und der örtlichen Verhältnisse sprang der Gegensatz zwi=

schen Orléans und Chartres sofort ins Auge. In Orléans war die Situation in der Tat durch die große Zahl der Seminaristen und die Dürftigkeit der örtlichen Verhält= nisse unhaltbar geworden. „Der Anfang des Kriegs= gefangenen=Priesterseminars in Orléans war eine Zeit des Heroismus", hat Abbé Johner in einem Bericht notiert. „Man darf annehmen, daß das Seminar in der Folge gerade deshalb eine so glückliche Entwicklung nahm, weil es mitten im Elend gegründet wurde. In= dessen war es höchste Zeit, daß wir diesen Ort ver= ließen; denn alle waren mit ihren Nerven am Ende."

Aber der Mut allein, mit dem man sich an die Auf= gabe heranmachte, genügte nicht, um wenigstens einen gewissen Erfolg der Arbeit zu garantieren. Abbé Johner schreibt dazu: „Das erzielte Ergebnis war enttäuschend genug. Der elende Allgemeinzustand der Seminaristen hatte zur Folge, daß sich ihre Ungeschicklichkeit zu kör= perlicher Arbeit nur noch stärker bemerkbar machte. Nichtsdestoweniger konnte sich aber gerade bei dieser Arbeit der Geist von der übermäßigen Inanspruch= nahme in Orléans doch etwas erholen."

Wegen des allgemeinen schlechten Gesundheitszu= standes mußten die verantwortlichen Lagerleiter auch die Krankenabteilung des Seminars einrichten. Zwi= schen dem 17. August und dem 17. Oktober wurden 35 Kranke dort aufgenommen, täglich mußten ungefähr 15 junge Leute wegen allgemeiner Schwäche von der Arbeit befreit werden.

Ihr Regens, Abbé Stock, befand sich selber keines= wegs in einem besseren Gesundheitszustand als seine Seminaristen. Noch im vergangenen Jahr hatte er sich im Lager von Cherbourg einer neuen medizinischen Untersuchung unterzogen. Das Ergebnis dieser Unter= suchung liegt uns im Original noch vor. Es bemerkt u. a.: „Gelenkrheumatismus im Alter von 15 oder 16

Jahren hat das Herz in Mitleidenschaft gezogen. Seit=
dem hat er sich einer ziemlich guten Gesundheit er=
freut, weil er bei seiner Arbeit auf seinen Zustand
Rücksicht nahm. Aber während der vier letzten Jahre,
ganz besonders im Jahre 1943, hat der Patient über
seine Kräfte hinaus gearbeitet, sein Herz durch zu vieles
Treppensteigen, zu spätes Zubettgehen usw. besonders
strapaziert.

Die kleinste Anstrengung verursacht ihm Beklem=
mungszustände und Müdigkeit. Allerdings hat er bis
jetzt noch keine eigentliche Herzkrise durchgemacht. Ich
sehe keine Schwierigkeit, daß der Patient in einem
Kriegsgefangenenlager bleibt und weiter eine Arbeit
mehr oder weniger sitzend in Ausübung seiner priester=
lichen Funktionen verrichtet."

Abbé Stock eine Arbeit im Sitzen nahezulegen heißt
ihn schlecht kennen! Wie sollte er sich jetzt schonen,
nachdem er die Verantwortung für das Kriegsgefan=
genen=Seminar übernommen hatte. „Niemals habe ich
gehört, daß er sich über etwas beklagte", berich=
tet Kommandant Gourut. „Im Gegenteil, ich hörte
immer wieder, wie er denen, die die Fassung verloren
hatten, Mut machte. Ich sah, wie er, selbst ein Kranker,
fortfuhr, seine Aufgaben zu erfüllen. Mehrere Male
mußte ich ihn gegen seinen Willen zwingen, sich bei
mir auszuruhen. Mit einem Wort, dieser Mann, so wie
ich ihn kennengelernt habe und mit ihm umgegangen
bin, war ein Beispiel der Liebe. Er kannte keine Re=
signation."

Das Seminar machte gewissermaßen Ferien, damit
man unterdessen die notwendigen Einrichtungen für
den Studienbetrieb schaffen konnte. Abbé Johner über=
nahm an Ort und Stelle die Aufgaben eines Arbeits=
kommandanten und kümmerte sich zugleich um die Be=
schaffung vieler notwendiger Dinge. Einerseits galt es

zusätzliche Verpflegung aufzutreiben, um eine Verbes=
serung des gesundheitlichen Zustandes der Insassen
zu erreichen, andererseits mußte das notwendige Ma=
terial für die Seminareinrichtung herbeigeschafft wer=
den. „Viele günstige Umstände haben mich in dieser
Rolle unterstützt", hat Johner erzählt, „aber kein ein=
ziger war so ausschlaggebend wie die klarblickende und
wirksame Hilfe des Lagerkommandanten. Eine unbe=
deutende Einzelheit hatte aber auch ihre besondere Be=
deutung: der diskrete Ausgang aus Block I durch Ba=
racke zwölf."

In der Stadt fand Abbé Johner durch Domkapitular
André besonders wertvolle Unterstützung. André
machte ihn mit den religiösen Gemeinschaften dort be=
kannt und anderen hilfsbereiten Leuten. Sie durchstreif=
ten gemeinsam die Beauce und fahndeten nach Lebens=
mitteln. Die früheren Seminaristen erinnern sich heute
noch mit Freude daran, wie manchmal ganz plötzlich ein
Mann im Lager auftauchte, der immer einen äußerst
eiligen Eindruck machte. Sie betrachteten ihn schon als
ihren Freund: Domkapitular André. Er kam, auf sein
Fahrrad geklemmt, zu jeder nur möglichen Tageszeit
ins Lager, ging von einem zum anderen; dem einen
machte er Mut, einem anderen rief er einen Spaß zu.
Er traf sich mit dem Kommandanten, den er immer wie=
der des großen Interesses des Bischofs an dem Unter=
nehmen versicherte, besuchte Abbé Stock und sprach mit
ihm über die Seminaristen. Vor allem blieb er immer
lange bei Abbé Johner, um mit ihm neue Hilfspläne zu
schmieden. Einer dieser Pläne wurde bald Wirklichkeit
dank der Güte einer Wohltäterin des Bistums, der Grä=
fin de Malherbes.

Die Gräfin besaß in Thieulin, 30 km von Chartres
entfernt, ein großes Besitztum. Sie hatte dort schon das
Große Seminar von Chartres aufgenommen, als dessen

Gebäude bei der Kriegserklärung 1939 beschlagnahmt worden war. Warum sollte man sie nicht bitten, jetzt wiederum erschöpfte Professoren und Seminaristen dort aufzunehmen? Eine kühne Idee. Gräfin de Malherbes indessen erklärte sich ohne Zögern einverstanden, und Kommandant Gourut nahm die große Verantwortung auf sich. Er gab seine Zustimmung zu dem Gefangenen= Ferienheim und verlangte von ihnen nur das Ehren= wort, nicht zu entfliehen. Und das war abgemachte Sache. Am 21. September ging Abbé Stock nach Thieu= lin zur Erholung. Die zehn schwächlichsten Seminari= sten gingen mit. Sie blieben bis zum 4. Oktober, führ= ten ein richtiges ‚Schloßleben', wurden gut gefüttert, konnten frei im Park spazierengehen. Sie hatten einmal nicht das beklemmende Gefühl, das der Anblick des Stacheldrahtes bei Kriegsgefangenen hervorruft, der ihren Lebensraum unerbittlich umschließt und die Gren= zen ihrer Freiheit allzu deutlich kennzeichnet.

Unglücklicherweise nahmen einige Bewohner von Thieulin Anstoß daran, daß deutsche Kriegsgefangene in einem Schloß wohnten. Sie meinten, man würde ihnen das Leben zu angenehm machen, und sie verdien= ten solche Rücksichten nicht. Eines Tages erfolgte dann an Ort und Stelle eine polizeiliche Kontrolle. Man mußte sich wohl oder übel entschließen, die glücklichen Nutznießer dieser Erholungskur nach Chartres zurück= zunehmen.

Während der zwangsweisen „Ferien" für das noch im vollen Aufbau begriffene Seminar, noch vor der Ab= reise Abbé Stocks nach Thieulin, kam Abbé Le Meur am 9. September zum erstenmal zu einer offiziellen Be= sichtigung ins Lager. Er wollte sich eine Übersicht über die Lage verschaffen und versprach den Seminaristen in seiner Ansprache Hilfe von seiten der französischen Bischöfe und Katholiken, insbesondere über den Secours

Catholique (Caritasverband). Er versprach auch, den Apostolischen Nuntius und durch diesen den Heiligen Stuhl in ganz besonderer Weise für das Werk zu inter= essieren. Abbé Le Meur, der eigentliche Initiator dieses Seminars, unternahm wirklich alles, um die Hilfe der kirchlichen und militärischen Behörden zu gewinnen. Die Antwort von seiten der Nuntiatur ließ nicht lange auf sich warten. Am 18. September, 10 Tage nach dem Besuch Abbé Le Meurs in Chartres, stellte sich der Nun= tius, Msgr. Roncalli, der spätere Papst Johannes XXIII., beim Wachtposten des Lagers vor. Er war begleitet von Bischof Harscouët, von den Domherren André und Rodhain, von Abbé Le Meur und zahlreichen anderen Persönlichkeiten aus dem kirchlichen und militärischen Bereich. Unter den letzteren befand sich General Bois= seau, der Generalbevollmächtigte für die Kriegsgefan= genen. Seinem Weitblick und seiner Hochherzigkeit war die Existenz des Seminars ja zu verdanken. Bei ihm hatte Abbé Le Meur immer Verständnis und Hilfe ge= funden.

Die Seminarchronik berichtet im einzelnen über die= sen Besuch des päpstlichen Stellvertreters: Er wurde of= fiziell, mit allen seinem Rang gebührenden Ehren, emp= fangen. Die Flagge mit den päpstlichen Farben flattert über dem Lager. Kommandant Gourut begrüßt den er= lauchten Gast. Eine Kompanie Soldaten erweist ihm militärische Ehren. Nuntius Roncalli geht dann durch das Lager, interessiert sich für alles und für alle. Zum Seminar, Block I, kommt er erst gegen 14.30 Uhr. Aber er bleibt hier den ganzen Nachmittag. Die Seminaristen begrüßen ihn mit einem Lied, und Abbé Stock sagt ihm den Willkommensgruß. Der Nuntius antwortet in schlichtem, herzlichem Ton. Er spricht von Trennung und Verbannung. Er selbst wird nach fünf Jahren Ab= wesenheit bald in sein Heimatdorf Sotto il Monte zu=

rückkehren können, die Seinen wiedersehen und um=
armen. Er macht ihnen Mut: „Nach kurzer Zeit wird die
Stunde der Rückkehr schlagen. Dann kommt auch für
Sie die Freude über die wiedergewonnene Freiheit und
über eine Zukunft, die Ihnen wieder offensteht. Die
deutsche Kirche rechnet auf Ihre Mithilfe, damit der
Friede wieder in alle Herzen einkehre." Er verspricht
ihnen, sich sofort zu Papst Pius XII. zu begeben. Er
will über die Bedürfnisse des Seminars mit dem Papst
sprechen und Hilfe von ihm erbitten . . .

Die Chronik berichtet eine kleine Einzelheit: Die Se=
minaristen wollten für den Nuntius einen Thron her=
richten. Aber man fand dafür nur einen armseligen Ses=
sel, dem ein Fuß fehlte. Statt des fehlenden Fußes na=
gelte man also einfach unten eine Holzlatte an. Dann
kam eine Decke darüber. So war der invalide Zustand
des Sessels getarnt. Und es kam etwas recht Würdiges
zustande.

Der Nuntius besichtigte das Seminar bis in die klein=
sten Einzelheiten. Seine Schlichtheit und Freundlichkeit
übertrugen sich auf alle. Man hatte fast vergessen, daß
man hinter Stacheldraht war. Sehr lange blieb er auf
der Krankenstation, verweilte an jedem Krankenbett
und erkundigte sich bei jedem nach seinem Zustand.

Erst am Abend nahm der Nuntius Abschied vom Se=
minar und umarmte Abbé Stock mit sichtlicher Ergrif=
fenheit. Roncalli war sehr bewegt von allem, was er ge=
sehen und gehört hatte. Doch er hatte es verstanden,
seine Ergriffenheit zu verbergen und sich aufgeräumt
und kindlich froh gegeben. So hatte er ein wenig
Wärme und Frohsinn in das harte Lagerleben ge=
bracht. — Später als Papst nutzte er jede nur passende
Gelegenheit, um an das Stacheldraht=Seminar in
Chartres zu erinnern. Er verwies dann auf die Armut,
der er im Lager begegnet war, auf die Unsumme von

Leid, das dort zusammenkam, in das er doch nur für kurze Zeit hatte Einblick nehmen können. Und wenn er an Chartres dachte, so dachte er vor allem auch an Abbé Stock, den Priester, den er dort mitten unter seinen Seminaristen getroffen hatte, von dem er eines Tages zu sagen wagte: „Abbé Stock, das ist kein Name, das ist ein Programm." Papst Johannes hätte ohne Zweifel nicht so oft an Chartres erinnert, wenn Chartres nicht eine wesentliche Erfahrung in seinem Leben gewesen wäre. Das ist ohne Zweifel auch der Grund, warum er als Nuntius mehrere Male wieder im Ablauf jener zwei Jahre dorthin kam, solange dieses in der ganzen Welt einzigartige Seminar existierte.

Indessen gingen die Tage dahin. Es war schon ziemlich weit im Oktober, und das Seminar war immer noch „in Ferien". Von überall her wurden noch neue Ankömmlinge gemeldet. Allmählich war alles für ein Seminarleben eingerichtet: die große Kapelle, die Schlafsäle, der Studiersaal, die Küche usw.

Bei seiner Rückkehr von Thieulin mußte Abbé Stock feststellen, daß es nun Zeit war, eine straffere Ordnung festzulegen und mit den Vorlesungen und Übungen zu beginnen. In der Tat waren Geist und Haltung im Seminar nicht vom besten. Der Kommißgeist war noch vorherrschend. Das war ja auch nicht zu vermeiden. Den Seminaristen war noch nicht zum Bewußtsein gekommen, welche großmütigen und selbstlosen Anstrengungen gemacht worden waren, um ihnen das Leben erträglicher zu gestalten. Sie bedrückte einfach ihr Los als Gefangene. Das wird übrigens bei allen Gefangenen aller Zeiten überall der Fall sein. Sie hatten auch noch gar nicht das richtige Gespür für die erst von einigen Mutigen unternommenen Initiativen zum Kampf gegen die Flut des Hasses, die damals Europa überspülte. Im Seminar ereignete sich zu dieser Zeit ein kleiner, aber sehr aufschlußreicher Zwischenfall. Heinz Schild, ein früherer Lagerinsasse, hat ihn in einer Nummer von „Carnutum", dem ersten Mitteilungs= und Verbindungs= blatt der früheren „Seminaristen hinter Stacheldraht", erzählt: „Viele alte Chartrenser werden sich vielleicht noch erinnern, wie uns eines schönen Tages im Herbst 1945, einige Wochen nach unserer Übersiedlung von Orléans nach Chartres, ein liebenswürdiger Brief aus Paris erreichte. Er kam von Madame Dortel=Claudot und brachte die Mitteilung, daß man einen ‚Gebets= kreuzzug für Deutschland' ins Leben gerufen habe. Sie lud uns ein, wir sollten uns in brüderlicher Gesinnung dem ‚Gebetskreuzzug für Frankreich' anschließen. Der Brief wurde eines Morgens im Refektorium vorgelesen. Die Reaktion, die er hervorrief, war so seltsam und so unerwartet wie nur möglich! Zuallererst ein lastendes, abwartendes Schweigen! Dann wurden, mal hier, mal dort, bittere Worte laut: Die Franzosen sollen nur still sein . . . Sie haben Grund genug, für ihr eigenes Land zu beten . . . Mit seinem religiösen Leben ist Frankreich viel schlimmer dran als Deutschland. Das haben wir feststellen können. Denn wir haben mitten unter den Franzosen gelebt. Was wir an Glauben und moralischer Haltung in den Dörfern und Städten Frank= reichs überhaupt noch vorgefunden haben, ist für uns wirklich keine Einladung, uns dieses Land zum Beispiel zu nehmen . . . Das ist mal wieder eine Äußerung mehr hinsichtlich unserer Kollektivschuld. Selbst un= sere Glaubensbrüder hier betrachten uns also in einem solchen Maße als schuldig, daß man nur noch für uns beten kann . . . Diese Pharisäer! Sie würden besser daran tun, uns etwas zu essen reinzuschicken!

So oder ähnlich war die Reaktion, die dieser Brief hervorrief. Wir dürfen nichts verbergen und nichts be= schönigen. Wir müssen unser Benehmen von damals in aller Ehrlichkeit und Aufrichtigkeit sehen: Diese Idee von einem Gebetskreuzzug für Deutschland gefiel uns keineswegs. Es war sehr aufschlußreich, wie wir damals gegen den einstimmigen Chor der feindlichen Stimmen reagierten, die es darauf abgesehen hatten, unser Land zu diffamieren, indem sie die Legende von der Kollek= tivschuld verbreiteten . . .!"

Franz Stock war entschlossen, gegen diesen Geist an= zugehen, der allmählich ins Lager eindrang. Er rief die Seminaristen zusammen und sagte ihnen: „Wir müssen jetzt alles ablegen, was noch im schlechten Sinne des Wortes militärisch in uns ist und statt dessen anfangen, in uns einen Geist zu formen, der unserem Priesterideal entspricht. Von unserem früheren Militärleben wollen wir nur noch eine Probe geben: Wir werden uns in einigen Tagen ein letztes Mal militärisch vor unserem Bischof aufstellen und ihm sagen: ‚Hier steht die Kom= panie Ihrer Seminaristen, so und soviel Mann, angetre= ten!' Und dann ist es mit dem Kommiß aus."

Diese Ansprache hatte auf die jungen Leute starken Eindruck gemacht. Ein paar Tage später kam der Bischof wieder ins Seminar, um die Eröffnung des Studien= jahres vorzunehmen, genau einen Monat nach dem Be= such des Nuntius am 18. Oktober 1945. Nach dem Gesang des „Veni Creator" feierte Bischof Harscouët mit allen Anwesenden eine Gemeinschaftsmesse. Im Anschluß an das Evangelium hielt er eine Ansprache über Christi Worte: „Von nun an nenne ich euch nicht mehr meine Knechte, sondern meine Freunde."

Um 10.45 Uhr eröffnete Abbé Stock den Lehrbetrieb mit einer Antrittsvorlesung unter dem Thema „Katho= lische Renaissance in der französischen Literatur: Péguy, Verlaine, Huysmans, Claudel".

In seinem Bericht über das Seminar bemerkt Abbé Johner: „Man kann sagen, daß das Datum des 18. Ok=

tober 1945 in der Geschichte des Seminars entschei=
dend ist. Es kennzeichnet den Anfang des Studienjahres
und damit für das Seminar den Anfang einer Arbeits=
periode, die keinen anderen Wechsel mehr kennt als
Ankunft und Abreise der Seminaristen und der Profes=
soren, die beste Probe aufs Exempel, daß jetzt die
Grundbedingungen für die Durchführung der Studien
verwirklicht sind. Wenn das Leben im Seminar auch
weiterhin schwer bleibt, so ist es aber erträglich ge=
worden. Das nackte Dasein steht nicht mehr auf dem
Spiel wie in Orléans."

Der Tagesablauf ist wie in einem normalen Seminar:
Aufstehen um 6.00 Uhr. Dann folgt das gemeinsame
Gebet der Prim, das Morgengebet und die Messe.
Um 7.45 Uhr das Frühstück. Die Vorlesungen be=
ginnen um 8.30 Uhr. Das Mittagessen wird um 11.30
Uhr eingenommen. Dann folgt eine Rekreation. Von
14.15 Uhr bis 17.00 Uhr von neuem Vorlesungen und
Studium. 17.30 Uhr Abendessen. Nach dem Abend=
essen wieder eine Rekreation, noch einmal Studium und
dann die gemeinsam gebetete Komplet. Um 22.00 Uhr
ertönt das Zeichen zum Zubettgehen.

Die Strenge einer solchen Tagesordnung läßt im
Vergleich zu einem normalen Seminar nichts zu wün=
schen übrig, im Gegenteil. Und dabei betraf sie Kriegs=
gefangene, die nie satt zu essen bekamen, die trotz der
lobenswerten Anstrengungen, die man für sie unter=
nahm, noch das Allernötigste entbehrten. Zudem muß=
ten sie ständig zusammenleben, ohne die geringste
Möglichkeit, auch nur einen Augenblick für sich allein
zu sein. Dieses ständige Beieinandersein, das zu jedem
Gefangenenleben gehört, hätte ein Seminarleben un=
möglich gemacht, wenn es Abbé Stock nicht fertigge=
bracht hätte, strengstes Stillschweigen außerhalb der
Stunden der Rekreation durchzusetzen. Domkapitular

André hat oft erzählt, wie sehr die Besucher beeindruckt waren, wenn sie den Studiersaal betraten und Hun=derte von jungen Leuten vor sich sahen, die im tiefsten Schweigen hinter ihrem Arbeitstisch saßen.

Abbé Stock hatte die Seminaristen in drei Kurse ein=geteilt: in einen Kurs für Anfänger, einen Philosophie=kurs und einen Theologiekurs. Als Lehrstoff wurde von Anfang an vorgetragen: Dogmatik, Moral, Kirchenrecht, Philosophie, Apologetik. Es gab auch einen Lehrgang für Pädagogik und Biologie, einen Lehrgang für Latein, Griechisch und Hebräisch. Abbé Stock hielt selber die Vorlesungen über Kirchengeschichte (Mittelalter) und Liturgie. Bald wurde es notwendig, einen Vorberei=tungskurs einzurichten. Denn es kamen immer mehr Seminaristen, die ihre Gymnasialstudien nicht hatten zu Ende bringen können. Sehr schnell kamen auch Franzö=sischklassen zustande. „Viele Seminaristen lernten es im Selbstunterricht mit Hilfe der Handbücher, um die wir uns für sie bemühten", berichtete das Seelsorge=amt für Kriegsgefangene. „Die Fortschritte waren ein=deutig: Mehr als ein Drittel konnte eine Vorlesung in französisch hören, ohne daß ihnen dabei auch nur ein Wort entging, sicher mehr als die Hälfte wenigstens konnte in großen Zügen folgen." Dank der Initiative von Abbé Le Meur gestatteten die Militärbehörden ständig, daß auch Franzosen zu Vorlesungen für die Seminaristen kommen konnten. Unter diesen Vorlesun=gen möchten wir die von Domkapitular Violet erwähnen. Er hielt drei Vorträge, einen über die Vorbereitung von jungen Leuten auf die Ehe, einen anderen über die Spi=ritualität der ehelichen Gemeinschaft, einen dritten über Kindererziehung. Pater Congar gehörte ebenfalls zu den Referenten. Er sprach ein erstes Mal über die ökumenische Frage, ein zweites Mal über das Laien=apostolat in der Kirche. Abbé Stourm, zur Zeit Erz=

bischof von Sens, sprach über die Katholische Aktion, Graf Jean de Pange, der früher ‚Pfarrkind‘ von Abbé Stock im Santé=Gefängnis gewesen war, kam zu einem Vortrag über die Beziehungen zwischen Kirche und Staat in Frankreich.

Das Seelsorgeamt für die Kriegsgefangenen ermög= lichte den Seminaristen nicht nur diese Vorträge. Es stellte ihnen auch regelmäßig eine bestimmte Anzahl von Zeitschriften zur Verfügung, darunter „Les Etu= des“, „La Maison=Dieu“, „La Vie Intellectuelle“, „La Vie Spirituelle“, „Masses Ouvrières“, „Economie et Humanisme“ usw. Der Bericht des Seelsorgeamtes be= merkt diesbezüglich: „Wir konnten feststellen, mit wel= chem Interesse die Entwicklung des französischen theo= logischen Denkens verfolgt und besprochen wurde. Der beste Beweis dafür ist die Übersetzung zahlreicher Zeit= schriftenartikel durch einzelne Professoren. Einer von ihnen hat sogar die Übersetzung eines großen Werkes von P. de Lubac unternommen, der einer der bedeu= tendsten Theologen der Gegenwart ist.“

Wie in allen Kriegsgefangenenlagern wurde auch die künstlerische Betätigung nicht vernachlässigt. Sie nahm sogar einen bevorzugten Platz neben der geistigen Ar= beit ein. Das war ja auch gar nicht anders möglich; denn Abbé Stock, der Superior, gab gerade darin das beste Beispiel. Die Seminaristen sahen ihn oft durch das La= ger gehen — das Birett auf dem Kopf, die Pfeife im Mund, seine ganzen Malutensilien unter den Arm ge= klemmt. Er steuerte dann auf jenen Teil der großen Halle zu, die die Seminarkapelle werden sollte. Hier hatten die Seminaristen an der Rückwand ein großes Eichenkreuz ohne Corpus aufgerichtet. Beim Besuch des Nuntius wies einer aus seinem Gefolge darauf hin, daß der Christus am Kreuze fehle. Ein Seminarist ant= wortete: „Wenn Christus auferstanden ist, kann er

nicht mehr am Kreuze hängen." Und der Nuntius be=
merkte zum Bischof von Chartres: „Vielleicht hat der
Kleine recht."

Abbé Stock malte vier große Fresken zu beiden Sei=
ten dieses monumentalen Kreuzes. Sie stellten dar die
heilige Jungfrau und Johannes am Fuß des Kreuzes,
daneben stand auf der einen Seite St. Bonifatius, der
Apostel Deutschlands, auf der anderen Seite der hei=
lige Erzengel Michael, der Patron Frankreichs und
Deutschlands. Der heilige Michael war Abbé Stock vor
allem deshalb teuer, weil er gerade für zwei Völker Pa=
tron ist. 1937 hatte er sich als Rektor der deutschen
katholischen Mission in Paris dafür eingesetzt, daß ein
Michaelsmosaik in der Kapelle angebracht wurde, die
sein Land für den päpstlichen Pavillon der Internatio=
nalen Ausstellung gestiftet hatte.

In seiner Predigt bei Einweihung dieses Pavillons
umriß Abbé Stock die Geschichte des Erzengelkultes
in Deutschland und in Frankreich. Er wies darauf hin,
wie früher deutsche Pilger in Mengen nach Frankreich
kamen, um St. Michael zu ehren und ihr Land unter
seinen Schutz zu stellen. St. Michael, der gegen den
Satan kämpft und ihn zu Boden wirft, war Abbé Stock
das Symbol für Gottes Endsieg über die Sünde und das
Böse . . . Mochte der Krieg auch die leibhaftige Mani=
festation Satans unter den Menschen sein, St. Michael
als Patron unserer beiden Länder, die so lange gegenein=
ander gekämpft hatten, würde sich, das glaubte Abbé
Stock, eines Tages ganz sicher als der Stärkere er=
weisen. Im Schlußwort hatte er folgenden Wunsch aus=
gesprochen, der gleichzeitig ein Gebet war:

„Sollte uns dieser Altar nicht helfen können, die
Brücke zu finden hin= und herüber? Sollte es . . . nicht
möglich sein, daß unter dem Bild des heiligen Michael,
unter dem so viel gestritten und gekämpft worden ist,

des Schutzpatrons von Deutschland und Frankreich, die Herzen sich finden zu gegenseitiger Achtung und Verständigung? Heiliger Michael, hilf uns im Kampfe! Wir sind bereit."

So ist es auch nicht zu verwundern, daß Stock in der Seminarkapelle ein Fresko gemalt hat, das den Erzengel darstellt, wie er mit seinem Speer den Satan niederstößt.

Die Malereien in der alten Kapelle des Lagers von Chartres=Morancez existieren noch immer. Aber die Kapelle ist unterdessen wieder ein Depot für Militärmaterial geworden. Die Fresken von Franz Stock sind das einzige, was an Ort und Stelle noch an dieses Seminar erinnert, das einzigartig in der Geschichte der Kirche war.

Neben den bildenden Künsten: Malerei, Holzbildhauerei, Modellieren in Ton, nahmen Musik und Singen, wie es sich gehörte, einen großen Platz im Leben des Lagers ein. Das Seminar hatte seinen Chor und sein Orchester. Es wurden Konzerte für das ganze Lager gegeben. Zum Repertoire gehörten Werke von Beethoven, Mozart, Haydn, Tschaikowsky, Bach, Händel, Bizet usw. Eine Theatergruppe wurde ebenfalls zusammengestellt. Sie spielte deutsche Stücke und den „Noël sur la Place" von Henri Ghéon sogar auf französisch. Wie in jedem Kriegsgefangenenlager . . . oder in jedem Seminar, das Achtung vor sich selber hat, gab die Theatergruppe am Fastnachtsdienstag 1946 eine Lagerrevue in Form einer Rundfunkreportage. Wenn man dieses Opus liest, findet man, daß der Geist im Lager nun ein völlig anderer geworden ist. Er ist jetzt das genaue Gegenteil von dem, was damals Abbé Stocks energisches Eingreifen herausgefordert hatte. Jetzt konnte man es sich erlauben, über Unannehmlichkeiten des Gefangenenlebens zu lachen. Es gab die üblichen Witze über

Professoren und Schüler, sogar über die Militärbe=
hörden.

Ehre, wem Ehre gebührt! So ist also auch der Semi=
narobere, Abbé Stock, allererste Zielscheibe für den
Witz seiner Schüler. „Ja, ich weiß", so begann der
Revuereporter, „die Stimmung hier im Seminar ist aus=
gezeichnet. Als ich mich im Büro des Superiors vor=
stellte, empfing er mich gleich mit lachendem Gesicht
und schüttelte mit beiden Händen kräftig meine Hand.
Er erklärte, er wäre glücklich, mich empfangen zu kön=
nen. Dann schritt Herr Superior einmal rund um mich
herum, schmunzelte immer weiter und sagte: ,Augen=
blick mal!' Nach ein paar Minuten kam er mit Pinsel
und Farbtopf zurück und malte mir hinten auf den
Mantel zwei große S. Ich fragte: ,Was soll das denn nun
bedeuten?' Er gab mir zur Antwort: ,Erstens bin ich
Künstler. Ich kann also eine leere Fläche einfach nicht
ertragen. Zweitens will es die Ordnung, daß hier jeder ein
Monogramm auf dem Rücken trägt.' Ich dagegen: ,Ich
bin aber doch niemals in der SS gewesen.' Darauf er:
,Das hat nichts zu bedeuten, denn die Leute, die ein
P. G. auf dem Rücken tragen, sind auch niemals P. G.
gewesen (,P. G.' als Abkürzung kann zugleich ,prisonier
de guerre', also französisch ,Kriegsgefangener', wie
auch auf deutsch ,Parteigenosse' bedeuten), und die
mit einem P. P. herumlaufen (politischer Gefangener)
waren ebenfalls niemals P. P. Das Monogramm S. S.
bedeutet ganz schlicht, daß Sie sich zur Zeit im Stachel=
draht=Seminar befinden.' "

Wie es sich für einen Rundfunkreporter versteht,
wurde auch eine Besichtigung der Lagereinrichtung
durchgegeben. Zuerst das Schlafzimmer! „Sie, meine
lieben Zuhörer, haben natürlich kein so großes. Dieses
Schlafzimmer hier ist einfach großartig und offensicht=
lich für Kaiser und Könige vorgesehen. Sie können tat=

sächlich mit ihrem Sonderzug darin vorfahren, denn die Schienen sind schon gelegt. Zwar gibt es keine Betten mit Baldachin, aber dafür ist das ganze Schlafzimmer mit einem wunderbaren Wolkenhimmel dekoriert, und nachts, wenn der Mond aufgeht, fangen die Wolken an zu leuchten. Morgens, wenn die Sonne ihre ersten Strahlen schickt, fällt der Tau und weckt die Schläfer. Wenn der Wind bläst, würde man schwören, daß das Sandmännchen vorbeigeht und allen Schlaf in die Augen streut. — Aber was sollen wir nun erst noch vom Bett sagen? Die Lagertheologen wissen, daß sie es sehr nötig haben . . . um sich mit einer ‚Hochform der Aszese‘ bekannt zu machen.“

Dann kam die Beschreibung der Kapelle: „Sie ist erbaut im Schatten der Kathedrale von Chartres, aber sie hat unterdessen selbst die Kathedrale schon in den Schatten gestellt. Allerdings hat der Sakristan bei unserem Interview dem Reporter seine Sorgen anvertraut: ‚Es sind zwar immer Grün und Blumen auf dem Altar. Aber wissen Sie, ich habe trotzdem Sorge, wenn die Karwoche kommt.‘ Als ich ihn nach dem Grund seiner Befürchtungen fragte, gestand er mir, er wüßte nicht, wie er den Altar auf Karfreitag schmücken sollte. Ich sagte, meines Erachtens wäre der beste Schmuck für Karfreitag doch überhaupt keiner. Der Sakristan erwiderte: ‚Das weiß ich, lieber Herr, aber *ich muß* auch auf Karfreitag Blumen auf den Altar stellen — denn die heilige Jungfrau und der heilige Johannes unter dem Kreuz haben keine Füße . . .‘ “

In der Tat hatte Abbé Stock bei seiner Malerei zweifelsohne etwas einsparen wollen. Deshalb hatte er sich um diese Einzelheiten nicht gekümmert — und die Altarblumen tarnten für gewöhnlich dieses Versehen. Dröhnendes Gelächter im ganzen Saal quittierte diesen Vortrag, und Abbé Stock lachte herzlich mit.

Am anderen Tag aber amüsierten sich die Semina=
risten mächtig. Sie sahen ihren Superior heimlich mit
seinen Maltöpfen in die Kapelle schleichen. Er machte
sich daran, auch der heiligen Jungfrau und St. Johannes
endlich Füße zu malen . . .

Nach der Reportage über den Besuch der Gebäude
stellte der „Rundfunkmann" die Lagerbewohner selbst
vor: „Ich grüße in besonderer Weise den Kommandan=
ten Gourut", begann er. „Der Kommandant ist ein
Soldat ‚comme il faut' (wie es sich gehört). Er hat vor
allem *eine* typische Soldateneigenschaft: Er hat Mut!
Er hat den Mut, gut zu sein. Ja, unser Kommandant ist
wirklich mutig. In unserer Zeit gehört in der Tat mehr
Mut dazu, gut zu sein als schlecht zu sein. Viel zu oft
werden die Bösen im Triumph hoch erhoben, und die
Guten werden vergessen."

Am Tisch, dem Kommandanten gegenüber, sitzt der
Protektor dieses Seminars, Abbé Johner. „Jawohl,
liebe Hörer und Hörerinnen, Sie können es mir glau=
ben, wenn es dem Seminar bestimmt sein sollte, noch
eine Zeitlang weiter zu existieren, dann können Sie
sicher noch einmal im Theologischen Wörterbuch beim
Buchstaben J den Namen Johner finden. Was wäre die=
ses Seminar in der Tat ohne unseren Abbé Johner?"

„Und nun wenden wir uns dem ‚Schwarzen Corps'
zu. Wenn Sie näher zuschauen, werden Sie übrigens be=
merken, daß diese Körperschaft nicht ganz so schwarz
ist, wie man wohl erwarten könnte. Die Mehrzahl die=
ser Herren gleicht nämlich Stauden im Garten, die sich
mit fremden Blättern schmücken möchten. Denn diese
Herren sind ebenfalls mit ihrer eigenen Garderobe,
ihrem kleinen schwarzen Habit, der sie eigentlich kenn=
zeichnen sollte, nicht mehr einverstanden. Sie haben
ihn gegen farbige Bekleidung ausgetauscht. Der liebe
Gott wird sie dafür sicher jetzt erst ein wenig warten

lassen, bevor er ihnen ihre frühere Livree zurückgibt. Der einzige wirklich schwarze Punkt in diesem ‚Schwarzen Corps' ist unser Superior, jawohl. — Womit könnte man Herrn Superior wohl vergleichen? Meine lieben Hörer, stellen Sie sich eine Zielscheibe vor! Der schwarze Punkt in dieser Zielscheibe ist Herr Superior, alles andere dreht sich um ihn. Da gibt es zunächst die kleinen Kreise, das sind seine unmittelbaren Mitarbeiter. Die haben das Glück, möglichst nahe beim schwarzen Punkt zu sein. Dann werden die Kreise aber immer größer bis zu dem Kreis, der am weitesten entfernt ist. Und das sind die, welche die Kurve niemals richtig nehmen.

Herr Superior, würden Sie nun die Güte haben, ans Mikrophon zu kommen? Nennen Sie mir doch Ihren ehrenwerten Namen! ‚Stock' — Danke. Das genügt. Ja, Stock, das ist wirklich ein Gegenstand, auf den man sich stützen kann. Und wenn man sich vorstellt, daß dieser ‚Stock' obendrein noch ausgerüstet ist mit dem Hirtenstab des Superiors, dann begreifen wir, was uns David im 23. Psalm lehren wollte, als er sagte: ‚Dein Stock und dein Stab sind bei mir, die trösten mich . . .'"

Es gab manche Abwechslungen, die man den Seminaristen in ihrem Kriegsgefangenendasein zugestand. Eine wurde als ganz besonders kostbar empfunden: Sie hatten ja die auch in Deutschland so gerühmte Kathedrale von Chartres ständig vor Augen. Mehr als ein Seminarist träumte schon von dem Tag, an dem er sie einmal in voller Freiheit würde aufsuchen können. Dieser Traum wurde für die meisten noch während ihrer Gefangenschaft Wirklichkeit. Alle Vorkehrungen wurden getroffen, um den Seminaristen den ersehnten Besuch zu ermöglichen. In kleinen Gruppen, in Soutane oder in Zivil, konnten sie aus dem Lager herausgehen und ihre Wallfahrt zu Unserer Lieben Frau von Char=

tres machen. Mit Überlegung und Mut und mit Hilfe der Freunde, die er in der Stadt gefunden hatte, voll= brachte Abbé Johner fast Unmögliches, um dieses Un= ternehmen durchzuhalten. Er notiert in seinem Bericht: „Dieses an sich nebensächliche Ereignis (der Besuch der Kathedrale) verdient doch wohl aufgezeichnet zu wer= den. Er hat die Frankreicherinnerungen der jungen Leute, welche sie als Nutznießer dieser Vergünstigung mitnehmen werden, nachhaltig beeinflußt." Abbé Johner täuschte sich nicht, als er das niederschrieb. Die Tat= sachen geben ihm heute noch recht.

Wohlverstanden, Kommandant Gourut deckte die Initiative mit seiner Autorität, oder, genauer gesagt, er drückte die Augen dabei zu ... Das kam nämlich auf dasselbe hinaus. Er hatte den Seminaristen das Ver= sprechen abgenommen, daß sie die Gelegenheit nicht zu einem Fluchtversuch ausnutzen würden. „Ich weiß, das ist Ihr Recht als Kriegsgefangene", hatte er ihnen ge= sagt. „Aber wenn wir Ihnen bestimmte Vergünstigun= gen bieten, um Ihnen Ihre Studien zu ermöglichen, die in einem Kriegsgefangenenlager sicher viel härter sind als in einem gewöhnlichen Seminar, so sind wir auch verpflichtet, an Ihre Einsicht und an das Vertrauen zu appellieren, das wir Ihnen schenken. Die Folgen, die eine Flucht nach sich ziehen würde, würden allzu schwer für uns und für Sie sein." Die Seminaristen gaben ihr Versprechen. Kein einziger ist entflohen.

Dank der hierbei erwiesenen Vernunft und Einsicht konnte man auch das Experiment von Thieulin wieder= aufnehmen. Es wurde mit allen notwendigen Vorsichts= maßnahmen abgesichert. Fortlaufend konnten sich nun wieder die am meisten erschöpften Seminaristen in dem freundlichen Schloß der Gräfin von Malherbes erholen. Offiziell waren sie hier als „Landarbeiter" beschäf= tigt. — Man brachte es sogar fertig, die Seminaristen

zu Gängen in die Stadt Chartres wegzuschicken, be=
sonders zur bischöflichen Wohnung. Immer, wenn sich
die Sache einrichten ließ, behielt sie der Bischof zu
Tisch bei sich und bemühte sich, sie „ein wenig zu ver=
wöhnen".

Abbé Johner und Domkapitular André zogen unter=
dessen rastlos über die Bauernhöfe der Beauce, um
wenigstens eine kleine Verbesserung für die Seminar=
verpflegung aufzutreiben. Aber leider nahm auch die
Zahl der Seminaristen unablässig zu. Schon in Orléans
hatten Abbé Le Meur und Abbé Johner versucht, für
jeden Seminaristen eine Patenschaft zu besorgen. Abbé
Rodhain hatte ihnen dabei wirksame Hilfe geleistet. So
kamen von Zeit zu Zeit Pakete im Lager an. Auch das
Große und Kleine Seminar in Chartres wurden alarmiert,
ebenso die religiösen Gemeinschaften in der Stadt, be=
sonders die Schwestern vom heiligen Paulus in Chartres.
Im Seminar der französischen Mission in Lisieux ver=
zichteten die Seminaristen jeden Freitag auf ihre Butter,
ihren Nachtisch oder auf etwas anderes zugunsten ihrer
deutschen Brüder im Seminar hinter dem Stacheldraht.
Der Secours Catholique Français (die französische
Caritas) schaltete sich gleicherweise ein. Ebenso der
Deutsche Caritasverband in Freiburg, die Caritas in
Amerika, in der Schweiz und der Heilige Stuhl, der von
Monseigneur Roncalli unterrichtet worden war. Nach
und nach legte sich ein weiter Ring von Liebe und Hilfs=
bereitschaft um das Seminar hinter dem Stacheldraht, so
daß man nicht mehr unter so ganz großen Entbehrun=
gen leben mußte. Die Seminaristen aber machten die
Entdeckung, daß selbst der unmenschlichste aller Kriege
die Nächstenliebe, die Liebe zu den Allerärmsten doch
nicht vollständig ausgelöscht hatte. Das war eine Er=
fahrung, die sich ihnen tief einprägen sollte.

Aber das Seminar brauchte nicht nur Verpflegung, es benötigte auch Arbeitsmaterial: Papier, Tinte, Bücher usw. Es brauchte auch Professoren. Denn der Ende 1945 zuerst zusammengestellte Lehrkörper erwies sich als völlig ungenügend. So berichtet Abbé Johner in seinem Rapport vom 31. Dezember: „Faktisch sind es 10 Prie= ster, 4 Laienprofessoren, dazu 37 Brüder, die für die ge= samte Ingangsetzung des Seminars sorgen — und 375 Seminaristen! Die Zahl der Seminaristen hat sich verdreifacht."

Am 3. Januar 1946 schrieb Abbé Stock an seinen Freund vom Caritasverband in Freiburg, Heinrich Höf= ler: „Gestern ist ein Lastwagen mit Verpflegung aus Deutschland im Lager angekommen. Die Freude war groß. Lassen Sie alle Geber unseren Dank wissen. Es ist außerordentlich rührend, wenn man sieht, wie diese Menschen voll Güte an uns denken, wo sie doch sel= ber in Not sind und jeden Tag stillschweigend die Lei= den und Opfer im eigenen Vaterland ertragen. Wenn wir all diese köstlichen Dinge nun probieren, werden wir an unser Vaterland und an unsere Wohltäter den= ken. Wir versprechen ihnen auch unser Gedenken im gemeinsamen Gebet." Dann folgt eine Beschreibung des Lagers insgesamt und der Organisation der Vor= lesungen. Abbé Stock bemerkt dazu: „Was den Lehr= körper angeht, so sind wir in sehr schlechter Verfas= sung. Unter den kriegsgefangenen Priestern in Frank= reich gibt es keinen einzigen Universitäts= oder Aka= demieprofessor. So können wir auch gar nicht darauf hoffen, Professoren von Rang für unser Seminar zu bekommen. Es fehlen besonders Professoren für Moral, Exegese, Kirchenrecht, Pastoral usw. Und die, welche die anderen Disziplinen dozieren, sind junge Priester. Sie machen sich mit Mut und Selbstverleugnung an ihre Aufgabe und tun alles, was in ihren Kräften steht, um den Ansprüchen der Theologen zu genügen. Aber selbst in den weniger wichtigen Fächern sind die Schwie= rigkeiten sehr groß. Wie notwendig wäre es doch, diese Theologen zusammenzustellen und zusammenzuhalten. Sonst werden sie zu Arbeitskommandos weggeschickt und können an ihr Studium nicht mehr denken. Ich weiß nicht, ob es möglich ist, daß ein Laie als Professor aus Deutschland kommen könnte, um hier zu dozieren. Sollte wirklich einer diesen Appell hören, so muß er wissen, daß er sich freiwillig zum Kriegsgefangenen macht. Mit der Freiheit wird es dann auch für ihn zu Ende sein. Auch er wird hinter Stacheldraht leben und das harte Los der Kriegsgefangenen teilen müssen. Er kann von keinem sauberen und gedeckten Tisch mehr essen, muß zufrieden sein mit einem Gericht aus ameri= kanischen Konserven, muß für lange Monate als ‚Spe= zialgericht' die Einheitsverpflegung wählen. Abends kann er seine müden Glieder nur auf einem harten La= gerbett ausstrecken. Die notwendigsten Hilfsmittel für seine Arbeit werden ihm fehlen usw. Bei uns geht es keineswegs wie in einem gewöhnlichen Seminar zu. Alle Theologen schlafen in einer großen ungeheizten Beton= halle in Drei=Etagen=Betten übereinander. In der glei= chen großen Halle befinden sich Kapelle und Refek= torium. Das letztere dient zugleich auch als Vorlesungs= und Studiersaal."

Dieser Appell von Abbé Stock wurde in den deut= schen Diözesen verbreitet, und er wurde auch gehört. Nachdem einmal das Einverständnis der französischen Militärbehörden und der Kriegsgefangenenseelsorge vorlag, schickten die deutschen Bischöfe im Verlauf der nächsten Monate Freiwillige nach Chartres, obwohl sie doch selber nach der Heimsuchung durch den National= sozialismus so arm an Priestern geworden waren. Die Theologische Fakultät der Universität von Freiburg nahm das Stacheldrahtseminar in ihre Obhut. Chartres wurde so ein Annex von Freiburg. Die studierenden Kriegsgefangenen konnten dort jetzt Examina ablegen, die die gleiche Geltung wie an jeder anderen deutschen Universität hatten. —— —

Bei einem Kriegsgefangenen bedeutet der Empfang von Post einen wesentlichen Faktor für die Erhaltung seiner Moral. Das war weder dem Kommandanten noch Abbé Johner entgangen. Um die Dinge in dieser Rich=tung zu erleichtern, hatte der Kommandant schon in Orléans Abbé Johner mit der Sorge für die Post und mit der „Zensur" beauftragt. Dank dieser Beauftragung konnte Abbé Johner alles in Bewegung setzen, um die Korrespondenz zwischen den Gefangenen und ihren Fa=milien zu erleichtern. Viele unter ihnen waren seit lan=gen Monaten ohne Nachricht von den Ihrigen, an=gefangen von Abbé Stock, der am 7. Juni 1945 an die Seinen schrieb: „Was wird aus Euch? Hätte ich doch nur Nachricht von Euch! Zweifelsohne funktioniert die Post noch nicht. Aber auch in dieser Hinsicht werden die Dinge bald in Ordnung kommen. Wenn ich nur er=fahren könnte, daß Ihr alle noch bei guter Gesundheit und am Leben seid, dann wäre ich schon ruhig. Macht Euch um mich keine Sorgen . . ."

So wartete Abbé Stock seit einem Jahr auf ein Lebenszeichen von den Seinen. Er wußte nicht einmal, ob seine Schwester Franziska und Fräulein Berlinghof, die ihn im August des vergangenen Jahres verlassen hatten, gut angekommen waren. Abbé Johner nahm die Mitarbeit des Roten Kreuzes, in gleicher Weise die des Secours Catholique, der Kriegsgefangenenseelsorge usw. in Anspruch, um die Familien der Gefangenen ausfindig zu machen, ihnen Nachricht zu geben und von ihnen Nachricht zu bekommen. In Paris, an noch geeigneterer Stelle, unterstützte Abbé Le Meur ihn kräftig. Johner wurde bald ermutigt von den erzielten Erfolgen. Er sah die Freude der Gefangenen und stellte fest, wie sehr die Zuversicht stieg, wenn gute Nachrichten ins Lager kamen. So organisierte Johner nach und nach ein regelrechtes Postleitnetz. Es war bald so, daß die Seminaristen, besonders zu Anfang, in ihm zunächst einmal den „Postmeister" sahen. Das beweist ja auch der diesbezügliche Teil ihrer Fastnachts=Revue, die wir weiter oben angeführt haben. Der Reporter hatte die Frage gestellt: „Was wäre dieses Seminar ohne unseren Abbé Johner?" — „Eine Stadt ohne Postamt", war die Antwort gewesen. — — —

Am ersten Adventssonntag Dezember 1945 kam Bischof Harscouët wieder einmal ins Lager und nahm die Segnung der Seminarkapelle und die Konsekration des Hochaltars vor. Am 23. Dezember erteilte er die erste Priesterweihe an Ingbert Janocha, einen Franziskaner. Abbé Le Meur war ebenfalls eigens deswegen hergekommen, begleitet von einem Vertreter des Apostolischen Nuntius. Nach der Weihe verteilte er die Weihnachtsgeschenke. „Am Tage vorher hatte uns tatsächlich", so erzählt Franz Stock in einem Brief, „ein Geschenk des Papstes erreicht: Pakete mit Verpflegung und mit Wollkleidung für jeden Seminaristen. Der Vertreter des Nuntius verteilte sie selber und fand für jeden ein liebes Wort. Auch der Lagerkommandant nahm das Wort und wandte sich an uns in tiefer Ergriffenheit. Der junge Priester feierte seine erste heilige Messe in der Heiligen Nacht. Das war alles so ergreifend und so schön, daß wir einige Stunden lang unser Kriegsgefangenenschicksal völlig vergaßen . . ."

Am allerglücklichsten war sicher der junge Priester selbst. Schon vor sechs Jahren war er zum Diakon geweiht worden. Seitdem wartete er auf die Stunde seiner Priesterweihe. In dem Brief, der über dieses erste

Weihnachtsfest in der Gefangenschaft in Chartres be=
richtet, gesteht uns Abbé Stock allerdings eines nicht:
Er war derartig erschöpft, daß er die Primizpredigt für
seinen ersten Seminarpriester selber nicht halten konnte.
Pfarrer Wilhelm Delbeck mußte für ihn eintreten.
Pfarrer Delbeck stammte aus der Diözese Münster.
Er war Militärpfarrer für Lager 501. Ein hervorragen=
der Priester, aber sehr viel anders als Abbé Stock, „mehr
Deutscher" in seinem Benehmen, auch viel autoritärer.
Pfarrer Delbeck wurde nun in seiner Eigenschaft als
Lagerpfarrer zugleich auch die Aufgabe eines Spiri=
tuals für das Seminar übertragen. Bald wurde er auch
zum stellvertretenden Superior ernannt. Er sollte Abbé
Stock zu einem Zeitpunkt beistehen, als dieser außer=
ordentlich schlecht zurecht war. Gern nahm Stock in=
dessen diese wirklich notwendige Hilfe nicht an. „Ich
sah ja, wie krank er war", hat Kommandant Gourut
erzählt. „Trotzdem übte er sein Amt weiter aus, und
nur mit Widerstreben war er einverstanden, daß Pfarrer
Delbeck ihn dabei unterstützte."
Die Feiertage hatten ein wenig Abwechslung in das
ernste Seminarleben gebracht. Nun ging es weiter an
die Arbeit. Der Winter war hart. Heizmaterial fehlte
noch wie überall in Frankreich. Es war kein Vergnügen,
sich abends ins Bett zu legen. Anstatt sich auszukleiden,
wickelte man sich in alles ein, was man an Kleidungs=
stücken finden konnte, um es in diesem „Eispalast",
wie die Seminaristen ihren Schlafsaal getauft hatten,
auszuhalten. Aber dank der Hilfe von allen Seiten war
der Gesundheitszustand nicht schlecht. Unter den Semi=
naristen, welche die Krankenabteilung aufsuchen muß=
ten, bildeten die Mehrzahl die Neuankömmlinge, die
schon aus anderen Lagern krank gekommen waren. An
den schönen Frühlingstagen Ende April gestattete der
Kommandant den Seminaristen zweimal in der Woche

in Gruppen zu 50 einen Spaziergang in die Umgegend außerhalb des Lagers. Zwei marokkanische Posten zogen mit. Das war wenigstens eine Handvoll Luft der Freiheit . . . War es auch schon die Ankündigung der nahen Entlassung?

Am 16. Mai kam der Apostolische Nuntius wiederum ins Lager. Er blieb in Chartres. Am anderen Morgen kam er zu einer Pontifikalmesse in die Seminarkapelle. Im Umgang mit den Seminaristen war er von einer solchen Schlichtheit und Herzlichkeit, daß einer die Bemerkung machte, der Nuntius sei wirklich „ein Bruder unter Brüdern".

Der Sommer kam ins Land. Am 14. Juli brachte der Kommandant einen Besucher mit und klopfte an die Tür des Superiors. „Herr Abbé", sagte der Besucher. „Sie haben mich in Fresnes mit Ihrem Besuch gestärkt. Heute komme ich, Ihnen Stärkung zu bringen." Der schlichte Besucher war kein anderer als der Verteidigungsminister, Edmond Michelet. Er blieb lange Zeit bei Abbé Stock und verabschiedete sich erst, als es für ihn Zeit war, nach Paris zurückzukehren, wo er an einer Militärparade vor dem Arc de Triomphe teilnehmen mußte.

Dann kamen die Semesterferien. Abbé Stock bekam Mitte September den Auftrag, nach Deutschland zu reisen, um die Anliegen seines Seminars mit den deutschen Bischöfen zu besprechen. Was war das eine Freude, sein Heimatland wiederzusehen! Aber er war zutiefst erschüttert, als er die Kriegszerstörungen in den deutschen Städten sah.

Die Reise führte auch über Neheim. Welche freudige Überraschung würde er seinem alten Vater, seiner Mutter, seinen Brüdern und Schwestern bereiten! Doch er ahnte nicht, was ihn erwartete. Als er zu Hause ankam, fand er alle in Trauer. Sein Vater war genau am Tag vorher gestorben. Mutter Stock war aber immer

noch die gleiche tapfere Frau geblieben. Sie dankte Got=
tes Vorsehung, daß ihr der Sohn gerade jetzt geschickt
worden war, um sie in ihrem großen Leid aufzurichten.

Anfang Oktober kehrte Abbé Stock nach Chartres
zurück. Er berichtete seinen Studenten von den Ein=
drücken seiner Reise durch Deutschland. Die Trauer
des Superiors verfehlte nicht ihren Eindruck auf die
Seminaristen. Er empfing zahlreiche Beweise der Zu=
neigung und Anhänglichkeit.

Mehr als 500 Seminaristen lebten nun in Chartres.
Maximilian Kaller, selbst Flüchtling aus Ostpreußen,
war der erste deutsche Bischof, der das Seminar be=
suchte. Er war überrascht von dem, was er zu sehen
bekam, und machte keinen Hehl daraus: „Ich kann
Ihnen sagen, in keinem Seminar bei uns könnte ein
besserer Geist herrschen als hier.

Das war das schönste Lob, das man Abbé Stock,
aber zugleich mit ihm auch seinen Seminaristen, aus=
sprechen konnte. Wenn es auch weiterhin von der Be=
völkerung in Chartres beinahe ignoriert wurde, so war
das Seminar jetzt in ganz Deutschland bekannt, aber
auch in vielen Gegenden Frankreichs.

Einige Tage vor Weihnachten kam Bischof Harscouët
von neuem ins Lager, um die niederen Weihen und
mehreren Seminaristen auch die Diakonatsweihe zu
spenden. Auch der Apostolische Nuntius Roncalli kam
ein drittes Mal. Er überbrachte dem ganzen Seminar
die Segenswünsche des Heiligen Vaters. In seiner Rede
sprach der Nuntius die prophetischen Worte, die er
später wieder aufnahm, als er als Papst Johannes XXIII.
die Erinnerungen an das Stacheldrahtseminar wieder
wachrief: „Dieses Seminar von Chartres wird in glei=
cher Weise Frankreich wie Deutschland zum Ruhme ge=
reichen. Es ist berufen, Symbol des guten Einverneh=
mens und der Versöhnung zweier Völker zu werden."

Er versicherte auch, das kommende Jahr 1947 würde das Jahr ihrer Freilassung sein. Diese Worte des Nun=tius gingen im tosenden Beifall unter.

Einige Wochen nach diesem vielversprechenden Be=such kam auch Bischof Weber von Straßburg, um die Seminaristen und Abbé Stock zu besuchen: „Es ist für mich eine Freude", sagte er, „daß ich einige Minuten in Ihrer Mitte verweilen darf. Ich war ja verpflichtet, Ihnen diesen Besuch zu machen. Sie haben hier einen Priester aus Straßburg: Abbé Johner. Ich mußte den Besuch erwidern, den er mir gemacht hat. Aber ich fühlte mich auch verpflichtet, Ihren Superior, Abbé Stock, zu besuchen. Wir kennen uns seit langem, schon seit der Zeit, als die deutsche Kolonie in Paris seiner Sorge anvertraut war. Im Kriege hat er sich viel um das Heil der Seelen bemüht, besonders in den Gefäng=nissen. Vielen zum Tode Verurteilten hat er die Seg=nungen der Kirche gebracht und ihnen den Weg zum Himmel geöffnet. Wir wissen das alles, und wir sind ihm dafür sehr dankbar."

R. Closset berichtet dann über eine letzte Reise Franz Stocks im Februar 1947 nach Neheim-Hüsten und Pa-derborn. Fräulein Berlinghof bemerkt dazu: „Im Fe-bruar 1947 war Franz Stock weder in Neheim-Hüsten noch in Paderborn. Er blieb bei uns in Rastatt, weil er zu müde war, die weite Reise nach Neheim zu machen. Seine Schwestern Franziska und Resi kamen daher für zwei Tage nach Rastatt. Während dieser Zeit erhielt ich überraschenderweise von der französischen Militär-regierung in Baden-Baden die Einreiseerlaubnis nach Paris, um die ich Monate zuvor eingegeben hatte. Ich fuhr dann mit Franz Stock und einem französischen Aumônier, der in Offenburg stationiert war, nach Paris und war bei der Gelegenheit auch im Lager Le Coudray bei Chartres.

Juni-Juli 1947 war Franz Stock zum letztenmal in Deutschland. Von Rastatt aus fuhr er einige Tage nach Neheim und Paderborn. Er kam nach Rastatt zurück, ging noch für zwei Tage nach Freiburg und verbrachte dann den restlichen Urlaub, ungefähr 14 Tage, bei uns in Rastatt. Von Baden-Baden aus fuhr er wieder nach Paris zurück.

In Chartres waren unterdessen Veränderungen in der Lagerleitung erfolgt. Kommandant Gourut war zum Oberstleutnant befördert worden und hatte die Lager= leitung aufgeben müssen, weil er in den Ruhestand trat. Auch Abbé Le Meur war seit Oktober 1946 nicht mehr im Seelsorgeamt für die Kriegsgefangenen. Er war zum Religionslehrer am Gymnasium Berthelot ernannt wor= den. Einige Jahre später wurde er Pfarrer von La Vil= lette. Nach und nach war es Stock aufgegangen, wie hochherzig Abbé Le Meur gewesen war, wenn er auch die ganze Tragweite seines Eintretens zugunsten der Seminaristen und der gesamten deutschen Kriegsgefan= genen noch nicht überblicken konnte. Nach Erhalt der Nachricht von seinem Fortgang aus dem Kriegsgefan= genen=Seelsorgeamt in Chartres hatte Stock ihm ge= schrieben: „Soeben habe ich erfahren, daß Sie den Seelsorgedienst an den Kriegsgefangenen endgültig aufgeben. Lassen Sie mich Ihnen sagen, wie sehr wir uns alle gedrängt fühlen, Ihnen unsere volle Dank= barkeit auszusprechen für alles, was Sie für unsere kriegsgefangenen Kameraden, insbesondere für unsere Priester, haben tun können. Wir waren uns sehr wohl im klaren über all die Schwierigkeiten, denen Sie begegneten, als Sie den Gefangenen helfen und ihr Los verbessern wollten. Sie haben Ihre Aufgabe groß= artig erfüllt. Unser Seminar, das aus Ihrer Aktivität und der Liebe Ihres Herzens so unmittelbaren Nutzen zog, wird Ihnen stets ein gutes Andenken bewahren.

Es wird Ihnen immer dankbar sein. Ihr Name ist aufs innigste verbunden mit diesem Seminar, das in Orléans dank Ihrer Anregung gegründet wurde und sich in Chartres dank Ihrer großzügigen Unterstützung ent= wickeln konnte. Wir zählen Sie zu unseren Wohltätern erster Ordnung. Seien Sie versichert, daß wir alle Sie nicht vergessen werden. Unsere besten Wünsche folgen Ihnen dorthin, wohin Ihr Bischof Sie ruft."

Auch Nuntius Roncalli schrieb Abbé Le Meur am 4. Dezember folgende Zeilen, um ihm den Dank der Kirche auszusprechen: „Lieber Abbé, man hat mir schon mitgeteilt, was Sie mich durch Ihren Brief vom 30. November soeben wissen lassen: ihre Ernennung für die Kapelle von Sainte=Marie des Fleurs und für das Gymnasium Marcellin=Berthelot. Sobald es Ihnen nur möglich ist, zur Nuntiatur zu kommen, werde ich mich glücklich schätzen, Sie zu begrüßen, und Ihnen noch ganz persönlich sagen, wie sehr ich während dieser Kriegsjahre Ihre Arbeit besonders für die unglück= lichen Kriegsgefangenen und für alle Leidenden über= haupt geschätzt habe. Sie haben in priesterlicher Gesin= nung gearbeitet, und ich bin sicher, daß alle, die Nutzen aus Ihrer Arbeit zogen, diese auch geschätzt haben. Der liebe Gott hat Ihnen sicher schon viel Trost geschenkt. Er wird Ihnen gewiß auch seinen Lohn geben."

Mit dem Weggang von Oberstleutnant Gourut und Abbé Le Meur hatte sich ein Blatt in der Geschichte des Seminars gewendet . . . Aber in Chartres nahm das Leben weiter seinen Lauf.

Allmählich konnte Abbé Stock nun auch schon die Ausstrahlung seines Seminars bis in die deutschen Di= özesen hinein bemerken. Bei seinen Besuchen erhielt er überall Sympathieerweise seitens der Bischöfe. Von seinen früheren, inzwischen heimgekehrten Schülern kamen Briefe, die dem Erschöpften und Leidenden

neuen Mut schenkten. „Gerne lasse ich mich von mei=
nen Gedanken wieder ins Seminar zurücktragen",
schrieb einer von ihnen am 30. Januar 1947. „Dann
stelle ich mir die Stunden vor, die wir gemeinsam ver=
bracht haben. Das Seminar hat eine wichtige Mission
erfüllt. Wir Heimkehrer wissen jetzt nur zu gut, was
wir von Chartres mitnehmen durften. Auch heute noch
bleibt Chartres für mich unter vielen Gesichtspunkten
Norm und Regel . . ." Ein anderer schrieb: „Das Milieu
der katholischen Universitätsstudenten und die politi=
sche Situation verlangt gebieterisch von uns Heim=
gekehrten ein ganz und gar auf soliden Fundamenten
aufgebautes Leben. Sonst wird man von einer allzu
schweren Last einfach erdrückt. Gerade deshalb war es
für mich ein großes Glück, noch besser gesagt, eine un=
endlich kostbare Gnade, daß ich ein ganzes Jahr lang
in der klösterlichen Isolierung von Chartres bleiben
durfte. Dort konnte ich nicht bloß etwas lernen — was
mir übrigens sehr zustatten kommt —, es war mir nicht
bloß vergönnt, inmitten von Mitbrüdern zu leben, de=
ren Gemeinschaft allein schon beglückend war. Das
alles war wirklich eine Gnade. Aber es kommt noch die
Tatsache hinzu: Jeder, der eine Zeit in Chartres ver=
bracht hat, ist Glied einer Truppe geworden, von der
nun alles abhängt. Es ist wirklich so, wenn man spürt,
daß man schwach wird, wenn man sich dem christlichen
Zeugnis entziehen möchte, dann taucht wieder die Er=
innerung an das kalkgetünchte Refektorium auf, an den
Stacheldraht mit den beiden ungleichen Türmen der
Kathedrale von Chartres hinten am Horizont, an die
stille Kapelle mit dem monumentalen ernsten Kreuz,
an die Menschen dort: die Meßdiener in Albe, die Prie=
ster, die unvergleichlich schönen Choralmelodien usw.
Man könnte alles, was ich sage, für übertrieben halten.
Aber ich habe wirklich Heimweh nach dieser großen

Gemeinschaft, ich und alle, die mit mir fortgegangen sind. Glauben Sie es mir, erst nachdem der Choral von Chartres für uns verklungen ist, kann man sich ein Urteil über die Gemeinschaft bilden, die man nicht mehr hat, und über das Alleinsein, das nun gefolgt ist. Sagen Sie allen dort: Sie werden nie wieder eine größere Gnade empfangen als dort, wo man ganz für den Herrn leben kann, wo eine Gemeinschaft und jeder einzelne noch abseits von aller Banalität der Welt zu leben vermag.

Als ich kürzlich in einer Versammlung vor Protestanten ganz begeistert über Chartres sprach, hat man mir gesagt, ich machte wirklich nicht den Eindruck, als wenn ich aus der Gefangenschaft zurückkehrte, sondern als wenn ich eine Stätte des Glückes verlassen hätte. In Chartres gab es bestimmt unangenehme Dinge genug. Aber was bedeutet das schon im Vergleich zu dem, was wir dort empfangen haben!" — Diese Briefe erzählten schon Vergangenheit. Aber Abbé Stock befand sich noch in der vollen Wirklichkeit der Gegenwart. Er kam also am 16. Februar 1947 nach Chartres zurück und bezog wieder mutig seinen Posten.

Am 13. März brachte Abbé Johner eine Neuigkeit mit ins Seminar, die mit einem wahren Freudenausbruch aufgenommen wurde: „Die Auflösung von Lager 501, und damit auch die des Seminars, ist für den 1. Mai vorgesehen."

Es war Fastenzeit. Nun schickte man sich an, die Karwoche in der Freude über die bevorstehende Heimkehr zu feiern. Am Karsamstag kam Nuntius Roncalli wieder einmal nach Chartres. Im Verein mit Bischof Harscouët war er wirklich *der* Seminarbischof, der eigentliche Beschützer des Seminars geworden. Der Nuntius feierte selbst die Liturgie und spendete mehreren Studierenden die Firmung. Andere empfingen aus seiner Hand die niederen Weihen. Zwei Diakone aber,

Josef Rehm und Alfred Müller, wurden von dem zu=
künftigen Papst Johannes zu Priestern geweiht.

Der Nuntius war nicht allein gekommen. In seiner
Begleitung kam General Buisson, der General Boisseau
in der obersten Leitung des Kriegsgefangenenwesens
gefolgt war. Auch Domkapitular Rodhain als General=
seelsorger für die Gefangenen kam mit. Bei dem
Empfang im Anschluß an die Priesterweihe ergriff
General Buisson das Wort. Er sagte unter anderem:
„Ich bin selbst alter Kriegsgefangener, habe fünf Jahre
in Deutschland verbracht und war sogar zum Tode ver=
urteilt. Wie Sie sehen, bin ich aber immer noch am
Leben. So kenne ich aus eigener Erfahrung die mora=
lische, materielle und geistige Situation des Gefange=
nen, der fern von seiner Familie lebt. Ich verspüre nicht
die geringste Anwandlung von Rachgier bei den Auf=
gaben meines jetzigen Amtes. Bald können Sie nach
Hause zurückkehren. Ich bitte Sie im Namen Frank=
reichs: Machen Sie gar keine Propaganda, aber sagen
Sie die Wahrheit, wie Sie hier behandelt worden sind!
Damit werden Sie ein Wort des Friedens in Ihrem Va=
terlande sagen können. Priester müssen für den Frie=
den sprechen. Sie müssen den Frieden bauen."

Auch der Nuntius wandte sich dann an die Versam=
melten: „General Buisson hat in der Sprache Racines
gesprochen. Genausogut kann ich das zwar nicht."
Aber Msgr. Roncalli griff die Ermahnungen des Gene=
rals mit so großem Ernst auf, daß alle tief ergriffen
waren. Er unterstrich die wichtige Aufgabe des Prie=
sters, in einer Welt voll Haß Bote und Zeuge des Frie=
densfürsten zu sein. Der spätere Papst der Enzyklika
„Pacem in terris" lebte anscheinend schon ganz in den
Gedanken, die er eines Tages in seiner berühmten En=
zyklika aufzeigen wollte. In der Seele Franz Stocks fan=
den seine Worte tiefen Widerhall. Sein ganzes Leben

hatte ja unter dem Leitstern des Friedensideals gestan=
den. Er war fest überzeugt, daß er sich trotz allem, was
in diesen letzten Jahren geschehen war, nicht getäuscht
hatte. Die Liebe würde doch immer die stärkste Macht
auf der Erde sein . . . Das Bild des heiligen Michael, der
den Satan zu Boden wirft, stieg ihm wieder auf.

Die Wochen nach Ostern gingen in einer gewissen
Nervosität dahin. Von einem Tag zum anderen erwar=
tete man die endgültige Bekanntgabe des Termins der
Abreise. Aber den 1. Mai hatte man nicht einhalten
können. So liefen die Vorlesungen weiter.

Am Tage vor Christi Himmelfahrt kam der Pariser
Erzbischof, Kardinal Suhard, ebenfalls zu Besuch ins
Seminar. Er feierte ein Pontifikalamt und richtete eine
längere Ansprache an die Seminaristen. Das „Alleluja"
von Händel schloß diesen Besuch ab. Es war zugleich
auch das Alleluja der Freude über die wiedergewon=
nene Freiheit. Einige Tage später wurde Lager 501 auf=
gelöst und mit ihm auch das Stacheldraht=Seminar, des=
sen Seele Franz Stock gewesen war. — — —

Schon in der Hoffnung auf die nahe bevorstehende
Abreise hatte man einige Wochen vorher, am 26. April,
den zweiten Jahrestag der in Orléans erfolgten Grün=
dung des Seminars gefeiert. Für Franz Stock war das die
Gelegenheit gewesen, die Folgerungen aus diesem in sei=
ner Art einzigartigen Experiment zu ziehen und seinen
Schülern die Perspektiven der Zukunft zu eröffnen. Die=
ser damals von Franz Stock gehaltene Vortrag ist so et=
was wie sein geistliches Testament. Darin hat er seinen
Schülern das Beste seines Wesens enthüllt, den letzten
Grund seiner Priesterseele, einer wirklich heiligen Seele,
die ganz und gar geprägt war durch den Kontakt zu=
gleich mit Gott und der menschlichen Wirklichkeit. Und
was war das oft für eine Wirklichkeit gewesen! In die=
ser Ansprache schenkte er sein Ideal an sie weiter, auf

daß sie es mit ihm teilen sollten. „Hochwürdige Herren, werte Gäste, liebe Theologen! Zwei Jahre existiert dieses Seminar und dürfte nun kurz vor der Auflösung stehen; d. h., all die vielen 100 Theologen der verschiedensten Diözesen und Ordensgemeinschaften (949 genau) haben in der Gefangenschaft dank der Initiative maßgebender französischer Kreise ihre seit Jahren unterbrochenen Studien wiederaufnehmen können, haben unter Anleitung opferfreudiger und hilfsbereiter Lehrer das innere Gleichgewicht wiedererlangt, durften tiefer eindringen in die Wahrheiten unseres Glaubens, in der Stille des Alleinseins und in der lebendigen Gemeinschaft von Gleichgesinnten, die von einem gemeinsamen Drängen ergriffen sind, Christi Getreue zu sein, um sich zu rüsten für die großen Missionsaufgaben in unserer zertretenen Heimat.

Wer kann es jetzt schon ermessen, was ihm die Gefangenschaft und dazu das Seminar von Chartres geschenkt hat? Wir müssen wohl alle erst einen gewissen Abstand gewonnen haben, müssen erst einmal wieder in voller Freiheit außerhalb des Stacheldrahtes stehen und die Welt so wie sie ist, mit ihren Härten, ihren Krisen, in realer Deutlichkeit erlebt haben, dann formt sich langsam das Bild, dessen Grundzüge nach und nach während dieser zwei Jahre deutlicher wurden.

Es waren harte Jahre, aber voll Leben und Tatkraft, es war eine lange Zeit, aber fruchttragend, ersprießlich, verheißungsvoll.

Es war oft bitter, aber doch wieder so verheißungsvoll, daß die Etappen des Kreuzweges langsam hinter uns versinken und die Sonne das Ganze umstrahlt. Der Gefangene war arm, entblößt von äußerem Glanz, ein Habenichts Gottes; doch innerlich so bereichert durch die Fülle des Geistes und gemeinsamen Erlebens. Es war ein hartes Noviziat, eine harte Schule.

Bald treten wir hinaus, kehren wieder in die Heimat zurück, die auf uns wartet mit ihren Aufgaben, die es zu lösen gilt. Sie erwartet uns nicht nur; sie erwartet viel von uns!

Ich will mir hier ersparen, die zweijährige Geschichte unseres Seminars aufzuzeichnen. Unsere Chronik hat seine ereignisreiche Entwicklung festgehalten und gibt Zeugnis von seiner Struktur und inneren Dynamik. Auch wird an anderer Stelle sein geschichtliches Gestalt= werden hervorgekehrt.

Ehe ich mich einigen grundsätzlichen Fragen zu= wende, möchte ich mich einer Dankespflicht entledigen. Es ist mir mehr als eine Ehre und Pflicht, sondern zu= tiefst eine Herzensangelegenheit, den Hochwürdigen Herrn Konfratres, die so tatkräftig an der Formung die= ses Seminars beteiligt sind, hiermit meinen aufrichtig= sten Dank zum Ausdruck zu bringen. Ihrer wissen= schaftlichen und spirituellen Arbeit verdankt dieses Se= minar seinen Aufschwung und seine innere Festigkeit. Ohne ihren vollen Einsatz wäre das Seminar nicht zu dem geworden, was es heute ist, hätte es die Anerken= nung bei unseren Bischöfen in der Heimat nicht gefun= den. Das verdanken wir Ihnen, meine lieben Konfra= tres. Und damit sind Ihre Namen in großen Lettern eingetragen im Buch der Geschichte dieser Gemein= schaft.

Ich selbst konnte nur wenige Voraussetzungen für eine solche Aufgabe, die mir vor zwei Jahren gestellt wurde, mitbringen. Daß dieses Werk so in den Augen der Heimat dasteht und auch den kritischen Blicken standhält, ist Ihr Verdienst und Ihre Tat. Die große Schar der Theologen und Schüler, die durch dieses Se= minar gegangen ist, wird sich in späteren Jahren voll Ehrfurcht und Dankbarkeit Ihrer erinnern.

Das ist das beste und dauerhafteste Zeichen der

Dankbarkeit, welches Sie in den Herzen grundgelegt haben, und möge aus Ihrer stetigen Sorge um die Her= anbildung junger charaktervoller Priesterseelen für die Kirche Gottes und die Heimat reicher Segen aufsprie= ßen. Und wenn die Zeit der Trennung kommt, wo jeder von Ihnen, meine Konfratres, dem Auftrage seines Bischofs oder Ordensobern zu folgen hat und diese Gemeinschaft hinter Stacheldraht äußerlich gelöst wird, dann soll der Geist echter Konfraternität im Gebet für= einander uns zusammenhalten.

Nun möchte ich mich an euch, meine lieben Theolo= gen, wenden und euch bitten, folgendes als ein Pro= gramm anzusehen. Denn ihr wißt ebenso wie ich, daß in der Krisis der Strukturen, in welcher der abendlän= dische Mensch heute steht, der Theologe und junge Priester, anders als bisher, grade und offen den Fra= gen unserer Zeit gegenübertritt, mit klarem Geist, weitem Herzen, mitten im Brennpunkt oder Achsen= schnitt stehend, Gefahren aufdeckend, Wunden heilend, um das Erlösende und Tröstende den Suchenden und Verzweifelnden näherzubringen.

Es ist eine andere Welt geworden, und ihr werdet erschrecken angesichts der Erschütterungen, die dieser Krieg in den Menschenseelen und Gehirnen daheim be= wirkt hat. Da soll sich bald bewähren, ob die behut= same Einsamkeit des Seminars euch nicht der Welt ent= rückt hat, sondern auch so formte, daß jugendlicher Elan und Optimismus nicht nach kurzer Zeit schon zer= schellt, zerbrochen am Boden liegt. Da wird es sich zei= gen, ob wir es in den Jahren ernst gemeint haben und ob es das Rechte war.

Wenn ein Erdbeben über eine Stadt kommt, fallen die Kirchtürme mit den Hallen und Häusern. Wenn eine wirtschaftliche und soziale Krise die Welt erschüttert, bleiben davon die Einrichtungen und das Leben der

Kirche nicht verschont, die sich ja außerhalb der allge=
meinen Geschichte nicht halten kann.

Je tiefer die Krise, je mehr die Fundamentalwerte
der menschlichen Existenz aufgewühlt werden, um so
stärker rüttelt sie auch am Korpus der Kirche. Und
heute ist vieles am Zergehen, am Bersten, nichts Festes
und Sicheres ringsum. Die althergebrachten Meinun=
gen, Werte seligen Angedenkens, schwinden dahin, und
die bizarresten Hypothesen finden Glauben.

Unter diesen Bedingungen wäre es seltsam, daß die
inkarnierte und menschliche Kirche eine Oase der Ruhe
am Rande der allgemeinen Auflösung bliebe. Wenn
das, was in ihr göttlich und ewig ist, unveränderlich
bleibt, so sieht man das, was an ihr menschlich ist, hin=
weggerissen wie in dem rasenden spanischen Tanz der
Sarabande.

Die moderne Zivilisation, vorwärtsgetrieben vom
technischen Fortschritt, der in 150 Jahren das soziale
Leben völlig verändert hat, entwickelt sich in rasender
Geschwindigkeit. Eine neue Kultur bricht sich Bahn, die
vorerst sich noch unter dem Zeichen einer mechanisier=
ten Barbarei vorstellt. Die Menschheit an der Weg=
scheide kann sich in der Richtung vertun und den
menschlichen Termitenhaufen oder den atomaren
Selbstmord wählen anstatt den wahren Fortschritt, der
darin besteht, durch den Geist die Errungenschaften
der Wissenschaft und Technik zu beherrschen, damit
sie im Dienste der Menschheit stehen. In diesem Neo=
mittelalter kann die Kirche die Rolle spielen, die sie an
der Schwelle des großen Mittelalters spielte: Als Botin
des Übernatürlichen kann sie die Natur retten; als Be=
auftragte Gottes den Menschen befreien.

Unsere Zeit ist des Individualismus müde, tendiert
zu Gemeinschaftsformen hin. Aber sie sucht sie da, wo
sie nicht recht gedeihen können: in der Partei und im

Staate. Die Kirche muß ihr das ideale Modell der Ge=
meinschaft vorhalten, da sie ja ihre irdischen Gemein=
schaften auf der Teilnahme an der höchsten Gemein=
schaft, des Corpus Christi Mysticum, gründet.

Unsere Zeit spricht immer von Massen, und wir wis=
sen, daß die Massen von heute weiter vom Christen=
tum weg sind als die Heiden der fernen Länder. Die
Zeit der großen Verfolgungen kann wieder heraufbre=
chen, wo die Christen zu Feinden der Menschheit
schlechthin erklärt werden. Und die Nähe des Heiden=
tums fordert von uns neue, wirksame Methoden. Die
Möglichkeit des Martyriums fordert ein Zurück zu den
Quellen, zum Geist der Zeit, wo das Blut der Martyrer
sich täglich mit dem Wein der Eucharistie vermischte.
In einer verheidnischten Zeit wird die Kirche wieder
Missionarin. Die Mission drückt sich nicht nur durch
Methoden aus, sondern durch den Geist, der den gan=
zen Klerus und das gläubige Volk umfassen muß.

Hypnotisiert von der Existenz dieser Massen, schei=
nen gewisse glauben zu müssen, daß das Ideal des
modernen Christen darin besteht, in der Masse unter=
zugehen, wie der Regentropfen sich im Ozean verliert.
Selbst in der Masse muß der Christ auffallen, ansto=
ßen, zum Skandal werden, denn gerade mit diesem
skandalösen Schock beginnt das Apostolat. Und dieses
Christentum muß männlich sein, ein Christentum, das
präsent ist, das Stellung nimmt, das verpflichtet, ein
Christentum, das wie ein Leuchtfeuer die Finsternis
aufhellt, ein stählernes Christentum für ein Jahrhun=
dert von Eisen, ein Christentum, das lodert in unserer
Zeit der Atomenergie.

Unsere Zeit ist aktivistisch, gereizt, ist erotisch, ver=
tauscht das Geistige mit dem Zeitlichen. Unsere Zeit
sieht den Triumph des Hasses, ist anarchistisch, revo=
lutionär, katastrophisch, reiht Ruinen an Ruinen in

den Städten wie in den Seelen. Unsere Zeit ist gespal=
ten, in Nationalismen aufgelöst, die so lächerlich sind
wie das alte Bekleidungsstück eines Zuaven. So hat un=
sere Zeit zwei Pole, der eine zieht uns zur Apostasie
hin, der andere zur Heiligkeit, der eine stößt die Kirche
zurück, der andere zieht sie an. Es kommt darauf an,
Kind seiner Zeit zu sein, die Kirche und die moderne
Welt zusammenzubringen.

Die von Gott gewollte Zahl Heiliger genügt, eine
Zeit zu retten. Heilige, die sich selbst dieser Berufung
verschreiben und die in Tugenden die Wirksamkeiten
unserer Zeit verwandeln. Heilige, die, wenn sie auf die
Liebe der Menschen verzichten, wissen, auf was sie ver=
zichten, die durch das Schau= und Beispiel ihres Lebens
den Weg der menschlichen Ordnung leben. Heilige, die
keine Angst vor Katastrophen noch Revolutionen haben,
die aber jede Gelegenheit benutzen und ihr ganzes
Sein auf das zweite Kommen des Erlösers ausrichten;
Heilige, die die Anhänglichkeit an ihr Vaterland mit
der Liebe zur Menschheit in Einklang bringen, über die
Grenzen der Nationen, Reiche, Rassen und Klassen.

Diesen Aufruf zur Heiligkeit hält uns die Vorsehung
entgegen durch die Stimme der Geschichte.

Und diesem Aufruf gilt es zu folgen. Es soll uns
allen am 2. Jahrestag der Existenz unseres Seminars
heiliges Vermächtnis werden, diesen lebendigen Geist
in uns zu erhalten und der armen Menschheit näher=
zubringen.

Dann soll beim Gesang unseres Feierliedes, das
eigens zu diesem Jubiläumstag gedichtet und vertont
wurde, es wie ein Bekenntnis klingen, Bekenntnis, das
uns frei macht, frei stellt für Christus und sein Reich."

12. KAPITEL

Einsames Sterben — Das Grab in Thiais

„Seit einigen Tagen bin ich in Paris. Meine Tätigkeit als Direktor des Kriegsgefangenen=Seminars bei Char= tres ist zu Ende. Ich bin der katholischen Militärseel= sorge zugeteilt und warte auf meine baldige Frei= lassung. Ich werde aber in Paris bleiben und mich dann immer mehr um die Deutschen kümmern, die als frei= willige Arbeiter in Frankreich zurückbleiben wollen.

Vor einigen Tagen habe ich beim Innenminister Schritte unternommen, um eine Aufenthaltsgenehmi= gung zu bekommen. Ich habe dort festgestellt, daß man sich stark interessiert für alles, was ich während der Besatzungszeit für die Gefangenen und Inhaftierten getan habe. Könnten Sie mir eine kleine Empfehlung schreiben, die zum Ausdruck bringt, was ich für Ihren lieben Mann und seine Freunde habe tun können?"

Dieser Brief, aus seiner alten Wohnung in der Rue Lhomond in Paris geschrieben, ist datiert vom 21. Juli 1947 und adressiert an Frau Aylé. Sie hatte nach ihrer Rückkehr als Deportierte aus Deutschland wieder Ver= bindung mit Abbé Stock gesucht, hatte ihm geschrieben und war dann nach Chartres gereist, um ihn zu be= suchen. Sie wollte von ihm Einzelheiten über den Tod

ihres Mannes erfahren, der auf dem Mont Valérien er=
schossen worden war.

In diesen paar Zeilen sagt uns Abbé Stock selbst das
Wesentlichste, was wir über ihn nach seiner Abreise
von Chartres erfahren möchten.

Er hat sich also wieder in der Rue Lhomond einge=
richtet, verfügt aber nur über ein kleines Zimmer. Die
übrigen Räume sind beschlagnahmt. Sein Zimmer ist
ärmlich, nur mit dem unbedingt Notwendigen ausge=
stattet.

Er untersteht immer noch der Militärbehörde, ist Ge=
fangener und doch halb frei und macht schon wieder
Pläne. Er denkt vor allem an seine völlig versprengte
Pariser Pfarrei, die reorganisiert werden muß. Er denkt
besonders auch an die Tausende von deutschen Kriegs=
gefangenen, die als freiwillige Arbeiter in Frankreich
zurückbleiben wollen. Die meisten haben keine Familie
und kein Heim mehr. Im Kriege ist bei ihnen zu Hause
alles zugrunde gegangen. Frau und Kinder und Eltern
sind tot. Ihre Lage ist wirklich nicht einfach. Abbé
Stock unternimmt zusammen mit Oblatenpater Brass
bei Freunden und Bekannten schon entsprechende
Schritte, um diesen schwergeprüften Menschen zu
helfen.

Seiner Meinung nach ist die eigene Freilassung das
erste Ziel, was erreicht werden muß. Er meint, dann könnte
er sich frei wieder bewegen und hätte Zugang zu den
entsprechenden Behörden. — Aber die Regierung wollte
um jeden Preis die Bildung von deutschen Minderheiten
in Frankreich verhindern. Darum untersagte sie es den
wenigen deutschen Priestern, die Kriegsgefangenen=
seelsorger waren, sich um ihre Landsleute zu kümmern.
Diese sollten sich einfach in die französische Gesell=
schaft eingliedern und naturalisieren lassen. Das war
der behördliche Standpunkt. Abbé Stock konnte darum

so viele Schritte beim Minister des Innern tun, wie er wollte, er mochte Empfehlungen von früheren Gefäng= nisinsassen beibringen, er mochte Unterstützung von mehreren Ministern haben, die ihn kannten und schätz= ten, trotzdem erhielt er niemals seinen Personalaus= weis, der ihm die Freiheit geschenkt hätte. Er wird noch bis 1951 warten müssen, bis dann, drei Jahre nach sei= nem Tode, sein Leichnam freigegeben und von der französischen Militärbehörde Abbé Le Meur überlassen wird, der ihm ein würdiges Grab schenken wollte.

Im September 1947 mußte sich Abbé Stock ent= schließen, noch einmal wieder einen Herzspezialisten zu Rate zu ziehen. Die Diagnose war sehr pessimistisch. Der Arzt verordnete völlige Ruhe und machte Stock zur Pflicht, das Bett zu hüten.

Diese Kur zog sich zwei Monate hin. Als die Kräfte nach und nach wiederkamen, durfte er etwas ausgehen und einige Spaziergänge machen. In diesen Wochen, als er sich sehr schonen mußte, kam ihm die Idee, die Geschichte des Seminars hinter dem Stacheldraht zu schreiben. Er begann, die nötigen Unterlagen zu sam= meln. Pater Brass, der mit Abbé Le Meur in der Gene= ralverwaltung der Kriegsgefangenenseelsorge in sehr persönlicher Verbindung gestanden hatte, war ihm da= bei eine große Hilfe.

„Seit fast einem Jahr", so hat Pater Brass in dem Mitteilungsblatt der früheren Chartrenser erzählt, „ver= brachte ich meine Sonntage in der Vorstadtpfarre von Abbé Le Meur. Ich half ihm ein wenig bei seinem Dienst. Auf diese Weise konnte ich ihm gegenüber eine Dankesschuld abtragen, für mich persönlich, aber zugleich auch für alle deutschen Seelsorger und Kriegs= gefangenen. Ich erwähne das absichtlich; denn ich weiß, viele von euch dachten, Le Meur wäre den Gefangenen und dem Seminar im Innern doch nicht sehr gewogen gewesen. Ich weiß nicht, was zum Entstehen dieser Vermutung Anlaß gegeben hat. Aber ich fühle mich verpflichtet, die Wahrheit offen auszusprechen: Abbé Le Meur war der größte Wohltäter der Kriegsgefangenen! Ohne ihn hätte die Kriegsgefangenenseelsorge faktisch nur ein Schattendasein geführt, oder es hätte sie einfach nicht gegeben. Le Meur hat nach sehr vorsichtigen und schwierigen Bemühungen erreicht, daß alle kriegsgefangenen deutschen Priester, nicht bloß die Militärgeistlichen, Seelsorger in den Kriegsgefangenenlagern wurden. Er sicherte ihnen die bevorzugte Behandlung, die sie brauchten, um ihrem Dienst nachkommen zu können. Ohne ihn wäre das Seminar in Chartres niemals Wirklichkeit geworden.

Das ganze Projekt des Seminars, die entsprechenden Verhandlungen mit den zuständigen Behörden in Frankreich und Deutschland, die ebenfalls sehr schwierig waren, alles, was zur Verbesserung der Lebensmittelversorgung für die Gefangenen unternommen wurde, die Verlegung des Seminars von Orléans nach Chartres, der Appell an die deutschen Professoren, die Ernennung Abbé Johners — das alles ist das Werk von Abbé Le Meur gewesen. Er hat auch Franz Stock ausgesucht, hat ihn persönlich in seinem Wagen in Cherbourg abgeholt und ihm die Aufgabe des Seminaroberen anvertraut, während die französischen Behörden diese Stelle einem anderen Priester übertragen wollten.

Ich kann es aus eigenem Miterleben bezugen, daß in diesen zwei Jahren seine ganze Aktivität, einfach sein ganzes Leben, in der Gefangenenseelsorge und in der Förderung des Seminars in Chartres aufging. Und dabei hatte er wirklich keine Hintergedanken. Er zeigte keine Spur von Chauvinismus, dachte mit keinem Gedanken an Propaganda. Er handelte einzig aus selbstloser priesterlicher Liebe.

Um es ihm zu ermöglichen, die Geschichte des Semi=
nars hinter dem Stacheldraht zu schreiben, brachte ich
Abbé Stock Dezember 1947 offizielle Unterlagen über
dessen Gründung. Nachdem er diese Dokumente ver=
arbeitet hatte, erklärte er mir: Ich muß immerhin
meine Meinung über Abbé Le Meur revidieren. Erst
jetzt sehe ich richtig, was er für Chartres gewesen ist."
Er setzte sich sofort an seinen Schreibtisch und schrieb
einen langen, ergreifenden Dankesbrief.

Dieser Brief trägt das Datum vom 22. Dezember 1947.
Darin heißt es: „Zum Weihnachtsfest sende ich Ihnen
meine besten Wünsche. Sie sollen in meinen Gebeten
am Tag der Geburt unseres Herrn einen besonders gu=
ten Platz bekommen. Ich weiß mehr als andere, was wir
Ihnen verdanken. So werde ich persönlich erst recht Sie
nie vergessen. — Ich habe vor acht Tagen angefangen,
die Geschichte unseres Seminars zu schreiben. Ich hoffe,
sie in diesem Winter zu Ende zu bringen. Einen ganzen
Haufen von Notizen und Unterlagen habe ich schon, so
daß man ein schönes Buch daraus machen könnte. Ich
erinnere mich noch gut an alles, was Sie trotz der enor=
men Schwierigkeiten, auf die Sie stießen, seit den
ersten Tagen und auch später noch getan haben. Die
Einleitung ist fertig. Ich stehe gerade am ersten Kapitel:
‚Der Anfang in Orléans'. Wenn ich jetzt in den Notizen
und Unterlagen meiner Chronik herumblättere, kann
ich mir gut Rechenschaft geben über den wichtigen und
schönen Platz, den Sie in unserer Seminargeschichte
einnehmen. Ich werde oft von Ihnen sprechen. Sie ver=
dienen es. Gebe der liebe Gott mir die physische und
geistige Kraft, daß ich aus der Geschichte dieses einzig=
artigen Seminars ein schönes Buch machen kann. Es soll
deutlich herausstellen, wie großmütig die französische
Militärseelsorge und in erster Linie Sie als der für uns
Zuständige gewesen sind, aber auch, was die französi=

schen militärischen und kirchlichen Behörden in Hin=
sicht auf unseren zukünftigen Klerus getan haben. Nun
kommen schon aus allen Ecken Deutschlands Briefe bei
mir an, die das bezeugen. Sie können stolz sein, lieber
Herr Abbé. Seien Sie sicher, daß man mehr an Sie denkt,
als Sie vielleicht glauben ..."

In diesem Dezembermonat erlebte Franz Stock eine
große Freude. Die theologische Fakultät der Uni=
versität Freiburg ernannte ihn in ihrer Sitzung vom
16. Dezember zum Doktor der Theologie honoris causa.
Die Fakultät legte Wert darauf, durch diese Auszeich=
nung ihre Dankbarkeit gegenüber dem Superior des
Seminars von Chartres zu bekunden. Sie wollte damit
auch den Wert der Vorlesungen, die dort gegeben
waren, und der wissenschaftlichen Bildung, die dort
vermittelt wurde, unterstreichen. „Das ist wirklich ein
schönes Weihnachtsgeschenk", schrieb er am 5. Januar
1948 an seine Familie.

Aber in dem gleichen Brief an die Seinen macht sich
auch eine Klage Luft: „Neujahr war ich ganz allein. Es
war doch etwas einsam, keine lieben Menschen in der
Nähe zu haben. Die geistlichen Herren waren alle, bis
auf einen Jugoslawen, abwesend. Zu zweien haben wir
uns ein Festessen bestellt wie zu Weihnachten. Und
nun sind wir schon über die Schwelle des Jahres 1948
hinüber, und es nimmt seinen Lauf. Gern wäre ich die
Feiertage bei Euch gewesen. Das ist das erste Mal in
meinem Leben wohl — einmal war es ähnlich 1928 im
Seminar in Paris —, daß ich Weihnachten nicht im trau=
ten Kreis feiern konnte, keine Mitternachtsmesse, keine
deutschen Weihnachtslieder. Das war ein Opfer. In der
Gefangenschaft war es jedesmal herrlich ..."

So mußte Abbé Stock nun selber die Einsamkeit
derer erfahren, die er in dem unmenschlichen Paris der
Kriegszeit hatte sterben sehen. Und doch hätten ihn

Hunderte von Pariser Familien eingeladen, hätten ihn mit Liebe, Dankbarkeit und Freundschaft umhegt. Aber sie wußten es nicht. Er war nicht gewohnt, sich zu be= klagen, was er innerlich mitmachte, vor anderen auszu= breiten. „Hätten wir das gewußt!", so wiederholen es heute noch alle, die ihn gekannt haben, für die er ein= mal der Hoffnungsstrahl in der Nacht gewesen ist.

Aber er selbst fand sich schnell zurecht: „Mit der Einsamkeit habe ich mich abgefunden. Fräulein Ber= linghof hat immer noch nicht das Visum, trotz aller Beglaubigungen und Beziehungen ... Da muß einer querschießen; denn ich habe meine Carte d'identité auch noch nicht, obwohl ich sie schon im September bean= tragt habe ... Ich merke immer mehr, daß man von der Vorsehung Gottes gehalten wird. Daher nehme ich auch die augenblickliche Lage, in der ich mich befinde, gern an und danke Gott, daß er es so gut meint. Auch finde ich immer wieder gute Menschen, die helfen."

Abbé Stock überläßt sich also der Vorsehung. Trotz Erschöpfung und Enttäuschung setzt er seine Bemühun= gen fort, um die Seelsorge bei den freien deutschen Arbeitern zu organisieren. Ende Januar kommt Caritas= direktor Heinrich Höfler zu ihm, und nun laufen sie durch alle Büros. Sie wollen wenigstens versuchen, die notwendigen Ermächtigungen loszueisen, damit diese Seelsorgearbeit organisiert werden kann. Aber Abbé Stock war mit dem Herzen am Ende. Diese Besuche in den Büros, diese langen Gespräche mit allen möglichen Leuten erschöpften ihn außerordentlich.

Er hatte seine Enttäuschungen seiner Schwester Franziska geklagt. Sie hatte ihm geantwortet und ihn ermutigt. Am 11. Februar hatte er ihr dann geschrieben:

„Du hast recht, man tut seine Pflicht und vertraut auf den Herrgott, der bis jetzt alles so wunderbar ge= fügt hat ... Nach Ostern will ich mal wieder zu Euch kommen. Ich hab's wenigstens vor; ob es gelingt, weiß ich nicht bestimmt."

Dann fügt er an seine Mutter bei: „Auch danke ich Dir für die Gratulation zu meiner Ernennung. Du hast einen großen Anteil daran; denn ohne eine gute Mut= ter wäre ich nicht das geworden, was ich heute bin. Doch wir wollen recht bescheiden bleiben und nur einem danken, unserem Herrgott. Er gibt uns seine Gnade und seine Kraft, und nichts geschieht ohne ihn. Er hat mich in den Jahren so wunderbar geführt, in seiner Hand war ich geborgen; und kamen mal schwere Stunden, so tat seine Vorsehung alles, um sie zu über= winden. Und wenn ich heute etwas Besonderes habe, dann sage ich es bei der heiligen Messe nach der hei= ligen Wandlung, beim Memento für die Toten, unsern beiden Lieben, die im Himmel sind, Papa und Heinz. Das gibt immer wieder Mut. Die Kapelle habe ich ja im Hause. Ich bin gewissermaßen der Hüter dieses kleinen Heiligtums, und dort denke ich oft an Euch, an alle, die in der Heimat die Not spüren. — Gern ließe ich mich jetzt bei der Mutter etwas verwöhnen. Das tät dem großen Jungen mal wieder gut. Aber die Zeit kommt auch einmal wieder. Darauf setzen wir unsere Hoffnung."

Das war schon ein Abschiedsbrief, zugleich auch ein Gebet voll Vertrauen und Dank an die göttliche Vor= sehung, die ihn „so wunderbar in diesen ganzen Jah= ren geführt hat". Es war ein letzter Ehrenerweis für seine Mutter, der er soviel verdankte. Der große Junge wollte ihr noch einmal seine ganze Zärtlichkeit aus= drücken.

Einige Tage später kam ein anderer Brief aus Paris, gerichtet an Frau Stock und ihre Kinder. Der Brief war nicht von Franz, sondern von Pater Brass geschrieben. Er brachte die erschütternde Mitteilung: „Wenn Sie diese Zeilen lesen, werden Sie schon Nachricht haben über die unbegreifliche Prüfung, die Gott Ihnen und uns allen geschickt hat. Als Freund und Mitbruder Ihres lieben unvergeßlichen Franz spreche ich Ihnen zunächst mein tiefempfundenes Beileid aus. Sodann will ich Ihnen einige Einzelheiten über Krankheit und Tod Ihres lie= ben Verstorbenen mitteilen.

Schon seit 5—6 Monaten war Franz nicht mehr der alte. Sein Herz machte ihm viel zu schaffen. 3—4 Wochen lang mußte er sogar das Bett hüten. Seit 4 Monaten war er in ärztlicher Behandlung. In dieser Zeit habe ich täglich neben ihm am Mittagstisch gesessen, konnte somit gut das Auf und Ab der Krankheit beobachten. Seit 2 Monaten ging es ihm besser. Er konnte wieder kleine Spaziergänge machen. Nun traten am Sonntag= nachmittag plötzlich starke Atemnot und Schüttelfrost ein. Der herbeigerufene Arzt stellte ein Lungenödem fest und verordnete sofortige Einweisung ins Hospital Cochin (Rue Faubourg St. Jacques, neben Val de Grace). Dort hat man ihm sofort 300 ccm Blut abgenommen. Zwei französische Priester, die in der Rue Lhomond wohnen, hatten ihn begleitet. Da der Zustand ernst war, hatten sie ihm die Absolution gegeben. Ich selbst erfuhr erst am Montagnachmittag, was vorgefallen war, da ich nur zum Mittagessen in der Rue Lhomond bin. Gleich habe ich mich ins Krankenhaus begeben und fand Franz guter Dinge, da er sich nach der überstan= denen Atemnot sehr erleichtert fühlte. ‚Ich bin in guter Pflege; ich lasse mich hier gründlich auskurieren‘, meinte er. Als ich ihn fragte, ob ich Sie benachrichtigen sollte, meinte er: ‚Nein! In einigen Tagen geht es wieder. Weshalb meine Angehörigen unnötigerweise beunruhi= gen?‘ Er bestellte seine Kleider, damit er auch einmal aufstehen könne; so gut fühlte er sich. Auch die Ärzte sagten mir, es sei keine Todesgefahr vorhanden. Er sei zwar schwach, aber das sei eine Folge der Blutabnahme. Am Dienstagmittag ging ich wieder hin (man kann die Kranken nur von 13.30—14.30 Uhr besuchen) und fand ihn merklich schlimmer. Er schlief zwar, aber am Atem merkte ich, daß er wieder Atemnot hatte. Am Morgen hatte man ihm wieder 200 ccm Blut abgenommen. Ich blieb eine Stunde an seinem Bett. Bevor ich wegging, nahm ich ihn bei der Hand; da wurde er für einen Augenblick wach, lächelte mich an und begrüßte mich. Ich zeigte ihm Ihren Brief und einen von Fräulein Ber= linghof. Doch er war zu müde, um sie gleich zu lesen. Ich verließ das Zimmer und fragte die aufsichtführende Krankenpflegerin, ob Todesgefahr da sei. ‚Nein, er ist zwar schwach, aber Gefahr ist nicht vorhanden', war die Antwort. Trotzdem verließ ich das Krankenhaus in der Absicht, den Krankenhausseelsorger, einen Vikar von St. Jacques, zu benachrichtigen. Ich ging zur Aumônerie, wo ich arbeite, um im Ordo von Paris seine Wohnung zu suchen. Da rief man gerade vom Kran= kenhaus an, daß der Zustand von Franz sich ver= schlimmert habe. Ich fuhr sofort per Auto bei dem be= treffenden Vikar vorbei, nahm das heilige Öl und das Allerheiligste. Als wir im Krankenhaus ankamen — es war gegen ein Viertel vor fünf — erfuhren wir, daß Franz gegen 4.00 Uhr nachmittags verstorben sei — ‚ganz plötzlich', wie die Schwester sagte. Man hatte ihn würdig aufgebahrt. Der Krankenhausgeistliche und ich haben dann die Sterbegebete verrichtet; für die Letzte Ölung war es leider zu spät. — —

Wir haben sofort alle zuständigen Stellen benachrich= tigt und alle Bekannten, Kardinal, Nuntius, Msgr. Baussard, den Bischof von Chartres, die Herren Gay und Michelet usw. Das aufrichtige Mitgefühl bei allen hat mir öfter die Tränen in die Augen getrieben. Wohin man kommt, hört man nur dankbare Worte des Lobes. Alle wollen an den Exequien teilnehmen, wann und wo, weiß ich noch nicht, da Franz ja offiziell als Kriegsgefangener gilt und den Militärbehörden untersteht. Jedenfalls werden wir in der Église des Étrangers einen würdigen Totengottesdienst halten. — Ich habe vergessen, daß Msgr. Guérin gleich am ersten Tag ans Krankenbett geeilt ist. ‚Wir lieben Sie alle', sagte er zu Franz ... Ich habe heute morgen das heilige Opfer für die Seelen= ruhe des teuren Verstorbenen dargebracht und mit mir eine ganze Reihe priesterlicher Freunde; sodann habe ich in einem Rundbrief alle kriegsgefangenen Lager= pfarrer von ganz Frankreich um ein Memento bzw. heilige Messe für Franz gebeten. Der Caritasverband wurde telefonisch benachrichtigt mit der Bitte, den Tod von Franz den deutschen Bischöfen mitzuteilen ... Gott allein weiß, was er zu seiner Ehre getan. Er war ganz Priester. Zum erstenmal hörte ich vor dreieinhalb Jah= ren von Franz sprechen. Es war Msgr. Baussard, der mir mit Tränen in den Augen erzählte, mit welch prie= sterlichem, übernatürlichem Geist er sich der Gefan= genen und zum Tode Verurteilten angenommen habe. Und heute mittag bei Tisch sagte ein französischer Mit= bruder, der sonst sehr zurückhaltend im Urteil ist: ‚Ich bin zutiefst erschüttert. Selten hat ein Todesfall mich so gepackt. Dieser Priester war ganz Priester.' Und spontan kniete die ganze Tischrunde nieder, um ein ‚De profundis' zu beten."

* * *

Bevor man in Neheim diese Einzelheiten über den Tod von Franz erfuhr, war dort bereits am Abend des 24. Februar ein Telegramm mit der tragischen Nachricht angekommen. Als das Telegramm eintraf, freute man sich erst schon. Alle dachten, es würde seinen nächsten Besuch ankündigen. Der so unerwartete Tod war für

Mutter Stock ein sehr schwerer Schlag. Sie nahm den letzten Brief ihres Sohnes noch einmal zur Hand. „Er gibt uns seine Gnade und seine Kraft, und nichts geschieht ohne ihn. Er hat mich in den Jahren so wunderbar geführt. In seiner Hand war ich geborgen..." Wollte ihr Sohn, ihr großer Junge, sie jetzt in ihrem tiefen Schmerz nicht bitten, noch einmal zu sagen: Dein Wille geschehe?

Der Trauergottesdienst für Abbé Stock wurde am 28. Februar in Saint=Jacques du Haut Pas gefeiert. Nicht einmal ganze hundert Personen wohnten der Feier bei. Die Teilnehmenden hatten alle telefonisch benachrichtigt werden müssen. Die Zeitungen hatten weder für die Anzeige des Todes noch des Totenamtes für Abbé Stock eine Genehmigung erhalten, da er immer noch als Gefangener galt. Aber wenn auch nur wenige Teilnehmer bei diesem Trauergottesdienst waren, so ragten sie dafür an Bedeutung besonders hervor. Wohl niemals haben so viele bedeutende Persönlichkeiten jeder Art am Sarg eines Gefangenen gestanden: Msgr. Rodhain zelebrierte das Requiem, Msgr. Roncalli gab persönlich die Absolution über die Tumba. Einige Jahre später sagte er als Papst Johannes XXIII. in Erinnerung an diesen 24. Februar: „Er hatte ganz zur Ehre dessen gelebt, der ihm die Schlüssel zum Paradies anvertraut hatte, um es anderen zu öffnen. Aber damit waren seine physischen Kräfte erschöpft. Nun wurde er zur ewigen Belohnung abgerufen..." Vor den letzten Gebeten ergriff Msgr. Roncalli am Sarg das Wort und erinnerte daran, was er eines Tages von diesem Priester gesagt hatte: „Abbé Stock, das ist kein Name, das ist ein Programm." An der Feier nahmen außerdem noch in Vertretung von Kardinal Suhard der Weihbischof von Paris, Msgr. Baussard, teil, der Generalbevollmächtigte für das Kriegsgefangenenwesen, General Buisson, Mi=

nister Edmond Michelet und Franziskus Gay, ferner Vertreter der französischen Militärseelsorge, des Internationalen Roten Kreuzes, der Weltunion der Jugendverbände und alte Mitglieder der Widerstandsbewegung.

Edmond Michelet schrieb einige Jahre später im Rückblick auf diese Feier: „Wir waren nur wenige, die am 28. Februar 1948 draußen vor der Kirche Saint-Jacques du Haut Pas standen. Gerade war das sehr schlichte Totenamt zu Ende. Die sterbliche Hülle des Toten nahm nun in einem unansehnlichen Armensarg ihren Weg zum Friedhof Thiais, wohin man für gewöhnlich die Leiber der Hingerichteten bringt. Hätten wir nicht in diesem abscheulichen Grau in Grau einer Zeit gelebt, der jede Vorstellungskraft mangelte, und wäre nicht die Furcht vor dem Terror gewesen, die jede Initiative lähmte, mir wäre es lieb gewesen, wir hätten diesem Totenamt einen feierlichen, symbolischen Charakter gegeben. Das hätte eine tiefe Bedeutung auf beiden Seiten des Rheins — und selbst noch anderswo gehabt. Denn der, den man mit Recht so geehrt hätte, war nicht bloß ein Priester: Es war ein Deutscher, unser Gefängnispfarrer von Fresnes, Abbé Stock, der in Frankreich auch nach der Befreiung verblieb, um seinen Landsleuten zu dienen, so wie er vier Jahre hindurch den Franzosen im Gewahrsam der Gestapo gedient hatte, die den Kampf gegen den Nazismus führten . . ."

Etwa zehn Personen begaben sich mit nach Thiais auf den riesigen Friedhof. Für Abbé Stock war ein Grab nahe bei den Gräbern der zahlreichen dort beerdigten deutschen Soldaten geschaufelt. So kam er also als armer Kriegsgefangener mitten unter so vielen anderen zu liegen. Die Beerdigung war eine seltsame Parallele zu den Beerdigungen, wie er sie selbst vorgenommen hatte, wenn er die Hingerichteten auf den Pariser Friedhöfen zu ihrer letzten Ruhe begleitete.

Ein Kriegsgefangener unter so vielen anderen! Ein armes Grab, ein kleiner Sandhaufen, über dem ein grobes Holzkreuz aufragte! So hatte eine Behörde ent= schieden, die unfähig war, etwas anderes als ihre Richt= linien zu begreifen. Sie konnte sich keinen Reim darauf machen, was die Anwesenheit der höchsten Persönlich= keiten des kirchlichen, militärischen und zivilen Lebens ihres Landes bei der sterblichen Hülle eines Kriegs= gefangenen zu bedeuten hatte.

Die Behörde hatte verboten, den Tod, Stunde und Ort der Beisetzung Abbé Stocks in den Zeitungen bekanntzugeben. Aber einige Tage später veröffent= lichte sein Freund Joseph Folliet trotz dieser Verord= nung in „Témoignage chrétien" einen Artikel, und machte seinen Tod dem breiten Publikum bekannt. Er feierte das Gedenken des Heimgegangenen. Auf diese Initiative hin brachten auch andere Zeitungen einen ehrenden Nachruf für den Gefängnispfarrer, der so viel für Frankreich getan hat.

Das Schweigen war gebrochen. Als man mit dem größeren zeitlichen Abstand den tiefen Sinn dieses Priesterlebens besser erkannte, mehrten sich auch in entsprechendem Maße die Bemühungen, die Frankreich mit der Leistung, dem besonnenen Mut, der unbe= schreiblichen Liebe dieses Mannes bekannt zu machen suchten. — —

Die erste öffentliche Feier zu seinem Gedenken fand im Invalidendom am 3. Juli 1949 statt. Frühere Inter= nierte und Mitglieder der französischen Widerstands= bewegung hatten wahrhaftig den Mut aufgebracht, eine Messe für ihn in dieser Kirche lesen zu lassen. Abbé Jean Pihan, ein früherer Gefangener von Fresnes, feierte dort sein Lob. Er begann mit dem Hinweis auf den denkwürdigen Charakter dieser Feier. „Ich begrüße voll Hochachtung und Dankbarkeit den Herrn General=

gouverneur der Invalidenstiftung. Seinem Vertrauen und Wohlwollen ist es zu verdanken, daß diese erstaunliche Feier hier stattfinden kann.

Es ist wirklich Grund zum Erstaunen: Heute feiert in diesem Heiligtum, das nicht eine Kirche wie alle anderen ist, an dieser erhabenen Stätte, die bestimmt ist, das Gedächtnis unserer spezifisch nationalen Ruhmestaten zu verewigen, ein Priester das heilige Opfer für einen deutschen Staatsbürger. Und ein weiterer Priester schickt sich an, das Gedächtnis eines Mannes zu feiern, der offiziell von einer feindlichen Nation beauftragt war, bei uns seine Aufgabe ausgerechnet zu der Zeit wahrzunehmen, als diese Nation unser Land besetzt hielt und bedrückte. Und dabei sind die hier Versammelten zum größten Teil französische Männer und Frauen, die unter der unmenschlichen Grausamkeit der Führer dieser Nation und ihrer Henkersknechte Entsetzliches an Leib und Seele gelitten haben.

Doch der Mann, den wir ehren, dieser deutsche Staatsbürger, war ein Priester Jesu Christi, der sein Priestertum in großartiger Weise begriffen hat. Ich habe gesagt, er war deutscher Staatsbürger. Aber zuallererst war er Bürger jenes universalen Gottesstaates, jener Internationale der Geister, die wir die Kirche Jesu Christi nennen.

Es ist einmal gesagt worden, daß es keinen Abgrund gibt, den Gottes Erbarmen nicht ausfüllt. Der Priester, dessen Gestalt heute vor uns steht, hat das vielleicht nicht wörtlich gesagt, aber er hat durch sein Leben und seinen Tod bewiesen, daß es keinen Abgrund gibt, den christliche Liebe nicht auszufüllen vermag. Sein im Dienst der Brüder bis zur Hergabe seiner letzten Kräfte aufgebrauchter Leib, der jetzt in Erwartung der Auferstehung von den Toten im Acker des Friedhofs von Thiais verwest, reicht hin, um den größten Abgrund

auszufüllen, der jemals zwei Völker voneinander ge=
schieden hat.

Und wir alle, die wir in unserer Sorge um den Frie=
den, um Gerechtigkeit und Brüderlichkeit gelitten haben
wie er — vielleicht sogar mehr oder auch weniger als er,
was soll das schon bedeuten —, wir wollen ihm heute
unseren Dank so laut zurufen, daß die kommenden
Jahrhunderte uns noch hören, daß man später in einem
befriedeten Europa, in einer endlich geeinten Welt es
noch weiß, daß am Anfang ihres Friedens und ihrer
Einheit das schlichte Opfer eines Franz Stock steht, der
ein Deutscher, ein Freund Frankreichs und Diener des
universalen Christus gewesen ist."

Der Redner skizzierte dann die einzelnen Lebens=
abschnitte des Verstorbenen. Danach schloß er: „Franz,
kleiner Bruder Franz, von der anderen Seite des Rhei=
nes, als du zum ersten Male in meine Gefängniszelle
tratest, trugst du Christus bei dir auf dem Herzen.
Du wolltest ihn mir zur Nahrung schenken. Du trugst
Gottes Geist in dir, um mir den Frieden zu bringen.
Ich habe dich umarmt und dir gesagt: ‚Du bist mein
Bruder', und ich habe in dem deutschen Kerker die
vollkommene Freude verkostet, eine Freude, die die
Schergen der Gestapo uns nicht nehmen konnten.

Ich will Deinen Friedenskuß wie beim ‚Pax Domini'
der heiligen Messe heute allen meinen Brüdern weiter=
geben. Und ihr, meine Kameraden, meine Brüder, tragt
ihn weiter in die ganze Welt, die des Todes ist, weil sie
die Liebe nicht kennt. Wir haben alle teuer genug das
Recht bezahlt, ihr nun diese Liebe zu offenbaren."

* * *

Im gleichen Jahre 1949 brachte Abbé Le Meur eine Entscheidung der Militärbehörde in Erfahrung, derzufolge die Gebeine der in Thiais beerdigten deutschen Kriegsgefangenen zusammengelegt werden sollten. Sie sollten in einem gemeinsamen Grab auf einem Friedhof draußen in der Provinz bestattet werden. Es war außerordentlich schwierig, in der Eile bei den Behörden zu erreichen, daß man mit der Leiche von Abbé Stock eine Ausnahme machte. So verblieb Franz Stock also wenigstens in seinem Grab. Aber Unkraut und Dornengestrüpp überwucherten bald den kleinen Haufen Erde und verdeckten sogar das armselige Holzkreuz. Abbé Stock lag nun anscheinend völlig verlassen und vergessen in dieser unabsehbaren Totenstadt.

Aber für Abbé Le Meur gab es kein Vergessen. Er hatte schon den Plan gefaßt, seinem Freund ein würdigeres Grabmal zu setzen. Da veranlaßte ihn eine Nachricht aus Deutschland noch ganz besonders, die Ausführung dieses Planes voranzutreiben.

Chartres feierte 1951 ein Jubiläumsjahr. Auch Bischof Harscouët hatte sein Seminar hinter dem Stacheldraht noch nicht vergessen. Er bekam ja regelmäßig zahlreiche Briefe von alten Lagerinsassen. Darum lud er diese offiziell zur Jubiläumsfeier Unserer Lieben Frau von Chartres am 15. August ein.

Abbé Le Meur begriff, welche Schmach seinem Land bevorstünde, wenn die alten Seminaristen Abbé Stocks von Chartres nun nach Thiais kämen, um am Grabe ihres Superiors zu beten. Er setzte sofort einen Aufruf in die großen Zeitungen, um das Gewissen der Franzosen aufzurütteln: „Die vornehme Gestalt Abbé Stocks, des früheren Anstaltspfarrers in Fresnes und La Santé während der Besatzungszeit, ist uns nun schon sehr oft vor Augen gestellt worden. Mögen seine übrigen Verdienste als Priester und Theologe noch so

groß sein, das dauerhafteste Gedenken in den Men=
schenherzen wird ihm die Liebe sichern, die er als Ge=
fängnispfarrer geübt hat. In ungezähltem Leid hat er
damals getröstet, sowohl im Gefängnis wie in den Fa=
milien der Verhafteten, dadurch daß er den Gefangenen
wie ihren Familien, selbst unter eigener Lebensgefahr,
Nachrichten übermittelt hat. Aber bei solch einem Amt
ist ein Menschenleben schnell verbraucht. Abbé Stock
ist schon 1948 in Paris gestorben. Als die Besatzungs=
zeit vorüber war, ließ die Widerstandsbewegung im In=
validendom eine Messe für diesen Apostel feiern. Er
war, in Feindesland geboren, gleichsam das verkörperte
Symbol der Liebe, die über alle Gegensätze der jeweili=
gen Regime und Grenzen triumphiert. Sein Leib ruht
auf dem Friedhof von Thiais. Aber sein Grab liegt
völlig verlassen da.

Abbé Le Meur, der frühere Beauftragte für die
Kriegsgefangenenseelsorge in Frankreich, jetzt Pfarrer
von la Villette, ist der Meinung, daß es eine Schmach
für unser Land bedeutet, wenn dieser Zustand verewigt
wird. Darum legt er eine Spendenliste aus. Mit Hilfe
dieser Spenden soll Abbé Stock auf dem Friedhof von
Thiais ein endgültiges und würdiges Denkmal errichtet
werden. Abbé Le Meur glaubt, mit diesem Aufruf in
der Presse den früheren Inhaftierten von Fresnes und
ihren Familien die Möglichkeit zu bieten, sich zu Franz
Stock zu bekennen und ihm ihre Dankbarkeit zu be=
zeugen. Helfen Sie ihm, dieses pietätvolle Projekt zu
verwirklichen.“

Gleichzeitig wandte sich Le Meur in einem Rundbrief
an alle alten Kameraden von Fresnes und alle früheren
Inhaftierten, soweit ihm die Adressen bekannt gewor=
den waren: „Abbé Franz Stock ist drei Jahre tot. Auf
dem Friedhof von Thiais hat er sein vorläufiges Grab
gefunden, das nur durch ein schlichtes Holzkreuz ge=

kennzeichnet ist. Es befindet sich auf einem ganz ab=
gelegenen Feld dieses ungeheuren Friedhofs. Zur Stunde
liegt sein Grab völlig verlassen da.

Nach Rücksprache mit seiner Familie habe ich die
Gewißheit bekommen, daß Abbé Stock endgültig in
Frankreich seine letzte Ruhestätte behalten wird. Die
Familie ist aber anscheinend außerstande, an der gegen=
wärtigen beschämenden Situation in Thiais allein etwas
zu ändern. So ist es Sache seiner französischen Freunde,
ihm eine Grabstatt zu geben, die seiner würdig ist und
ihrer Dankbarkeit entspricht. — — Ich meine, diese
Notwendigkeit legt sich allen gebieterisch auf, die Abbé
Stocks Freundschaft und Dienste in Anspruch nehmen
durften.

Die Zeitumstände geben dem Projekt eines neuen
Grabmals eine besondere Dringlichkeit: Am kommen=
den 15. August wird eine namhafte Gruppe deutscher
Priester, die einmal zu dem Kriegsgefangenenseminar
gehörten, das Abbé Stock von 1945 bis 1947 in Chartres
geleitet hat, eine Pilgerfahrt nach Frankreich machen.
Diese Geistlichen aus allen deutschen Diözesen werden
sicher auch das Grab ihres alten Superiors aufsuchen.
Wir dürfen die Schmach nicht über uns kommen lassen,
daß sie das Grab in dem gegenwärtigen Zustand er=
blicken. Dieses Empfinden hat mich zu einer Initiative
angetrieben, die Sie begreifen und vervielfältigen wer=
den. Mit der eröffneten Sammlung wollen wir auf dem
Friedhof in Thiais für Franz Stock eine endgültige und
würdige Grabstätte errichten."

Auf diesen doppelten Appell von Abbé Le Meur
kamen zahlreiche und ergreifende Antworten. Schnell
waren die notwendigen Gelder zusammengebracht. So
konnte ein zwar sehr herbes, aber doch sehr würdiges
Granitdenkmal an einer für die Bevölkerung besonders
zugänglichen Stelle des Friedhofs errichtet werden.

Unter einem großen „Pax" stand auf dem Stein fol=
gende Inschrift zu lesen:

ERRICHTET FÜR ABBÉ STOCK,
PRIESTER DER DIÖZESE PADERBORN
1904—1948.
GEFÄNGNISPFARRER VON FRESNES LA SANTÉ UND
CHERCHE=MIDI 1940—1944.

DIE DANKBAREN FAMILIEN DER FRANZÖSISCHEN
GEFANGENEN UND ERSCHOSSENEN.

Unterhalb der Inschrift war als Symbol der Gefan=
genschaft ein Stück Stacheldraht eingemeißelt.
Die neue Beisetzung fand noch vor dem 15. August
in aller Stille statt. Die deutschen Priester und früheren
Seminaristen kamen nach Thiais, um dort zu beten und
ihren früheren Superior in ihre Dankespilgerfahrt nach
Chartres mit hineinzuholen. Sie fanden das Grabmal
fertig.

* * *

In diesem Grab sollte, so meinte man damals, Abbé
Stock seine endgültige Ruhestatt finden. Die offizielle
Einsegnung der Grabstätte fand indessen erst am
27. Oktober 1951 um 16.30 Uhr statt. Der Erzbischof
von Paris, Kardinal Feltin, nahm sie vor. Ungefähr
hundert Menschen standen dieses Mal am Grabe, in der
Mehrzahl waren es frühere Internierte oder Familien=
angehörige von Erschossenen. P. Riquet, der ebenfalls
früher Gefangener in Fresnes gewesen war, ergriff zu=
erst das Wort. Er sprach im Namen der Inhaftierten
der Pariser Gefängnisse: „Am Grabe eines deutschen
Priesters stehen hier nun diese Franzosen versammelt.
Und diese Franzosen sind einige von den erbarmungs=

würdigsten Opfern des nationalsozialistischen Terrors! Was ist das für eine Paradoxie, aber was ist das zugleich auch ein Symbol und eine Lehre! Diese Paradoxie ist jedoch die Paradoxie unseres Glaubens überhaupt, der der Welt in der unbekümmerten Überzeugung entgegentritt, daß die Liebe letztlich stärker als der Haß ist. Als Priester Jesu Christi, als Gefährte des heiligen Franz von Assisi ruht dieser Deutsche hier in Frankreichs Erde. Er hat für seinen Glauben und seine Liebe Zeugnis abgelegt. Und dieses Zeugnis war völlig frei von jedem individuellen oder kollektiven Egoismus, der ihm sonst leider allzuoft beigemischt ist. So hat er Tausenden die Wahrheit offenbart, die er glaubte und lehrte."

Dann schilderte P. Riquet noch einmal das Leben Abbé Stocks und schloß mit den Worten: „Möge das Beispiel Abbé Stocks, zu dessen immerwährenden Gedenken dieses Grabmal hier verbleiben wird, uns begeistern, wie d'Estienne d'Orves zu singen, als er mit ihm zum Mont Valérien hinaufstieg: ‚Gib uns das mächtige Verlangen nach Liebe ein, die allen Haß überwindet!'"

Nach dem ergreifenden Nachruf von P. Riquet nahm Graf Robert d'Harcourt das Wort. Er sprach im Namen der Familien der Erschossenen und Deportierten: „Im Namen der Familien französischer Gefangener, die unter der deutschen Besatzung die Ängste der Verhaftungen, die Grausamkeit der Polizeiverhöre, die Todesangst der langwierigen Haft in den Kerkern des Dritten Reiches erlebten, sei es mir gestattet, eine letzte Huldigung dem Manne zu entbieten, der alles tat, was ihm christliche Liebe und der Adel einer großmütigen Seele eingab, um in gequälte Menschenherzen ein wenig Licht hineinzutragen.

‚Widerstandsbewegung' ist ein großes Wort. Aber

es ist ausgebeutet und verunstaltet worden durch die Leidenschaft der Menschen. Hier, vor diesem Grabe, findet es seine wahre Größe im Frieden wieder. Das Schicksal der an die Gestapo ausgelieferten Gefangenen war tragisch. Das Los ihrer Angehörigen, die sie in Todesgefahr wußten, war, wenn überhaupt möglich, noch schrecklicher. Diese Väter, Mütter, Gatten erlebten das Drama der Nacht. Sie standen vor einer Mauer. Die Gestapo hüllte sich in grausames Schweigen. Sie ver= stand es, undurchdringlich zu bleiben. Wenn ein Schimmer von Licht durch diese Finsternis drang, dann war dieser unermeßliche Trost deutschen Priestern wie Abbé Stock zu verdanken.

Ich bin der Vater eines jungen Patrioten, der im Sommer 1941 unter allerschwersten Anschuldigungen verhaftet wurde. Ich wußte, daß er in tödlicher Gefahr schwebte. Nie werde ich die wenigen Nachrichten ver= gessen, die meine Frau und ich der Vermittlung Abbé Stocks verdanken. Es waren nur dürftige, bruchstück= artige Einzelheiten, bescheidene Bröckchen. Aber trotz allem, in dieser schrecklichen Nacht bedeuteten sie wenigstens etwas Licht. Wie sollte sich jemals aus mei= nem Gedächtnis jene tragische Stunde verwischen lassen, als Abbé Stock, der schon die Hoffnung auf eine Wendung im Schicksal unseres Sohnes aufgegeben hatte, uns feierlich versprach, er werde nach der seiner Meinung nach unentrinnbaren Hinrichtung uns die Gegenstände überbringen, die unserem Jungen persön= lich gehörten. Diese Verbindungsrolle zwischen den fran= zösischen Familien der Gefangenen und den deutschen Behörden, in der sich Abbé Stock bewegte, war nicht ohne Gefahr. Wie viele Vorsichtsmaßnahmen mußte man bei dieser Verbindung anwenden, wenn man nicht riskieren wollte, durch Unklugheiten eine so kostbare Quelle für immer zum Versiegen zu bringen! Ich ent=

sinne mich der heimlichen Treffen, die ein anderer groß=
mütiger Priester mit den Familien der Gefangenen im
Halbdunkel der Kirche des heiligen Dominikus hatte.
Dieser war ein Franzose, Abbé Huet, der Abbé Stock
bei dem großartigen Liebeswerk der Gefangenenseel=
sorge zugesellt war. Auch er ist für immer in unserer
Dankbarkeit mit dem Namen Abbé Stocks verbunden.

Abbé Stock ermaß all diese Gefahren mit mutiger
Klarheit. Eine schwache und bedrohte Gesundheit
machte seinen Mut noch verdienstlicher. Er war herz=
leidend und wußte darum. Er machte sich keine Illu=
sionen, wie sehr sich sein Leiden verschlimmerte durch
die tägliche Angst, die die übernommene Aufgabe mit
sich brachte. Seine christliche Bruderliebe machte ihn
bei der deutschen Polizei verdächtig. Er mußte immer=
fort der eigenen Verhaftung gewärtig sein. Aber nie=
mals entzog er sich dem, wozu ihn die Bruderliebe ver=
pflichtete. Er wußte, daß es galt, nach dem Beispiel des
Erlösers seine Brüder in Christus zu lieben ‚bis zum
Ende‘, bis zum düsteren Henkerspfahl, bis zum letzten
Kuß, den die Lippen des Verurteilten im blassen Mor=
gengrauen angesichts des Exekutionskommandos auf
das dargereichte Kreuz drückten. Zweifellos hat die bei
einem so tragischen Schauspiel sich ständig wieder=
holende Aufregung in hohem Maße zu seinem allzu
frühen Tode beigetragen.

Freunde von Abbé Stock haben uns anvertraut, wie
die Erinnerung an die Leiden, Ängste, seelischen und
physischen Qualen, deren Zeuge er gewesen war, eine
ständige schmerzhafte Bedrängnis bis in die letzten
Stunden seines kurzen Erdenlebens für ihn geblieben ist.

Abbé Stock hat die Tiefen des menschlichen Herzens
durchmessen. Er hat auch seine strahlende Schönheit er=
kannt. Er hörte von den Lippen derer, die nur noch
einige Augenblicke zu leben hatten, in ihrer letzten

Stunde, wo jede menschliche Verstellung aufhört, Worte, die ein Priester nie mehr vergessen kann. Die Seelen lagen offen vor ihm mit der ganzen Last ihres irdischen Elends, aber auch schon verklärt durch einen Wider=schein, durch die Vision der unmittelbar bevorstehenden Begegnung mit dem anbetungswürdigen Antlitz Got=tes. Machen wir halt vor diesem unaussprechlichen Geheimnis. Der Priester, der den zum Tode Verurteil=ten gleichsam in die Arme Christi auffängt, nimmt es mit sich ins Grab.

Brüderlichkeit! — Damit ist das entscheidende Wort ausgesprochen. In den Franzosen, die von der Nazi=polizei in das Kerkerdunkel gestoßen waren, sah Abbé Stock nicht mehr Gegner, sondern nur noch Brüder. Hier im Gefängnis schwanden die Grenzen. Auf den Schlachtfeldern mochte der Lärm weitertoben. Hier war der Krieg vorbei. Hier gab es nur noch die große Liebe Christi. Es sei mir gestattet, daß ich für diese wunder=bare Lehre, die er uns gegeben hat, für soviel unver=geßliche Aufopferung vor diesem Grabe im Namen der französischen Familien, denen das Wort eines deut=schen Priesters Trost in ihrer Angst brachte, Abbé Stock aus Herzensgrund einen letzten Dank ausspreche."

In der vordersten Reihe derer, die am Grabe standen, stützte eine Frau in Trauerkleidung eine betagte Dame, die ihren Tränen freien Lauf ließ. Das war Mutter Stock mit ihrer ältesten Tochter Franziska. Trotz ihres Alters war sie vom fernen Westfalen hergekommen. Bundes=kanzler Adenauer selber hatte sie zu der Reise einge=laden und war für alle Kosten aufgekommen. Die alte Frau war zutiefst erschüttert, daß sie nun endlich am Grabe ihres Sohnes stand, so nahe bei seiner sterblichen Hülle beten konnte und an der Ehrung teilnehmen durfte, die Frankreich ihm zollte. Und sie war noch einmal tief bewegt, als sie nach der Feier dem Kardinal und anderen hohen Persönlichkeiten vorgestellt wurde und viele frühere Internierte sie umarmten, um ihr die Dankbarkeit zu bezeigen, die sie für ihren Sohn im Herzen trugen. — —

So hatte also Abbé Le Meur für Abbé Stock in Paris eine würdigere Grabstätte geschaffen. Immer mehr hatte man inzwischen die außerordentliche Bedeutung des deutschen Priesters und den Sinn seiner Friedens=botschaft erkannt. In Chartres aber hatte sich unter=dessen etwas ereignet, das mit dem ganzen Geschehen anscheinend zunächst in keinem Zusammenhang stand.

13. KAPITEL

Zurück nach Chartres –
Lebendiges Zeugnis

Am 1. April 1951, einige Monate vor der Pilgerfahrt der früheren Seminaristen des „Seminars hinter dem Stacheldraht" zu Unserer Lieben Frau von Chartres, hatte Bischof Harscouët in der nordöstlichen Bannmeile der Stadt eine neue Pfarrei errichtet. Sie lag in dem neuen Wohnviertel, das die Bezeichnung „Rechêvres" führte. Am gleichen Tage war er auch hergekommen und hatte die provisorische Kapelle eingesegnet, die er unter den Schutz des heiligen Johannes des Täufers stellte.

Wegen der im Bistum herrschenden Priesterarmut hatte der Bischof die Seelsorge dieser Pfarrei den Maristen=Patres anvertraut, die schon seit 100 Jahren in Chartres tätig waren.

Sofort an einen endgültigen Kirchbau zu denken war unmöglich. Einige gute Freunde besorgten den Patres aber eine Kapellenbaracke, die im freien Feld auf dem Gelände des alten deutschen Kriegsgefangenen=

lagers Nr. 501 stehengeblieben war. Die Baracke wurde demontiert und in Rechêvres wieder aufgebaut. Nach= dem sie also den deutschen Kriegsgefangenen als Got= tesdienstraum gedient hatte, wurde sie Pfarrkirche in Chartres=Rechêvres.

Die Jahre vergingen. Der Sekretär von Bischof Harscouët, Domkapiturlar André, erzählte den Patres oft die wunderbare Geschichte, die er selber hatte mit= erleben dürfen. Tief ergriffen stellte er ihnen immer wieder die Gestalt Abbé Stocks vor Augen.

Bischof Harscouët bekam unterdessen fast jeden Mo= nat von den früheren Seminaristen Anzeigen ihrer Priesterweihe. Allen war Chartres trotz aller Entbeh= rungen letztlich eine strahlende Erinnerung geblieben, und sie fühlten sich ihrem früheren Bischof, seiner Diözese und der Stadt Chartres zu tiefem Dank verpflichtet.

Einige Jahre später mußte man daran denken, die Barackenkapelle von Rechêvres durch eine größere Kirche zu ersetzen, schon allein, weil das provisorische Gotteshaus zu zerfallen drohte.

Das Arbeiterviertel von Rechêvres aber war arm. So stellte dieser Kirchenbau ein schweres Problem sowohl für die Maristen=Patres wie auch für den bischöflichen Stuhl von Chartres dar.

Unter diesen Umständen erinnerten sich die Patres, daß Chartres in Deutschland doch zahlreiche Freunde hatte, die früheren Seminaristen, die „Chartrenser", wie sie sich selber gerne nannten. Konnte man sie nicht ansprechen und bitten, zum Gedenken an Bischof Hars= couët, Abbé Stock, Abbé Le Meur und Msgr. Delbeck, die nun alle schon tot waren, den Altar für die zukünf= tige Kirche zu stiften? War doch Saint=Jean=Baptiste die erste Pfarrei, die Bischof Harscouët im Ablauf sei= nes langen Episkopates gegründet hatte. Und bedeu= tete die Kapelle in Rechêvres nicht eine wirkliche Ver=

bindung mit dem alten Kriegsgefangenenlager von Morancez? Aber es gab nur noch einen, der mit den früheren Seminaristen in Verbindung treten konnte, das war Domkapitular André. Er war sofort für den Plan gewonnen und bereit zu handeln. Aber an wen sollte man sich wenden? Pfarrer Delbeck hatte den Vorsitz der Vereinigung der ehemaligen Chartrenser übernommen, aber er lebte nicht mehr, und niemand war zu seinem Nachfolger bestimmt worden. Die Vereinigung der früheren Seminaristen war auf dem besten Wege zu ihrem seligen Ende. Da griff die Vorsehung ein auf unerwartete Weise.

Der heutige Vorsitzende der „Chartrenser", Pfarrer Josef Lechner, hat uns selber die Geschichte erzählt: „Die Wahl Papst Johannes' XXIII. im Jahre 1959 weckte die alten ‚Chartrenser' mit einem Male wieder auf und brachte sie in Bewegung. Eine bayrische Gruppe ergriff die Initiative und beschloß eine Dankeswallfahrt nach Rom. Etwa 100 Pilger fanden sich zusammen. Welche Wiedersehensfreude für uns alle, welche Freude auch, den Heiligen Vater in einer Privataudienz wiederzusehen, die er uns freundlich gewährte! Und bei dieser Gelegenheit trafen wir auch mit Domkapitular André wieder zusammen. Der Heilige Vater ermunterte uns in dieser Audienz dreimal, die Verbindung der ‚Alten von Chartres' untereinander wieder zu festigen. Pierre Andrés Wünsche gingen in die gleiche Richtung.

Bei diesem Aufenthalt in Rom erfuhren die ‚Chartrenser' nun von dem Neubau einer Kirche in Chartres, im Bezirk von Rechêvres. Domkapitular André erzählte ihnen, daß die provisorische Pfarrkirche dort die Barackenkapelle ihres alten Kriegsgefangenenlagers war. Da sprang wie eine Knospe im Frühling bei den alten Seminaristen der Plan einer Hilfsaktion für die neue Kirche auf. Sie teilten dem Heiligen Vater ihren Ent=

schluß mit, der den großmütigen Plan segnete. Man hatte dem Heiligen Vater einen Kelch und ein Ziborium geschenkt. Sie baten ihn nun, dieses Geschenk gütigst der neuen Pfarrei als erstes Zeichen ihrer brüderlichen Liebe zukommen zu lassen. Noch auf der Rückfahrt wurde eine Zeichnungsliste aufgelegt. Damals wurde ich als einer der Gruppensprecher und als der erste Chronist unseres Lagers bestimmt, den Vorsitz der ‚Chartrenser' zu übernehmen. Als solcher bekam ich den Auftrag, in Deutschland in alle Himmelsrichtungen einen Bettelbrief an die alten Kameraden zu schicken und möglichst viele Adressen zu sammeln. Das freu= dige Echo, das meine Bitte überall auslöste, erlaubte es uns, konkrete Entschlüsse zu fassen: Wir wollten der neuen Pfarrei ihre beiden Altäre, den Tabernakel, das Kreuz und einen weiteren Kelch schenken.

Und dann kam der Tag der Kirchweihe: ‚Sie gehen hin und säen in Tränen, sie kommen jubelnd heim und bringen ihre Garben', hat der Psalmist gesungen.

Das traf wirklich für uns zu. So waren wir also wie= der da, wir die alten ‚Seminaristen hinter dem Stachel= draht', und standen nun mitten unter unseren französi= schen Brüdern und Schwestern in dieser wunderschönen Kirche.

Die beiden Altäre und der Tabernakel künden den Dank ihrer Stifter. Der Tabernakel ist besonders aus= drucksvoll. Eine Seite stellt den heiligen Johannes den Täufer dar, der auf das Gotteslamm hinzeigt. Die eine Hälfte der anderen Seite bringt das Bild der Befreiung des heiligen Petrus aus dem Gefängnis und die andere Hälfte das Bild unserer eigenen Befreiung aus dem Leid und dem Stacheldraht durch die Gestalt des ‚Engels mit der Sonnenuhr' an der Kathedrale von Chartres. Dieser Tabernakel ist das Werk der Frau eines unserer frühe= ren Lagerkameraden.

In den Hauptaltar sind neben den Reliquien des hei=
ligen Dionysius, des heiligen Bonifatius und des hei=
ligen Petrus Chanel die Namen der 949 Seminaristen
und ihrer Wohltäter, in einem Kästchen versiegelt, ein=
geschlossen.

Nach der Konsekration hatte ich die Ehre, die erste
heilige Messe an dem von uns gestifteten Altar zu feiern
— als früherer Seminarist im Kriegsgefangenenlager
und als der nunmehrige Pfarrer in Dachau! Welch eine
edelmütige Geste der Vergebung von seiten unserer
französischen Freunde, daß der Priester, dem die Ehre
zufiel, als erster zu diesem Altar emporzusteigen, ge=
rade der sein durfte, dem das Gelände des früheren
Konzentrationslagers von Dachau als Seelsorgegebiet
anvertraut ist!

Diese erste Messe in der neuen Kirche wurde als
deutsch=französische Gemeinschaftsmesse gefeiert. Mi=
litärpfarrer Raimund Winklhofer, gleichfalls früherer
Seminarist hinter dem Stacheldraht, wandte sich fran=
zösisch und deutsch an die Meßteilnehmer. Er sagte:
‚So wie ihre Namen in dem Stein dieses Altares mit ver=
siegelt sind, werden auch die Herzen der alten Semina=
risten in dieser Kirche verbleiben.'

Diese Abendmesse war wirklich die Krönung des Ta=
ges. Die ‚Chartrenser' haben jetzt also ihren eigenen
Wallfahrtsort. Welch ein beglückender Gedanke, daß
alle Tage über diesem Stein, der die Namen der frühe=
ren ‚Seminaristen hinter dem Stacheldraht' einschließt,
das Opfer Christi gefeiert wird! Die Teilnahme am
Opfer der Liebe Christi ist ja zugleich die Kraftquelle
jener Bruderliebe, die es fertigbringt, über den alten
Haß der Völker hinwegzusteigen. Die Kirche in Rechê=
vres ist dafür Zeichen und Ausdruck geworden.

Möge nach der Weisung des heiligen Johannes des
Täufers, der Christus den Menschen gezeigt hat, damit

sich alle in der Liebe Christi vereinen, die neue Kirche Saint=Jean=Baptiste uns zu dieser Einheit im Frieden Christi über alle nationalen Schranken hinweg führen!"

Zwischen den alten Seminaristen sah man Oberst= leutnant Gourut, den früheren Lagerkommandanten von Kamp 501. Seine ehemaligen Kriegsgefangenen drängten sich voll Anhänglichkeit um ihn. Er schreibt in einer Schrift über die Kirche Jean=Baptiste de Rechê= vres auch über das Seminar und über seine Schützlinge und schließt mit den Worten: „Aus diesem Schmelz= tiegel sind einige Hundert junger Deutscher hervor= gegangen, die sich dem Priesteramt geweiht haben. Sie sind über ganz Deutschland verstreut, einige sogar außerhalb Europas. Sie sind ‚Bürger von Chartres', und, glauben Sie mir, sie hängen an diesem Titel. Sie sind Menschen guten Willens, die kein Verständnis haben für Rachegedanken.

Ihr Seminar ist nun ein Kornfeld an einer Straße der Beauce, ihre Kirche ist Saint=Jean=Baptiste de Rechêvres, ihre Kathedrale ist Unsere Liebe Frau von Chartres, ihr ‚Heiliger' ist Franz Stock."

* * *

Franz Stock! Seine Gestalt wurde an diesem Tag so oft heraufbeschworen, daß man fast meinte, er müsse gegenwärtig sein. War das, was sich unterdessen hier in Chartres=Rechêvres ereignet hatte, nicht letzten Endes doch ihm zu verdanken? Er war doch die Seele des ‚Seminars hinter dem Stacheldraht' gewesen. „Wir müs= sen wohl alle erst einen gewissen Abstand gewonnen haben, müssen erst einmal wieder in voller Freiheit außerhalb des Stacheldrahtes leben, dann erst nimmt das Bild der wahrhaft providentiellen Gründe richtig Gestalt an, die dieses Experiment ermöglicht haben",

so hatte er zu seinen Seminaristen beim Abschied ge=
sprochen. Er hatte seine Mahnungen mit den Worten
geschlossen: „Unsere Zeit ist gespalten, in Nationalis=
men aufgelöst, die so lächerlich sind wie das alte Be=
kleidungsstück eines Zuaven. Wir brauchen Heilige, die
die Anhänglichkeit an ihr Vaterland mit der Liebe zur
Menschheit in Einklang bringen über die Grenzen der
Nationen, Reiche, Klassen und Rassen."

Sein letztes Vermächtnis an die zukünftigen Priester
war unterdessen in Deutschland verwirklicht worden.
„Die früheren Chartrenser sind dort die besten Send=
boten des Friedens und der Versöhnung sowohl beim
Klerus wie auch bei der Stadt= und Landbevölkerung."
Ein deutscher Bischof hat das dem Autor dieses Buches
anvertraut.

Es ist, als wenn sie diese Gesinnung, die von der
Heiligkeit ihres Superiors auf sie ausstrahlte, sogar in
den Stein der Kirche des heiligen Johannes des Täufers
mit hineingegeben hätten. So kam es, daß man diese
Kirche sehr bald als die Friedenskirche, als die Kirche
der Versöhnung und Vergebung betrachtete. Es war, als
wenn der Geist Franz Stocks, der so mächtig für Frieden
und Brüderlichkeit unter den Völkern geglüht hatte,
vom Tage der Konsekration am 24. September 1961 an,
dort beständig weilte. Warum sollten denn nicht auch
seine sterblichen Überreste dort ihren Platz finden? Seit
15 Jahren ruhte er in Thiais. Aber Abbé Le Meur, der
über ihn gewacht, der ihn dem Vergessen entrissen
hatte, war selber nicht mehr da. Er hatte die auf uns
allen lastende Schande wiedergutgemacht und ihm
eine würdigere Grabstätte bereitet. Unterdessen war er
tragischerweise am 4. August 1955 bei einer Bergtour
mit seiner Pfarrjugend zur Pointe de Thorens (Savoyen)
ums Leben gekommen. Auf dem alten Friedhof von
Bagnolet liegt er begraben.

So ruhte Abbé Stock in Thiais weit weg von seinen Freunden, weit weg von seiner Familie, ganz allein in dieser riesigen Totenstadt. Selten kam Besuch dorthin: Dann und wann kamen ein paar Menschen aus der Umgebung, die schon mal etwas von ihm gehört hatten, um sein Grab mit einer Blume zu schmücken und einen Augenblick dort zu beten. Dann und wann gab es auch eine etwas offiziellere Feier am Grabe, ein Zeichen, daß man ihn doch nicht völlig vergaß.

Aber war sein wirklicher Platz jetzt nicht in Chartres, und zwar in der Kirche, wo die Erinnerung an sein Seminar wieder auflebte, wo der Geist, den er seinen Schülern eingehaucht hatte, konkrete und sichtbare Wirklichkeit geworden war? War sein Platz nicht besser mitten unter seinen alten Seminaristen, unter diesen Hunderten von Priestern und Laien, die er nach dem Bilde seiner eigenen Priesterseele geformt hatte? Hatte ihm die Vorsehung in Chartres nicht die höchste Sendung anvertraut, die einem Priester übertragen werden kann: nämlich neue Priester zu formen und in ihnen das Gepräge seiner Heiligkeit zu hinterlassen?

Was Abbé Stock in der kurzen Zeit seines irdischen Daseins ausgestrahlt hatte, war nicht eingeschränkt gewesen auf die zwei Jahre seines Aufenthaltes in Chartres. Er hatte ja auch die anderen alle tief beeinflußt, die ihm in den düsteren Jahren des Krieges nahegekommen waren. Das wissen wir. Ebensosehr hatte er eine leuchtende Spur in den Herzen der Gefährten des heiligen Franziskus und bei seinen Jugendfreunden hinterlassen.

Darum kamen sehr bald die früher von ihm betreuten Opfer des Krieges, genauso wie die Gefährten des heiligen Franziskus in die Kirche von Rechêvres, um dort zu beten. Auch sie hatten das Gefühl, dort geheimnisvoll seiner Gegenwart innezuwerden. Sie konnten den Menschen nicht vergessen, den ihnen der Herr eines Tages zu gnadenvoller Begegnung über ihren Weg geführt hatte.

Die Maristenpatres bemerkten das bald. Und sie spürten, was jene Bewegung bedeutete, die diese Männer und Frauen, die im Strahlungskreis Franz Stocks gestanden hatten, nun zu ihrer Kirche hintrieb. So faßten sie den Plan, seine sterblichen Überreste nach Chartres zu überführen und ihn dort in ihrer Kirche selbst beizusetzen. Als der Plan bekannt wurde, fand er in Frankreich wie in Deutschland sofort ungeheuren Widerhall.

Ein „Franz=Stock=Komitee" wurde gegründet, um alles in die Wege zu leiten. In diesem Komitee waren zum ersten Male alle vereint, die die Wohltat seines priesterlichen Lebens erfahren hatten oder seine Mitarbeiter gewesen waren. Es waren darin vertreten: einer von den Gefährten des heiligen Franziskus, ein Mitglied der deutschen Pfarrei in Paris, ein früherer Inhaftierter von Fresnes, ein deutscher Priester, der früher Seminarist hinter dem Stacheldraht gewesen war, ein Mitarbeiter von Abbé Stock aus Chartres (Domkapitular André), die Schwester von Abbé Le Meur und die nun neu nach Rechêvres gekommenen Maristenpatres. Sobald man in diesem Komitee einen ersten Kontakt miteinander aufgenommen hatte, galt es als ausgemacht, daß man in Abbé Stock nichts anderes als den Priester ehren wollte, der sein Leben dem Ziel geweiht hatte, in unserer Welt den Frieden auszustrahlen.

Die Exhumierung der Überreste von Abbé Stock auf dem Friedhof von Thiais fand am Donnerstag, dem 13. Juni 1963, statt in Gegenwart der Mitglieder des Komitees und zahlreicher Vertreter der verschiedenen Widerstandsbewegungen.

Die Gebeine wurden in einen neuen Sarg gelegt. Der

alte blieb in der Erde. Das Grabmal, das die Wider=
standsbewegung damals geschenkt hatte, war bereits
abmontiert und nach Chartres transportiert worden.
Auf dem Friedhof von Thiais erinnert jetzt ein neuer
Grabstein daran, daß Abbé Stock zwölf Jahre dort ge=
ruht hat.

Am Samstag, dem 15. Juni, hielt der Totenwagen um
18.00 Uhr vor der Kirche in Rechêvres: Franz Stock war
nach Chartres zurückgekehrt!

Seine Brüder Johannes und Ernst, seine jüngste
Schwester Resi, zahlreiche Verwandte, ebenso Fräulein
Berlinghof, seine treue Sekretärin durch viele Jahre,
standen vor der Kirche, um ihn zu empfangen.

Ungefähr fünfzig frühere Seminaristen waren eben=
falls gekommen. Zum Teil waren sie jetzt Priester, zum
Teil waren sie Laien geblieben. Sie standen neben den
Angehörigen und drängten sich um die Männer, die
früher für das „Seminar hinter dem Stacheldraht" die Ver=
antwortung getragen hatten, Oberstleutnant Gourut,
Abbé Johner wie auch Domkapitular André.

Der eine der beiden Übersetzer dieses Buches, der im
Auftrag des Paderborner Erzbischofs die Feier mit=
machte, darf sich hier wohl eine kleine Anmerkung er=
lauben: Ich war gerade Domkapitular André, von dem
ich schon manches gehört hatte, vorgestellt worden.
Als dieser erfuhr, daß ich mit Familie Stock persönlich
bekannt sei, bat er mich, ihn seinen Geschwistern vor=
zustellen, die am Eingang der Kirche auf die Ankunft
des Sarges mit uns allen warteten. Eben hatte ich ihn
vorgestellt, da bat mich Domkapitular André, den Ge=
schwistern zu übersetzen, daß er alles tun werde, um
den Seligsprechungsprozeß für ihren Bruder in die Wege
zu leiten. Ich weiß noch, wie die Schwester Resi etwas
abwehrte. — Unterdessen habe ich mich selber bei einem
späteren Besuch in Saint=Jean=Baptiste in Chartres=Re=

chêvres in die Liste der Petenten um die Seligsprechung mit eingetragen. — — Resi ist die Jüngste von den Ge= schwistern Stock. Als sie geboren wurde, war Franz wegen seiner Berufsvorbereitung meist schon fern von der Familie und darum für sie nicht mehr so intensiv erlebbar. Sie schrieb mir nach den denkwürdigen Tagen von Chartres: „Ich selbst muß bekennen, daß es für mich ein Riesengewinn war: Ich habe Franz entdeckt! Vielleicht werden Sie dieses nicht verstehen. Sollten Sie aber mal Zeit zum Überdenken unserer Altersunter= schiede und der Aufgaben von Franz in fast unerreich= barer Ferne haben, so können Sie mich vielleicht ver= stehen. In der Nacht vom 15. zum 16. Juni, an Fran= zens Sarg, spürte ich plötzlich die Verbundenheit. Ich hatte den Bruder gefunden, den ich nie ganz kennen= gelernt hatte. Ich bin sehr dankbar." — Ich stehe nicht an, als einer seiner Jugendfreunde ein ähnliches Be= kenntnis zu machen: In jenen nächtlichen Betstunden ist auch mir seine Gestalt ganz neu aufgegangen. — — —

Als erster, offizieller Akt der Beisetzungsfeier war eine Gebetsstunde um 21.00 Uhr vorgesehen. Aber gleich von 18.00 Uhr an, als der Sarg ankam, mußte das Programm in etwa geändert werden. Es drängte eine so große Menschenmenge zu den Türen der Kirche hinein, daß man schon jetzt eine Gebetsstunde mit fran= zösischen und deutschen Liedern und Gebeten inprovi= sieren mußte. Währenddessen zogen Priester und Prä= laten, verschiedene Persönlichkeiten von Rang und zahl= reiche Gläubige jeglichen Alters am Sarg vorüber, den man vorn im Chorraum auf einem mit violettem Samt ausgeschlagenen Katafalk niedergesetzt hatte. Der Zug der verschiedensten Gruppen setzte sich ununterbrochen bis zur vorgesehenen abendlichen Gebetsstunde fort. Sie wurde in Anwesenheit der Bischöfe von Chartres und Speyer abgehalten. Der Speyerer Bischof war zur

Teilnahme an der Feier als Vertreter des deutschen Episkopats bestimmt worden.

Nach der Gebetsstunde blieb die Kirche die ganze Nacht hindurch offen. Bis zum Morgengrauen fanden sich immer wieder größere Gruppen zu gemeinsamem Beten zusammen: Franzosen und Deutsche, frühere Widerstandskämpfer und Kriegsgefangene, Gläubige aus der Pfarrei von Rechêvres, Einwohner von Chartres und Gefährten des heiligen Franziskus mischten sich bunt durcheinander. Es galt, vom Herrn den Frieden unter den Völkern zu erbitten. Franz Stock war ja Apostel des Friedens gewesen, hatte seine besten Kräfte dafür hergegeben. Die Witwe eines Erschossenen durch= wachte sogar die ganze Nacht an der sterblichen Hülle des früheren Gefängnispfarrers in dankbarem Geden= ken für die Nacht, die er in Fresnes mit ihrem Mann und seinen Gefährten verbracht hatte, bevor sie zum Mont Valérien hinauf mußten.

Nach dieser langen Gebetswache, die sich ununter= brochen bis zum Morgen hinzog, drängte am 16. Juni eine mehr als zweitausendköpfige Menschenmenge in die Kirche hinein. Alte Freunde von Franz Stock fanden sich da wieder: Joseph Folliet, Léon Pierrieau, René Baugey und viele Gefährten des heiligen Franziskus. Ebenso waren Edmond Michelet, P. Riquet, Roger Ber= trand gekommen. Viele frühere Inhaftierte, Witwen oder Kinder von Hingerichteten, Delegationen der ver= schiedensten Widerstandsbewegungen, der Kriegsge= fangenen= und Deportiertenverbände waren anwesend. Und dann natürlich in Menge die Gläubigen der Pfarrei und aus der übrigen Stadt und alle Spitzen der städti= schen Behörden.

In gleicher Weise war Deutschland vertreten: Familie Stock, seine Geburtsstadt Neheim mit einer ansehn= lichen Delegation der Stadtvertretung, Jugendverbände aus Neheim, Schüler von seinem alten, nun nach ihm benannten Gymnasium, seine früheren Schulkameraden, seine früheren Paderborner Mitseminaristen, Prälat Dr. Rudolf Dietrich aus Essen und Pfarrer Christoph Allroggen aus Bochum. Seine Heimatpfarrei St. Johannes der Täufer war durch den alten Pfarrer selbst vertreten. Seine Heimatdiözese wurde im Auftrag des Erzbischofs von Paderborn vertreten durch Dompfarrer Schwingenheuer aus Paderborn, einen seiner Jugendfreunde, die Universität Freiburg durch einen ihrer Professoren, der Deutsche Caritasverband durch Prälat Stehlin und Frau Generalsekretärin Denis. Auch die deutsche Widerstandsbewegung gegen den Nazismus, die in ihren Reihen eine noch größere Anzahl von Opfern aufweist als die französische, hatte Wert darauf gelegt, eine Abordnung zu schicken. Die deutsche Pfarrei in Paris war vertreten durch Abbé Stocks Nachfolger, Rektor Heger, und mehrere Pfarrangehörige. Natürlich waren, wie schon berichtet, die alten „Seminaristen hinter dem Stacheldraht" dabei und die damals verantwortlichen französischen Leiter des Kriegsgefangenenlagers. Endlich war die deutsche Regierung selber vertreten in der Person ihres Botschafters in Frankreich, Blankenhorn, um sich der Ehrung von Franz Stock anzuschließen.

Vor fünfzehn Jahren war Abbé Stock allein ohne einen Menschen, der ihm in Liebe nahestand, gestorben, ohne daß ihm die Freiheit wiedergegeben war. Er war immer noch Kriegsgefangener und sollte als solcher bis in sein Grab hinein behandelt werden. Die Militärbehörde hatte verboten, in den Zeitungen den Tag seines Todes, Stunde und Ort des Totengottesdienstes bekanntzugeben. Nur eine Handvoll Freunde hatte sich auf dem Friedhof von Thiais an seinem Grabe wiedergetroffen, als drei Jahre später Abbé Le Meur die „Frei=

lassung" des toten Franz Stock endlich erreicht und ihm eine der Dankbarkeit Frankreichs würdigere Grab= stätte hergerichtet hatte.

Aber am 16. Juni 1963 begann das dem Erdboden an= vertraute Samenkorn Frucht zu tragen. Schulter an Schulter, in gemeinsamer Verehrung für diesen Priester, für diesen Vermittler zwischen zwei Völkern, noch mehr aber vereint im gemeinsamen Gebet, bewiesen nun Franzosen und Deutsche, daß Franz Stock sich nicht ge= täuscht hatte: Die Liebe war fähig, den Haß auszu= löschen! Das Opfer seines Lebens war nicht umsonst gewesen!

Die Stadt Chartres war sich der Bedeutung dieses Er= eignisses bewußt geworden. Sie hatte den Platz vor der Kirche von Rechêvres nach dem Namen Abbé Stocks umbenannt. Welch seltsames Zusammentreffen! Von diesem Platz führt eine Straße weiter, die schon den Namen „Friedensstraße" trug!

Mit der Einweihung dieses Platzes begannen die offi= ziellen Feiern am Sonntagmorgen. Mehrere Ansprachen wurden gehalten. Die erste hielt der frühere Minister Edmond Michelet, der ebenfalls, wie schon berichtet wurde, früher Inhaftierter gewesen und ein Freund von Franz Stock geworden war: „Ich habe getreulich jene Unterredungen in der Erinnerung bewahrt, die wir in Fresnes miteinander hatten", so gestand er seinen Zu= hörern. „Welche Lektion der Hoffnung hat er uns ge= geben! Als ich ihn dann später in Chartres wiedersah, war er immer noch der gleiche: Unaufdringlich, beschei= den übte er auch dieses Apostolat aus. Jetzt galt es seinen gefangenen deutschen Brüdern mit der gleichen Liebe beizustehen, wie er seinen französischen Brüdern beigestanden hatte. Damals habe ich die Tragweite sei= ner Sendung noch besser ermessen können."

Dann ergriff ein früherer „Seminarist hinter dem

Stacheldraht", der Schriftsteller und deutsche Biograph von Abbé Stock, Erich Kock, das Wort. Er erinnerte die Umstehenden daran, daß wir „das Herz eines Priesters ehren, für den die christliche Liebe nicht ein leeres Wort geblieben ist, dem sie der eigentliche, verpflichtende Sinn seines Lebens war. Und wir verpflichten uns, seine Friedensmission fortzusetzen", so fügte der Redner hinzu.

Bevor er das Schild mit dem Namen „Franz Stock" auf dem Vorplatz enthüllte, zog als letzter Redner der Bürgermeister von Chartres, M. Pichard, gleichsam die Lehre aus dieser öffentlichen Ehrung, die einem Deut= schen zuteil wurde: „Nur scheinbar ist diese Feier ein Paradox, indem sie uns hier in der Erinnerung an einen Deutschen vereint und für uns doch zugleich eine Kund= gebung zum Ruhm und zur Ehre der französischen Widerstandsbewegung ist.

Zuerst möchten wir Abbé Stock für eines danken: Er hatte begriffen, daß der Krieg unter unseren beiden Ländern durchaus nicht unvermeidbar war. Er hat die Be= mühungen der französischen Regierung in den Jahren zwischen 1925 und 1935 unterstützt, die anderen Natio= nen zur Annahme der bekannten Dreierformel zu be= wegen: Schiedsgericht, Sicherheit, Abrüstung. Er machte Ernst mit der Forderung, Schluß mit diesen Kriegen zu machen, die Marschall Lyautey als brudermörderische Kriege bezeichnete.

Wir wissen auch, daß zahllose Franzosen, unter ihnen auch Gabriel Péri, seinen Beistand in ihren letzten Au= genblicken erfuhren. Wir sind ihm dankbar, daß er bei diesen Menschen in jenen tragischen Umständen immer noch die persönliche Überzeugung eines jeden einzelnen respektiert hat.

Es haben ihm ja übrigens gerade die Widerstands= kämpfer, die es mit der vollsten Berechtigung gewesen

sind, wie d'Estienne d'Orves, öffentlich, zu wiederhol=
ten Malen, ihre Dankbarkeit bezeugt. Wie ermutigend
ist dieser Gedanke, daß die Menschheit, obwohl im Ab=
lauf des letzten Krieges und der Besatzungszeit Scheuß=
lichkeiten und Greueltaten jeder Art begangen worden
sind, obwohl die Menschenwürde so oft niedergetreten
wurde, irgendwie doch noch nicht alle Rechte ver=
loren hatte. Denn einige jedenfalls, wie Abbé Stock,
sind immer noch dagewesen, die sich rücksichtslos für
Menschen ihresgleichen geopfert haben.

Nach der Befreiung setzte Abbé Stock seine Tätigkeit
fort, nur in anderer Richtung, eben im Kriegsgefange=
nenlager von Morancez, das hier eingerichtet worden
war. Das ist wohl ein Grund mit, warum heute die
Stadt Chartres soviel deutschen Besuch hat, Grund für
die Anwesenheit all dieser einmal hier internierten Prie=
ster heute in unserer Gemeinde. Schon damals als In=
ternierte konnten sie hier in einer Atmosphäre gegen=
seitigen Vertrauens leben, die geschaffen wurde dank
dem Verständnis der Begründer dieses Seminars, einer=
lei ob es zivile, kirchliche oder militärische Behörden
waren.

In Abbé Stock anerkennen wir einen der allzu weni=
gen Männer, die mit viel Glück an der Verständigung
zwischen Deutschland und Frankreich gearbeitet haben.

Wir bewundern es, unter welchen Umständen, in
welcher überraschenden, mit Klugheit gepaarten Kühn=
heit er seine so schwierige Rolle ausübte! Er hat unzäh=
liges Elend mit Trost erfüllt, mehr als tausend Verur=
teilte auf den Tod vorbereitet. Sogar Juden hat er, wie
man erzählt, zum „Gott Abrahams, Isaaks und Jakobs"
hingeführt.

Wir sehen in alldem einen Beweis, daß Egoismus
und Haß niemals etwas Positives auf der Erde geschaf=
fen haben. Egoismus und Haß sind nur Mächte der Zer=

störung. Die Liebe allein ist eine Quelle der Fruchtbar=
keit. Die Liebe Abbé Stocks für unser Land und seine
Söhne hat es verdient, deutlich herausgestellt zu wer=
den, und darum haben wir Wert darauf gelegt, sein Ge=
dächtnis zu verewigen . . ."

Als das Schild mit der Aufschrift „Place Abbé Stock"
enthüllt war, erklang die deutsche Nationalhymne, un=
mittelbar darauf die Marseillaise als Ehrung für den
deutschen Priester, der Frankreich so sehr geliebt hatte
und für alle seine Söhne so hilfsbereit gewesen war.

Es sei dem Übersetzer, der in diesem Augenblick ne=
ben dem Präsidenten des Deutschen Caritasverbandes
stand, noch einmal eine persönliche Ergänzung des Be=
richtes gestattet: Wir beide, Präsident Stehlin und ich,
aber auch wohl alle, die es miterlebten, wie die fran=
zösische Kapelle zuerst die deutsche und dann die fran=
zösische Nationalhymne spielte, waren zutiefst ergrif=
fen. Es gibt Momente, in denen man buchstäblich mit=
erlebt, wie der Zeiger der Geschichtsuhr vorangeht:
Vergangenheit versinkt, Zukunft steigt unwiderruflich
empor. Prälat Stehlin hatte recht, als er spontan
reagierte: „Hier wird Geschichte!" Und hier geschah zu=
dem offensichtlich auch einmal eine spürbare geschicht=
liche Wendung zum Guten: Der Haß fand ein Ende.
Zwei Länder waren für den Frieden gewonnen! — —

Die Kirche in Rechêvres hatte noch niemals einen sol=
chen Zustrom von Gläubigen erlebt. Bald gab es keinen
einzigen freien Platz mehr, nicht einmal in der Mitte
blieb ein freier Durchgang. Der schlichte Abbé Stock
hätte sich das nicht vorstellen können, daß man sich
einmal in dieser Stadt Chartres mit solcher Begeiste=
rung um ihn drängen würde.

Msgr. Michon, der Bischof von Chartres, zelebrierte die
Votivmesse für den Frieden an dem Altar, den die Semi=
naristen Abbé Stocks gestiftet hatten, als Gemeinschafts=

messe. Französische und deutsche Gebete und Gesänge wechselten miteinander. Nach dem Evangelium gab es einen herzbewegenden Augenblick: Der Bischof verlas ein Telegramm, das vierzehn Tage vorher von Rom angekommen war. Es kam noch von Johannes XXIII. Der Papst war von der Ehrung unterrichtet worden, die Chartres für Abbé Stock vorbereitet hatte. Noch am Tage vor seinem Tode wollte er sich den bevorstehenden Feiern in Chartres anschließen: „Seine Heiligkeit bewahrt erbauende Erinnerung an Abbé Stock, ruft aus ganzem Herzen auf alle Teilnehmer der Feier der Übertragung der sterblichen Hülle des edlen Seelsorgers zum Unterpfand himmlischer Gnaden seinen väterlichen apostolischen Segen herab."

Im Jahre zuvor noch hatte Johannes XXIII. vor deutschen Pilgern die Gestalt Franz Stocks herausgestellt, „der mit seiner aufrichtigen Gesinnung der Nachfolge Christi für uns ein ermutigendes und erbauendes Beispiel gewesen ist". Der Papst erinnerte damals gern an die Worte, die er in Chartres bei einem seiner zahlreichen Besuche im „Seminar hinter dem Stacheldraht" gebraucht hatte: „Dieses Seminar machte Frankreich und Deutschland Ehre und sollte offensichtlich schon ein vorbereitendes Zeichen guten Einvernehmens und der Freundschaft zwischen den beiden Völkern sein."

Die prophetischen Worte des Papstes Johannes, der selber einige Tage vorher abberufen war, um seinen ewigen Lohn zu empfangen, nahmen in der Kirche von Rechêvres nun ergreifende Gestalt an: Man vernahm das Telegramm in tiefem Schweigen. Alle spürten, wie dieser Friedenspapst durch seinen Segen schon von jenseits des Grabes her geheimnisvoll an der Ehrung teilnahm, die man dem Priester zollte, der ebenfalls ein Apostel des Friedens und der Liebe unter den Völkern gewesen war.

Dann ergriff P. Riquet das Wort. Auch er stellte das Zeugnis heraus, das Abbé Stock unserer Welt gegeben hatte. Er schloß mit dem feurigen, tiefbewegenden Appell: „Brüder aus Europa und aus der ganzen Welt, wir alle, die wir hier um Abbé Stock geschart sind! Wir alle versprechen: Wir wollen mit Christi Hilfe zusammenarbeiten, daß sich jene nahekommen, die ferne waren. Wir wollen aus ihnen einen neuen Menschen machen, der in Hingabe und Liebe auf dem Wege wandelt, den uns Christus gewiesen hat."

Nach der Meßfeier erfolgte als Letztes die Übertragung Abbé Stocks in die Kapelle, die Unserer Lieben Frau vom Frieden geweiht ist. Dort war das Grab bereitet worden. Es war ein äußerst bewegender Moment: Zwei Gefährten des heiligen Franziskus, zwei frühere Inhaftierte und Deportierte und zwei deutsche Priester aus dem „Seminar hinter dem Stacheldraht" trugen den Sarg durch die Menge, die der Trauerzug kaum durchqueren konnte. Der Bischof von Speyer segnete das Grab ein. Ein letztes Lied, kein Lied der Trauer, sondern ein Lied zur heiligen Jungfrau, erklang in der Kirche. Man wollte ihr dieses Grab damit gleichsam anvertrauen. Sie sollte in Zukunft darüber wachen. Sie sollte den in ihren mütterlichen Schutz nehmen, der so oft in der kleinen Kapelle auf dem Mont Valérien mit den Todgeweihten noch einmal zu ihr gebetet hatte:

„Unserer Pilgerwege Königin,
Jungfrau, sei du uns gegrüßt.
Mutter voller Liebe — Jungfrau wunderbare,
Froh erklingt dir unser Lied."

Strophen und Refrain wurden wechselweise französisch und deutsch gesungen. — Franz Stock hatte einmal zur abendlichen Stunde seinen Brüdern und Ge=

fährten ein Lied vorgesungen, als sich die Pilger vor dem Schlafengehen dem Herrn und Unserer Lieben Frau anbefahlen. Dieses deutsche Volkslied aus West= falen, „Meersstern, ich dich grüße", war Abbé Stock besonders teuer gewesen. Joseph Folliet unterlegte der Melodie ihren französischen Text und machte daraus das Lied der Gefährten „Unserer Lieben Frau vom Wege". Er widmete es 1932 seinem Freunde Franz Stock, von dem er es gelernt hatte.

Als das Lied erklang, standen alle Gläubigen in der Kirche rückwärts zum Eingang hin, zur Kapelle von Unserer Lieben Frau vom Frieden gewendet, in der der Priester Franz Stock von jetzt an ruhen sollte. Alle wa= ren über den Liedtext verständigt worden. Darum san= gen die Franzosen bald mit den Deutschen den Refrain: „O Maria, hilf!" Die Deutschen umgekehrt stimmten in den Refrain der Franzosen ein. So stieg aus allen Herzen als Ausdruck der Freude ein einziges Gebet empor. Aber es war eine Freude voll tiefer Ergriffenheit, die sich nur schwer meistern ließ. Der Autor des Buches befand sich in diesem Augenblick zufällig gerade neben Joseph Folliet: Er sah ihn zugleich singen und weinen!

Bis zum Abend blieb der Sarg noch in der Kapelle Unserer Lieben Frau stehen. Die Kirche wurde den gan= zen Nachmittag nicht leer. Abends fand dann in An= wesenheit der Angehörigen und nächsten Freunde die endgültige Beisetzung in dem Gewölbe statt, das man im Boden neben dem Altar der heiligen Jungfrau aus= gemauert hatte.

Edmond Michelet hatte einige Jahre nach dem ersten Totengottesdienst für Abbé Stock geschrieben: „Mir wäre es lieb gewesen, wir hätten diesem Totenamt einen festlichen, symbolischen Charakter gegeben. Das hätte eine tiefe Bedeutung auf beiden Seiten des Rheins und selbst noch anderswo gehabt." Fünfzehn Jahre nach dem

Tode Abbé Stocks war dieser Wunsch nun verwirklicht worden. Und wie Michelet, der frühere Häftling von Fresnes, es damals vorausgesehen hatte: Die Bedeutung dessen, was hier geschehen war, wurde in beiden Ländern tief empfunden.

Die deutsche wie die französische Presse brachte das Echo auf diese außerordentliche Friedenskundgebung an der sterblichen Hülle eines deutschen Priesters, dessen providentielle Mission darin bestand, Mittler zwischen unseren beiden Völkern zu sein.

So schrieb auch einige Tage später P. Riquet in einer Pariser Tageszeitung: „Die Deutschen und Franzosen, die am vergangenen Sonntag in Chartres um ein Grab brüderlich vereint waren, und die Kardinäle und Abgesandten aus 84 Nationen, die am Montag vorher an der Gruft Johannes' XXIII. standen, die einen wie die anderen bezeugen, bei Wahrung aller Unterschiedlichkeit im Ausmaß ihrer Aussage, die seltsame aber unleugbare Macht, die die Toten über die Lebenden besitzen.

In Rom handelte es sich um einen Papst, der sich durch seine Demut und Güte die Hochachtung und Liebe nicht nur der Gläubigen, sondern zahlloser Menschen guten Willens erworben hatte.

In Chartres vereinten sich Christen aus Deutschland und Frankreich zur Huldigung vor einem Priester, der ebenfalls demütig und gut gewesen war — Abbé Stock. Die früheren Gefangenen der Gestapo in Fresnes, La Santé, Cherche=Midi erinnern sich an diesen deutschen Seelsorger, der diskret die Hilfe seines Priestertums denen brachte, die es wünschten, der aber nicht weniger auch allen Nichtgläubigen, schon mit seiner rein menschlichen Besorgtheit, Stärkung brachte. Fast tausend von denen, die auf dem Mont Valérien oder auf der Place Balard fielen, wußten sich moralisch und geistig bis zu

ihrem letzten Röcheln von ihm mitgetragen. Durch ihn er=
fuhren Tausende von Familien, daß die Verschwun=
denen noch lebten und an sie dachten oder daß sie,
treu ihrem Ideal und ihrem Vaterlande, mutig gestor=
ben waren. Sie hatten eine letzte Botschaft für die
Ihrigen hinterlassen, die seine besorgten, beherzten
und furchtlosen Hände ihnen zukommen ließen. Durch
ihn haben wir das Heldenepos großmütiger und strah=
lender Liebe, das Epos vom Sterben des Marineleut=
nants d'Estienne d'Orves und seiner Gefährten erfah=
ren. Durch ihn haben wir die Konversion jenes sehr
unkirchlichen Brüsseler Schuldirektors erfahren, der der
phantastische Chef eines großartigen Fluchtnetzes ge=
wesen ist. Am Morgen vor seiner Erschießung emp=
fing er seine erste heilige Kommunion. Zwei glühend
gläubige Christen der Widerstandsbewegung waren
dabei an seiner Seite, sie standen auch neben ihm am
Henkerspfahl. Und Franz Stock ging mit ihnen.

Die Notizen Abbé Stocks offenbaren uns, wie zer=
rissen jedesmal sein Herz vor den Erschießungen war.
Immer bespitzelt, die Gestapo beständig auf den Fer=
sen, hielt er doch durch und ist bis zuletzt ein Priester
Jesu Christi geblieben, an dem jeder Halt und Stär=
kung fand, einerlei zu welcher Partei er sich auch be=
kannte. Und dabei hat er doch niemals die unabding=
bare Treue eines Christen gegenüber dem eigenen
Vaterland verraten.

Gerade darum erfuhren sich auch die Deutschen und
Franzosen, die zu seinem Gedenken in Chartres vereint
waren, zutiefst untereinander versöhnt. Als auf dem
Platz, der nunmehr den Namen von Abbé Stock trägt,
nach den offiziellen, aber ergreifenden Ansprachen des
Bürgermeisters von Chartres, seines früheren Schülers
Erich Kock und Edmond Michelets die städtische Musik=
kapelle hintereinander das Deutschlandlied und die

Marseillaise intonierte, empfanden die Franzosen des Widerstandes und der Deportation dabei ebensowenig wie die alten Teilnehmer an den beiden Kriegen irgend= ein Unbehagen.

Es ging ja gar nicht darum, zu verleugnen, was immer auch gewesen war, es ging darum, über die großen Gegensätze von gestern hinaus jene große Aufgabe zu sehen, die sich heute Franzosen wie Deutschen stellt: den Aufbau eines Europas der Brüderlichkeit! Davon hatte Franz Stock von Jugend auf geträumt. Schon 1926 in Bierville mühte er sich mit Marc Sangnier und Joseph Folliet, die jungen Deutschen und Franzosen auszu= söhnen: Er hatte recht. Der Nationalsozialismus war nur ein schreckliches, heute überholtes Zwischenspiel. Weil er, genau wie Angelo Roncalli, nur, aber auch restlos Priester Jesu Christi sein wollte, hat Franz Stock auch Anteil an dem Mittleramt dessen, der durch sein Blut am Kreuz und durch die Verleugnung von jeglichem Egoismus und von allem Haß zum Mittler der Fernen und der Nahen geworden ist, der sie ver= söhnt hat in der Liebe des einen Gottes, der unser aller Vater ist. Wir kennen alle Überlegungen, welche die sogenannten ‚vernünftigen‘ Leute in dieser Hinsicht zweifellos noch anstellen werden. Aber wir wissen auch, was das Leben und der Tod von Franz Stock für Tau= sende bedeutet, und was für Millionen anderer das Leben und Sterben eines Johannes XXIII. — und wie= viel noch mehr das Leben und Sterben Jesu Christi ..."

Drei Jahre nach den denkwürdigen Tagen in Chartres im Juni 1962 hat sich in der Heimat Franz Stocks etwas zugetragen, aus dem wir große Hoffnung schöpfen, daß sein Vermächtnis weiterlebt. Am Michaelstage 1965 wurde auf dem Platz vor der Kirche des heiligen Johannes des Täufers in Neheim, in der Franz Stock getauft wurde, wo er zum erstenmal zum Tisch des Herrn ging und seine Primiz feierte, ein Denkmal für ihn eingeweiht. In Neheim hatte sich inzwischen, ähnlich wie in Frankreich, ein Franz=Stock=Komitee gebildet. Dieses Komitee hatte sich als erste Aufgabe die Errichtung eines würdigen Denkmals für Franz Stock in seiner Heimat gestellt. Es will aber weiterhin auch den Nachlaß jeder Art von Franz Stock sammeln und erhalten und in seinem Sinne von Deutschland her immer engere Verbindungen nach Frankreich schlagen, um vor allem mit den Freunden Franz Stocks diesseits und jenseits des Rheins gemeinsam sein Friedensvermächtnis hochzuhalten. — Das Komitee beauftragte den Paderborner Bildhauer Josef Rikus mit der Ausführung des Denkmals. Der Künstler hat ein Monument gestaltet, das den Betrachter durch seine Unerbittlichkeit zwingt, sich mit der Friedenssendung Franz Stocks auseinanderzusetzen. Ein Gestänge von Kupferplatten erhebt sich bis zu sechs Meter Höhe. Es wirkt fast wie Totengebein und gemahnt an die Unentrinnbarkeit der Kerkermauern. In diesem Gestänge sind zwei riesige Schieferplatten aufgehängt. Die eine Platte zeigt den Engel der Rettung, der hineinstürzt in die Tiefen des menschlichen Elends, um es mit bergenden Händen emporzutragen. Dieses Elend ist in seiner irdischen Ausweglosigkeit Kopf an Kopf auf der schräg nebenan stehenden Schiefertafel dargestellt. Die Rückseite der Tafel trägt das

Geburts- und Sterbedatum von Franz Stock mit den kurzen Worten: „Franz Stock, Priester Jesu Christi, Zeuge christlicher Liebe, Bote des Friedens in einer Welt voller Haß."

Wer die denkwürdigen Tage der Rückkehr Franz Stocks nach Chartres im Jahre 1962 und die Franz-Stock-Gedenkfeiern in Neheim-Hüsten Ende September 1965 mitmachen durfte, hatte das eindeutige Empfinden, daß die Feiern in Neheim-Hüsten die Antwort der Heimat auf die großen Feiern in Chartres gewesen sind.

Wie in Chartres gab es auch in Neheim-Hüsten im Ablauf der Gedenkfeiern vielerlei Ansprachen von Deutschen und Franzosen. In der knappen Ansprache, die Colonel Gourut bei der Einweihung des Franz-Stock-Denkmals gehalten hat, sagte er unter anderem:

„Ich hatte gar nicht erwartet, daß ich die Ehre haben sollte, über Franz Stock in seiner Heimatstadt zu sprechen.

Es ist schon so viel über ihn gesagt und geschrieben worden. Es ist außerordentlich kühn, noch etwas hinzuzufügen...

Was hat dieser Priester, der aus eurer Mitte stammt, denn Außerordentliches vollbracht, daß man ihn solchermaßen ehrt? Was er vollbracht hat? Er war die Liebe, die keine Völkergrenzen kennt, die nichts als die Not der Menschen sieht. Er war der Halt, der Trost jener Armen, die Qual erlitten und dem Tod entgegengingen.

Er trug ihre Not selber mit, und er ist wie sein göttlicher Meister zuletzt an dieser Not mit gestorben.

Das ist es, was er vollbracht hat."

Nachdem nun die 3. Auflage der Übersetzung des Buches „L'aumônier de l'enfer" — „Er ging durch die Hölle" von R. Closset erscheint, ist es angebracht, noch darauf hinzuweisen, daß im Jahre 1973, fünfundzwanzig Jahre nach dem Heimgang Franz Stocks (*24. 2. 1948), sein Gedenken in Chartres und in Paris feierlich begangen wurde. Aus seiner Heimatstadt Neheim-Hüsten (jetzt Arnsberg 1) war eine eigene Delegation (120 Personen) mit Bürgermeister Terriet an der Spitze zur Teilnahme an den Feiern in Chartres und Paris angereist. In Chartres gab es einen Empfang für die deutsche Delegation am Samstag, dem 19. 5. 1973, durch den Oberbürgermeister Goujard im Rathaus, danach eine Kranzniederlegung am Denkmal der Opfer des Widerstandes und des Krieges. Um 19 Uhr wurde eine Gedenkmesse in der Kirche St. Jean Baptiste in Chartres Rechêvres konzelebriert, bei der der Kirchenchor von Neheim-Hüsten, St. Michael, die Meßgesänge sang. Am Sonntag, dem 20. Mai, fand eine deutsch-französische, konzelebrierte Gedenkmesse in der St.-Rochus-Kirche in Paris statt, wiederum mit Chordarbietungen von St. Michael aus Neheim. Vor der Heimfahrt haben wir auch die Hinrichtungsstätte auf dem Mont Valerien besucht, zu der Franz Stock so viele Opfer begleitet hat, und einen Kranz dort niedergelegt.

Das Gedenken an Franz Stock wird unterdessen auch in Dortmund besonders festgehalten. Hier war er ja tätig in der Gemeinde Dortmund-Eving von 1932-1934 vor seinem ersten Pariser Aufenthalt und in Dortmund-Bodelschwingh nach dem Ausbruch des 2. Weltkrieges von 1939-1940. In Dortmund-Brackel, St. Clemens, ist inzwischen ein Jugend- und Pfarrheim nach seinem Namen benannt worden. — Aus Anlaß des Franz-Stock-Gedenkens an seinem 30. Todestag tauchte in Dortmund-Eving übrigens die Erinnerung auf, daß Franz Stock dort am 1. Mai 1933 ein Pferd bestieg, um besser gesehen zu werden. Dann hielt er, schon nach der Machtübernahme durch die Nazis, dort eine flammende Rede gegen das Hitler-Regime. — Auch das sollte man wissen.

EIN NACHTRAG ZUR 2. UND 3. AUFLAGE:

Die Odyssee des Gefängnistagebuches

Eine neue Auflage unserer Übersetzung des Buches von Père Closset ist unterdessen notwendig geworden. Wir haben die Gelegenheit benutzt, eine Reihe sehr wertvoller Hinweise in diese Übersetzung einzuarbeiten, die wir vor allem Fräulein Luise Berlinghof verdanken, der früheren Pariser Sekretärin Franz Stocks, die jetzt in Rastatt in Baden im Ruhestand lebt. Auf diese Weise war es möglich, Einzelheiten klarzustellen, die Père Closset trotz der großen Mühe, die er auf sein Buch verwandt hat, nicht so genau bringen konnte. Das Interessanteste aber, was wir Fräulein Berlinghof aus der inzwischen mit ihr geführten Korrespondenz und aus persönlichen Gesprächen mit ihr verdanken, sind die Aufschlüsse, die wir von ihr über das Schicksal des Gefängnistagebuches von Franz Stock erhalten haben. Sowohl unser Buch von Père Closset wie das inzwischen von Madame Ancelet-Hustache auch ins Französische übersetzte Buch von Erich Kock „Zwischen den Fronten. Der Priester Franz Stock" und das in der Folge des nicht mehr aufgelegten ersten Franz-Stock-Buches von Pater Albert bei Herder erschienene Bändchen von Hanns Bücker „Abbé Stock. Ein Wegbereiter der Versöhnung zwischen Deutschland und Frankreich"

schöpfen ja das Ergreifendste, was sie zu berichten
haben, aus diesem Tagebuch. — Dieses Tagebuch selbst
erlebte unterdessen eine geradezu abenteuerliche Geschichte, die wir unsern Lesern nicht vorenthalten möchten, auch schon deshalb nicht, weil sie die Situation nach
dem Tode Franz Stocks noch einmal auf ihre Weise
beleuchtet.

Fräulein Berlinghof berichtet:

Ab Januar 1942 begann Franz Stock über seine Ge-
fängnisarbeit Tagebuch zu führen. Dies war notwendig
geworden, da von diesem Zeitpunkt an immer häufiger
Erschießungen stattfanden. Diese Aufzeichnungen hatte
Franz Stock an einem besonderen Platz aufbewahrt. Als
1944 Spionagefälle und Attentate auf deutsche Wehr-
machtsangehörige immer mehr zunahmen und die Lage
für dieselben — deutsche Zivilisten mit eingeschlossen —
immer kritischer wurde, erhielt das Tagebuch ein besonderes Versteck. Ich entsinne mich noch, daß Franz
Stock mir eines Tages dieses Versteck zeigte — es befand sich im Haus Nr. 23, Rue Lhomond, und nicht in
seinem Büro, Haus Nr. 21 — und zu mir sagte, falls
ihm etwas Unvorhergesehenes zustoßen sollte, solle ich
das Buch an mich nehmen und es notfalls vernichten.

Mitte August 1944 näherten sich die alliierten Truppen Paris. Es stand fest, daß die Einnahme von Paris
bevorstand. So verließen die Schwester Franz Stocks
und ich Paris in letzter Minute mit einem Verwundeten-
transport, der von der École Militaire aus in Richtung
Reims ging. Das Tagebuch behielt Franz Stock in Paris.
Bei seinem letzten Besuch in Deutschland im Juli 1947
wiederholte Franz Stock mir gegenüber bezüglich seiner
Gefängnisaufzeichnungen dieselben Worte, die er mir
drei Jahre zuvor in Paris gesagt hatte. Er müsse auch,
so meinte er weiter, das Buch hie und da noch hervor-
holen, da manchmal Angehörige von Hingerichteten

kämen und um Auskunft bäten. — Deshalb wußte ich nach seinem Tode, daß das Tagebuch noch existierte und in seinem Büro, Nr. 21, Rue Lhomond, das zugleich sein Wohn- und Schlafraum geworden war, irgendwo versteckt sein mußte. Natürlich wußten auch viele Franzosen von der Existenz des Tagebuches. Sie waren damals sehr darauf aus — was verständlich war —, es in ihren Besitz zu bringen. Besonders interessiert daran war Abbé Le Meur, der seinen Freund, Pater Brass, bat, nach dem Tagebuch zu suchen. Pater Brass, damals noch Kriegsgefangener, war bei der französischen Aumônerie Générale in Paris für unsere Kriegsgefangenen tätig.

Pater Brass kannte Franz Stock vom gemeinsamen Mittagstisch, den sie zusammen mit anderen Geistlichen in der Rue Lhomond, Haus Nr. 23, hatten. Dieses Haus war damals von jungen französischen Geistlichen des Secours Catholique bewohnt. Diese jungen Geistlichen bewohnten die Wohnung Franz Stocks, die er sich während der Besatzung 1941 in Nr. 23 eingerichtet hatte. Bis Kriegsausbruch war dieses Haus Herberge und Heimat für die deutschen Mädchen und Frauen gewesen.

Nach der Beerdigung am 28. Februar 1948, zu der ich dank dem Bemühen von Pater Brass bei dem in Baden-Baden stationierten Aumônier der französischen Besatzungstruppen von Rastatt hatte nach Paris fahren dürfen, bat mich Pater Brass, mit ihm zusammen unter dem Nachlaß Franz Stocks nach dem Tagebuch zu suchen, weil, wie er mir sagte, Abbé Le Meur es unbedingt haben möchte. Wir suchten beide mehrere Stunden lang, aber das Tagebuch blieb — zu meiner Erleichterung, ich darf das heute ruhig sagen — verschwunden. Denn ich wußte ja, daß es nicht im Sinne Franz Stocks gewesen wäre, wenn das Buch schon damals in französische Hände gekommen wäre.

Vom Tage der Beerdigung an bis März 1950 blieb ich

in Paris und konnte mich darum auch um das Grab von Franz Stock kümmern, für das ich ein kleines Kreuz und eine kleine Marmortafel mit der Aufschrift „R. i. p. Abbé Stock † 1948" besorgte. Weil ich das Grab ständig im Auge behielt, war es mir auch möglich, zu verhindern, daß die sterblichen Überreste Franz Stocks ebenso wie die der anderen deutschen in Thiais ruhenden Kriegsgefangenen von Paris wegtransportiert wurden. Ich habe dann im Sommer 1950, als ich bei der zentralen Rechtsschutzstelle beim Bundesjustizministerium in Bonn arbeitete, Pater Brass und Abbé Le Meur, die mich auf einer Rheinfahrt besuchten, inständig gebeten, alles zu unternehmen, damit Franz Stock aus der verlassenen und verwahrlosten Friedhofsecke, wo er jetzt nur noch allein ruhte, auf einen würdigeren Platz des Friedhofs in Thiais umgebettet würde. Auf diese Weise ist dann die neue Gruft in Thiais angelegt worden und ist Franz Stock in Paris geblieben, von wo er später nach Chartres übergeführt werden konnte.

Nun zurück zu 1948!

Da die beiden Häuser Nr. 21 und 23, Rue Lhomond, geräumt werden mußten, brachte ich sofort persönliche Sachen Franz Stocks, unter anderem von ihm gesammeltes Material für noch geplante literarische Arbeiten, seine Briefmarkensammlung usw., zu einer uns befreundeten Familie namens Haderer, die an der Porte de Vincennes eine Wohnung hatte und bei welcher ich selbst wohnen konnte. Diese persönlichen Sachen händigte ich Fräulein Stock aus, als sie einige Tage nach der Beerdigung in Paris eintraf. Unter den Sachen, die ich bei Haderers unterstellte, befand sich auch ein kompletter Meßkoffer, dem niemand große Beachtung schenkte und der dort vorerst stehen blieb. Keiner von den Geistlichen wollte ihn haben. Als ich im März 1950 nach Deutschland zurückkehrte, stand der kleine Meßkoffer immer noch unberührt bei Familie Haderer, und niemand ahnte, daß in diesem Köfferchen unter den Meßgewändern das Tagebuch versteckt lag.

Bei Familie Haderer weilte zu dieser Zeit auch der Franziskanerpater Auweiler, der Bruder von Frau Haderer, der in Cleveland im Staate Ohio lebte und damals längere Zeit in Paris verbrachte. Pater Edwin Auweiler wohnte im Franziskanerkloster, Rue Marie Rose, Paris, und hielt sonntags abends in der Klosterkirche Gottesdienst für Deutsche. Deshalb hatte ihn sein Orden in Amerika auch für längere Zeit beurlaubt. Einige Monate nach meiner Abreise aus Paris kehrte Pater Auweiler, der damals über 70 Jahre alt war, zu seinem Orden nach Cleveland zurück. Vor seiner Abreise leerte er das Meßköfferchen, um den Inhalt einem Geistlichen zu schenken. Ganz unten im Köfferchen fand er das Tagebuch, das Franz Stock dort versteckt hatte. Pater Auweiler übergab die Aufzeichnungen einem deutschen Franziskaner, Pater Dietrich, der damals in Paris studierte und ebenfalls im Franziskanerkloster, Rue Marie Rose, wohnte.

Pater Dietrich erkrankte jedoch schwer und mußte Paris verlassen. Er übergab vor seiner Abreise das Tagebuch Herrn Kaplan Brockhoff, der damals unsere deutschen Kriegsgefangenen betreute, die unter dem Verdacht, Kriegsverbrechen begangen zu haben, in den Gefängnissen von Paris und in anderen Städten Frankreichs nach der Befreiung eingekerkert worden waren und nun schon jahrelang auf ihre Prozesse warteten. Kaplan Brockhoff war der Nachfolger von Pater Brass geworden, der von 1948 bis März 1950 in wirklich selbstloser Weise sich um diese Gefangenen bekümmert hatte.

Da ich von 1948 bis März 1950 mit Pater Brass für unsere eingekerkerten Kriegsgefangenen in Paris gearbeitet hatte und daran anschließend bei der Zentralen Rechtsschutzstelle für Kriegsgefangene in Bonn, wie erwähnt, weiterhin für diese tätig war, traf ich des öfteren mit Kaplan Brockhoff in Bonn und auch in Paris zusammen. Aber niemals hat Kaplan Brockhoff bei diesen Besprechungen erwähnt, daß er das Tagebuch Franz Stocks besaß.

Im Februar 1955 erhielt ich vom Auswärtigen Amt meine Versetzung an das zu errichtende Konsulat in Casablanca. Meine Dienststelle war anfangs 1952 dem Auswärtigen Amt angegliedert worden. — Es wurde mir vom Amt aus freigestellt, ob ich zur Einarbeitung für meine neue Aufgabe an die deutsche Botschaft nach Lissabon oder an die Botschaft nach Paris gehen wollte. Ich wählte Paris der Sprache wegen, da es sich ja doch nur um einige Wochen handeln würde. So trat ich also meinen Dienst an der deutschen Botschaft in Paris an. Vier Wochen später aber wurde meine Versetzung nach Casablanca rückgängig gemacht. Wie sich herausstellen sollte, geschah dies auf Betreiben eines französischen Verteidigers, der einige unserer deutschen Kriegsgefangenen vor Gericht vertrat, denen französischerseits schwerste Verbrechen zur Last gelegt wurden. Diese Rechtsanwältin hat ohne mein Wissen beim damaligen deutschen Botschafter in Paris, Freiherrn von Maltzan, erreicht, daß meine Versetzung nach Casablanca zurückgenommen wurde und ich bei der Botschaft in Paris verbleiben mußte, damit ich rechtzeitig, wenn es um die Begnadigung von Schwerstfällen ging, bei einer hohen französischen Persönlichkeit intervenieren konnte. Ich darf vielleicht hier anführen, daß diese prominente Persönlichkeit aus Dankbarkeit dafür, daß sich Franz Stock während der deutschen Besatzung für seine französischen Landsleute eingesetzt hatte, von 1950 an bis zu dem Zeitpunkt, an dem die letzten deutschen Häftlinge aus den französischen Gefängnissen entlassen wurden — also jahrelang — für die Schwerstfälle beim jeweiligen französischen Justizminister und auch beim Präsidenten der Republik sich verwandt hat. Es wurde immer die Begnadigung des zum Tode Verurteilten erreicht sowie später die Umwandlung von „lebenslänglich" in eine zeitlich begrenzte Strafe erwirkt.

Ich mußte also zum Zwecke dieser Intervention für unsere Kriegsgefangenen in Paris bleiben. Des öfteren sah ich Kaplan Brockhoff, der sehr oft in Sachen der Kriegsgefangenen zur Botschaft kam. Eines Tages, es war im Sommer 1955, sagte er mir, daß er das Tagebuch von Franz Stock besäße. Er meinte, weil ich doch mit Franz Stock zusammen gearbeitet und die Zeit von 1940 bis 1944 miterlebt hätte, wolle er mir das Tagebuch zur Verfügung stellen. Ich könnte Abschriften davon machen. Davon sollten, wie er mir sagte, zwei für ihn selbst sein, eine für Kardinal Frings, eine für Pater Brass, und wenn ich wollte, könnte ich noch eine für mich persönlich anfertigen. Das Original wollte er wieder zurück haben.

Zwei Tage darauf übergab mir Kaplan Brockhoff tatsächlich das Tagebuch. Ich war glücklich, als die Aufzeichnungen sieben Jahre nach dem Tode Franz Stocks in meine Hände kamen. Das war doch ganz seinem Wunsch entsprechend. Da Kaplan Brockhoff meines Erachtens überhaupt keinen Anspruch auf das Tagebuch hatte — er hatte Franz Stock, wie er sagte, nur einmal getroffen —, habe ich natürlich keine Abschriften angefertigt. Es wäre dies damals ganz und gar nicht im Sinne Franz Stocks gewesen. Ich habe das Tagebuch für mich behalten.

Bei meiner nächsten Heimfahrt nach Rastatt habe ich es mitgenommen und bei meiner ältesten Schwester versteckt. Ich wußte, daß es da zunächst gut aufgehoben war. Im Februar 1958 erkrankte ich zum wiederholten Male sehr schwer und war gezwungen, meine Stellung bei der Botschaft in Paris aufzugeben. Ich kam in die Heimat zurück und lag über zwölf Wochen im Krankenhaus in Rastatt.

In dieser Zeit erhielt ich von Jesuitenpater Albert, einem Jugendfreund von Franz Stock, einen Brief. Er teilte mir mit, daß er eine Biographie über Franz Stock schreiben wollte und bat mich um Übersendung von Material und besonders um die Tagebuchaufzeichnungen. Nach einigem Hin und Her — ich wollte das Tagebuch nicht aus der Hand geben — kamen wir überein, seine Schwester, Fräulein Albert, sollte nach meiner Entlassung aus dem Krankenhaus nach Rastatt kommen, um Einsicht in das Tagebuch zu nehmen und eventuell abzuschreiben, was für die Biographie von Wichtigkeit wäre.

Nach meiner Entlassung aus dem Krankenhaus suchte ich in meiner Wohnung — ich hatte seit 1956 eine eigene Wohnung — vergeblich nach dem Tagebuch. Da ich es nicht fand, war ich der Meinung, es vernichtet zu haben, wie es ja auch ursprünglich der Wunsch von Franz Stock gewesen war. Infolge meiner schweren Krankheit konnte ich mich nicht mehr darauf besinnen, daß ich das Tagebuch drei Jahre vorher bei meiner Schwester versteckt hatte, bei der ich damals wohnte. Ich benachrichtigte darum sofort Fräulein Albert, daß ihr Kommen zwecklos geworden sei. Ich könnte das Tagebuch nicht mehr finden und müßte es aller Wahrscheinlichkeit nach verbrannt haben.

Inzwischen vergingen zwei Jahre. Im Frühjahr 1961 baute meine Schwester ihr Haus um und fand beim Ausräumen das Tagebuch. Ich kann mich noch gut entsinnen, als sie es mir brachte und sagte: „Ich habe ein Heft mit Aufzeichnungen und französischen Namen gefunden, ich glaube, das gehört dir." Ich traute meinen Augen nicht, als das Tagebuch wieder vor mir lag. In dieser Zeit stand ich wieder in Schriftwechsel mit Pater Albert. Von seiner ersten Biographie, die inzwischen herausgekommen war, sollte nochmals eine Auflage erscheinen. (Sie erschien aber nicht mehr. Dafür erschien bei Herder das Bändchen von Bücker.) Für diese Neuauflage suchte Pater Albert zusätzliches Material. Ich übersandte ihm das Tagebuch, damit er es für die Neuauflage verwerten könnte. Nach Auswertung wollte ich es wieder zurück haben. Kurze Zeit danach starb Pater Albert an einem Herzschlag. Das Tagebuch wurde von der Ostzone, wo Pater Albert tätig war, an seine Schwester nach Neheim gesandt. — — —

Soweit die Notizen von Fräulein Berlinghof. Das Tagebuch ist unterdessen nach Pater Alberts Tode wieder einmal verloren gewesen. Es wurde aber Gott sei Dank von einem Mitbruder Pater Alberts, wohl unter dessen Nachlaßsachen in Berlin, wiederaufgefunden. So kam es an Fräulein Albert, wie Fräulein Berlinghof schreibt, nach dem Tode ihres Bruders zurück. — Unterdessen sind mehrere Abschriften von dem Tagebuch gemacht worden. Diese wurden für die Bücher von Bücker und Père Closset verwendet. Das Tagebuch selber wurde dann auch Erich Kock für seine Franz-Stock-Biographie zur Verfügung gestellt, der es für einen Fernsehfilm über Franz Stock ebenfalls benutzen konnte.

Unterdessen sind wir uns aber immer mehr bewußt geworden, welchen unersetzlichen Wert dieses Tagebuch als Dokument einer Zeit besitzt, in der die deutsch-französische Geschichte noch einmal eine ihrer schwersten Belastungsproben erfahren hat. Es wurde uns immer klarer, daß dieses Tagebuch darum vor den Zufälligkeiten des von Hand-zu-Hand-Gereichtwerdens endgültig sichergestellt werden mußte. Nach Gesprächen mit Fräulein Berlinghof und den noch lebenden Geschwistern von Franz Stock, die das Einverständnis aller Interessierten klärten, haben wir die unseres Erachtens beste Lösung für den weiteren Verbleib des Tagebuches gefunden. Es wurde dem Archiv des Erzbischöflichen Generalvikariates in Paderborn übergeben. Auf diese Weise ist es jedem unbefugten Zugriff entzogen. Mit dem ebenfalls von Franz Stock stammenden ihm beigefügten Verzeichnis seiner Gefangenenbesuche kann es dann später einmal, wenn die Zeit gekommen ist, zu einer wissenschaftlich exakten Arbeit über sein Leben zur Verfügung gestellt werden.

LITERATURVERZEICHNIS

Mündliche oder schriftliche Zeugnisse von:

Papst Johannes XXIII.
P. Brass, P. Riquet, Chanoine Pierre André;
Pfarrer Joseph Johner, J. Lechner, Georges Le Meur, Theo-
dor Loevenich, Jean Pihan, Raimund Winklhofer;
Général de Cossé-Brissac, Lt-Colonel Laurent Gourut;
Me Pichard;
Roger Bertrand, Joseph Folliet, Robert d'Harcourt, Jean Le
Gigan, Jacques Louys, Edmond Michelet, Léon Pierrieau,
Jean Poutiers genannt „Jacky", Heinz Schild;
Mmes Robert Aylé, M. J. Hudault, Comtesse Jean de Pange;
Mlles Dapper et Le Meur.